湖南商学院学术著作出版基金
湖南省经济改革与发展研究中心
湖南省教育厅创新平台开放基金项目"湖南城乡均衡发展缩小城乡收入差距的制度创新研究"（16K049）
湖南省哲学社会科学基金项目"湖南省包容性经济增长与居民收入差距调整研究"（17YBA247）

资助

经济体制转型中的 行业工资差距 问题研究

李娜／著

中国财经出版传媒集团
经济科学出版社
Economic Science Press

图书在版编目（CIP）数据

经济体制转型中的行业工资差距问题研究/李娜著．
—北京：经济科学出版社，2018.5
ISBN 978 - 7 - 5141 - 9332 - 9

Ⅰ.①经…　Ⅱ.①李…　Ⅲ.①经济转型期 - 工资 -
收入差距 - 研究 - 中国　Ⅳ.①F249.24

中国版本图书馆 CIP 数据核字（2018）第 101570 号

责任编辑：周国强
责任校对：刘　昕
责任印制：邱　天

经济体制转型中的行业工资差距问题研究

李　娜　著
经济科学出版社出版、发行　新华书店经销
社址：北京市海淀区阜成路甲 28 号　邮编：100142
总编部电话：010 - 88191217　发行部电话：010 - 88191522
网址：www. esp. com. cn
电子邮件：esp@ esp. com. cn
天猫网店：经济科学出版社旗舰店
网址：http://jjkxcbs. tmall. com
固安华明印业有限公司印装
710 × 1000　16 开　14.75 印张　240000 字
2018 年 5 月第 1 版　2018 年 5 月第 1 次印刷
ISBN 978 - 7 - 5141 - 9332 - 9　定价：68.00 元
（图书出现印装问题，本社负责调换。电话：010 - 88191510）
（版权所有　侵权必究　举报电话：010 - 88191586
电子邮箱：dbts@ esp. com. cn）

前　言

从计划经济到市场经济转变的过程中，伴随着各种旧制度的不断废除和新制度的不断确立，不断拉大的行业工资差距问题是其必然结果。随着经济体制改革的不断深化，行业工资差距问题应该得到逐步改善。按照市场经济原则所实行的收入分配方式有利于提高经济效率，而在不完善、不均衡的市场中所形成的不合理工资差距会阻碍经济的健康发展。因此，经济体制转型中的行业工资差距问题的研究对于构建社会主义和谐社会具有重大的现实意义，引起了社会各界的广泛关注，也成为理论界研究的热点问题之一。

本书以马克思主义的劳动价值理论为理论指导，把马克思主义的工资理论贯穿于解释和解决我国的行业工资差距问题的始终，并运用计量模型对理论解释进行实证检验，实证结果与理论预期能够基本保持一致。本书将验证马克思主义的劳动价值理论在市场经济体制转型中的适用性，也为改革收入分配制度提供理论参考。

本书主要回答五个方面的问题。一是在我国经济体制转型中，行业工资差距是怎样演变的，具有哪些特点？二是行业工资是由什么决定的？不同学派分别采用了什么理论来解释工资的决定以及工资差距形成？怎样运用马克思主义经济学具体解释我国的行业工资差距的形成？三是收入分配制度的变迁如何影响行业工资差距？四是我国行业工资差距对经济发展产生了哪些方面的影响？五是怎样运用有效的政策调整我国的行业工资差距？本书回答如下：

第一，行业工资差距的出现是我国市场经济体制转型中的必然结果。在本书的研究期内（1978～2015年），行业工资结构变化明显，行业工资分布的离散程度扩大。从绝对指标来看，高工资行业的变化大，经济体制转型初期，工作条件较差的行业工资较高，如地质普查和勘探业、运输业等，随着改革开放的深入、知识经济的到来，非开放性行业、人力资本较高行业的工资迅速增长，如信息传输、计算机服务和软件业、金融业；低工资行业基本不变，除了个别年份有低端制造业以外，都是农、林、牧、渔业，第一产业的经济地位十分脆弱；1978 年最高工资与最低工资只有 526 元的差距，到 2015 年，两者有 254409 元的差距；1978 年最高工资是最低工资的 2.11 倍，到 2015 年，最高工资是最低工资的 9.66 倍；标准差系数从 1978 年的 0.19 提高到 2015 年的 0.52，说明行业工资分布的离散程度不断扩大，行业工资差距不断扩大。从相对指标来看，通过对 1978~2015 年行业工资的基尼系数进行计算，发现这一时期的基尼系数在波动中不断扩大，1985 年的基尼系数最小为 0.0557，2008 年的基尼系数最大为 0.1726，2008 年以后基尼系数有下降的趋势；泰尔 T 指数、泰尔 L 指数的计算结果与基尼系数的计算结果有细微区别，但反映的变化趋势是一样的，二者的最小值和最大值都是出现在 1985 年和 2008 年；对泰尔 T 指数进行了进一步的分解分析，根据产业类型进行分解，得到的结果是产业内部的工资差距（组内差距）不断扩大是导致行业工资差距拉大的主要原因；根据行业竞争程度进行分解，得到的结果是竞争程度高的组内差距扩大是导致行业工资差距拉大的主要原因。

第二，通过综合比较经济史中各个学派的理论观点，发现马克思主义经济学可以很好的解释我国经济体制转型过程中出现的行业工资差距。古典经济学中，亚当·斯密认为工资是劳动的货币价格，导致工资出现差异的原因是职业因素和政策因素。李嘉图认为劳动的自然价格取决于劳动者维持自身以及家庭生活的必需品价格，劳动的自然价格存在着历史差异以及地区差异。穆勒认为工资水平由工资基金总额和劳动力人数决定，工资差异产生的原因是自由竞争、垄断、性别等。近代经济学中，克拉克提出了边际生产力分配理论，认为工资水平是由最后一单位劳动的产量来决定的，各种经济摩擦造成了工资波动。马歇尔认为工资是由劳动力市场供求双方共同决定的，市场变化、工作条件、社会习惯等对工资差距产生影响。在集体谈判工资理论中，重视工会组织对工资的作用，工资差异是劳动者的无知、职业转换费用、外部力量、剥削四个方面的原因造成的。现代经济学中，舒尔茨、贝克尔等人提出了人力资本理论，人力资本存量的大小决定工资的高低，人力资本投资的"补偿效应"导致了工资差异。效率工资理论认为劳动监督成本、培训成本、人才需求的不同，造成了工资差距。工资分享理论认为，工资的差异主要来自于分享工资的差异。马克思主义的工资理论认为工资是劳动力价值的货币表现，工资受到劳动力市场供求关系、竞争关系的影响，会以劳动力价值为中心上下波动，工资差异产生的原因是劳动力价值差异和对劳动力的剥削程度不同。

根据理论的适用性、开放性、解释力，马克思主义的工资理论可以成为分析我国行业工资差距的理论基础。沿着马克思主义对工资理论的分析思路，把行业工资的决定分成了两个部分：劳动力价值因素和劳动力市场因素，前者是决定因素，后者是影响因素。劳动力价值变化是引起工资变化的根本性原因，劳动力价值由三部分构成：维持劳动力自身正常生活状况所必需的生活资料的价值；维持劳动力家属、子女所必需的生活资料的价值；劳动力的教育、培训费用。任意一部分的变化都可以引起工资的变化，并且随着经济社会的发展，劳动力价值有逐渐提高的趋势，工资也会随之上涨。劳动力市场变化会影响工资变化，劳动力需求变化（生产技术变化、国内产品市场变化、国际产品市场变化）可以引起工资同方向变化，劳动力供给变化可以引起工资反方向变化，而劳动力市场失灵（劳动力市场分割、产品市场的垄断、人力资本的外部性、劳动力市场信息不对称）对工资的变化方向不确定。

从理论上来看，劳动力价值的三部分所造成的工资差距，可以具体分为行业劳动特征和行业人力资本两类因素。市场不完善造成的工资差距，可以具体分为劳动力市场分割、产品市场垄断两类因素。市场不均衡造成的工资差距，可以具体分为产业结构的变化、行业工会力量差异、外商直接投资（FDI）在行业间的不均衡发展三类因素。根据马克思主义的劳动价值观和劳动价值补偿原则，凡能反映劳动力价值差异的行业工资差距都属于合理的部分，而由制度差异和市场不均衡造成的行业工资差距是属于需要调节的部分。从实证分析结果来看，首先采用固定效应模型进行了估计，发现合理部分对行业工资差距的总贡献大于需要调节部分对行业工资差距的总贡献，其中行业劳动生产率的贡献最大，行业产业层次水平的贡献最小。然后采用含个体效应的固定效应模型进行分析，发现 19 个行业存在显著的个体效应，行业本身也是影响行业工资差距的重要因素，而"行业变量"所吸纳的其他变量包括未观测到的劳动力质量差别、行业工资的黏性等，前者难以量化，对于后者，本书最后采用了动态面板模型，发现我国的行业工资确实存在黏性，前期行业工资差距的出现是导致当期的行业工资差距出现的重要原因。

第三，从制度变迁的角度来看，经济体制转型过程中，收入分配制度不断进行边际调整。随着改革的推进、经济现实的变化，收入分配指导思想也逐渐调整，在城乡地区实行了不同的具体收入分配制度。收入分配制度的不断调整，对行业工资差距的演变产生重要影响。从制度变迁的需求来看，收入分配制度的变迁，是各经济主体不断地将潜在外部利益内部化的过程。从制度变迁的供给来看，经济主体通过比较制度变迁的预期成本和预期收益后，由法律和政府行政命令来主导和实现。我国收入分配制度是一种渐进式的诱致性的制度变迁，在此过程中，各行业付出的成本与获取的收益是不对称的，形成了行业工资差距，并且由于制度变迁的时滞和路径依赖现象，使得行业工资差距得到强化。

第四，行业工资差距的不断扩大对我国的经济增长、产业结构、就业等方面都会产生影响。从理论上来看，行业工资差距可以通过消费和投资间接影响经济增长，行业工资差距的扩大不利于经济增长；行业工资差距可以通过要素供给结构和产品需求结构来影响产业结构，行业工资差距的扩大不利于产业结构的优化升级；行业工资差距可以直接影响就业结构，也可以通过经济增长影响就业总量。从我国的实际情况来看，运用平稳性检验、协整检验、格兰杰因果关系检验、向量自回归模型、误差修正模型等方法，对行业工资差距与消费、投资、经济增长、产业结构、就业之间的关系进行效应检验，发现它们之间存在显著的相互关系；利用联立方程组模型，将行业工资差距与各个变量置于一个统一的分析框架内，实证结果发现行业工资差距与消费和经济增长之间有正向关系，与投资之间有负向关系。

第五，调整我国行业工资差距主要从两个方面来考虑，对初次分配中产生的合理工资差距应积极鼓励，对市场不完善和市场不均衡形成的行业工资差距进行调节。具体包括：在初次分配领域，引入技术进步，提高行业劳动生产效率；鼓励教育投入，提高行业人力资本；完善各类市场，打破行业垄断；根据产业结构升级方向和外商直接投资的行业布局，调整劳动力的就业结构和行业分布；在再次分配领域，运用税收制度、社会保障制度等实现公平性的工资调节。

本书对我国行业工资差距问题的研究取得了一定的成果，但是还存在一些不足，展望未来，在今后的学习工作中，可以从以下几个方面进行进一步的深入研究：第一，本书使用47～96个行业大类数据，对基尼系数和泰尔指数进行测算，使用19个行业门类数据，对行业工资差距的经济效应进行检验，这只能反映行业的整体情况。今后，使用微观数据对行业工资差距进行分析是继续研究的一个方向，可以比较宏观、微观数据得到的结论是否存在较大的差异。第二，本书没有涉及行业内部的工资差距。如在一个企业内部，职工的职位不同、工作年龄不同、性别不同等会导致怎样的工资差距，在一个行业内部，企业的利润率不同、生产规模不同、所处生命周期不同等会导致怎样的工资差距，这是可以进一步细化研究的重点领域。第三，没有对行业工资差距进行分组分解，如把行业分成垄断性行业与非垄断性行业，再检验两组的行业特征差异导致的工资差距和特征回报差异导致的工资差距，但由于对垄断行业和非垄断行业的定义没有统一的认识，本书所使用的数据是宏观数据，某一垄断行业内有可能存在非垄断性企业，对其分解的结果会存在一定的偏差。今后，改用微观数据也可以对这一方面进行深入研究和探讨。

目 录
CONTENTS

| 第 1 章 |

导　　论

1.1　选题背景及意义

1.1.1　选题背景

从计划经济到市场经济的经济体制转型中，在"注重效率，兼顾公平"思想的指导下，价格机制的逐步引入提高了经济效率、优化了资源配置，使得国民经济和社会快速发展，广大人民群众的生活水平持续提高，同时也使收入分配制度、收入分配格局以及收入差距发生了深刻的变化。收入分配制度由"按劳分配"演变为"以按劳分配为主体，多种分配方式并存"；打破了收入分配"平均主义"的基本格局；收入差距呈现全范围、多层次的扩大趋势，城乡收入差距、地区收入差距以及行业收入差距不断拉大，这是市场经济体制转型过程中的必然结果。

经济体制的转型过程，就是各种旧制度的逐步废除和各种新制度的不断建立过程。在渐进式的转型过程中，新旧制度的交替衔接过程可能会出现制度的滞后现象，改革步骤的安排、行业市场开放的时间先后、"体制内"与"体制外"的差异空间、市场发育程度的非均衡、特殊政策受惠程度差异等因素，使得行业发展规模不平衡、发展速度不一致，行业之间的工资增长速

度也不一致，垄断行业与新兴行业的工资水平高、工资增长速度较快，充分
竞争行业与传统行业的工资水平低、工资增长速度较慢，行业工资差距呈现
逐步扩大的趋势。2015 年，按照行业门类来看，我国平均工资最高的为金融
业 114777 元，平均工资最低的为农、林、牧、渔业 31947 元，前者为后者的
3.6 倍，而按照行业大类来看，行业工资差距将更大①。

虽然行业工资差距的扩大是市场经济发展的客观要求和必然结果，按
照市场经济原则所实行的收入分配制度，有利于提高社会生产力和经济效
益，有其合理的、积极的一面。但是，当行业工资差距超过一定的限度，
对国民经济和社会发展会产生一系列负面影响，成为社会矛盾与问题的根
源，影响社会和谐和稳定。特别是由于各行业的发展受到不同的制度约束
产生行业工资差距时，会妨碍社会经济的进一步发展。我国目前的行业工
资差距已经引起广大人民群众的不满，如果不能采取有效的措施缓解这一
问题，那么行业间越来越大的工资差距不仅会扭曲"效率优先、兼顾公
平"的原则，甚至会阻碍我国"建设和谐社会，促进社会公平和正义"的
进程。这种现象也引起中央政府的高度重视，2008 年政府工作报告提出，
要"调整国民收入分配格局，深化收入分配制度改革，提高劳动报酬在初
次分配中的比重"。2010 年政府工作报告提出，要"保护合法收入，调节
过高收入，取缔非法收入，逐步形成公开透明、公正合理的收入分配秩序，
坚决扭转收入差距扩大的趋势。"2015 年政府工作报告进一步提出，要
"改革完善收入分配制度，千方百计增加居民收入，促进社会公平正义与和
谐进步。"

如何对行业的利益格局进行调整，既不降低劳动者的劳动积极性，
也能逐步缩小行业间的工资差距，必须要厘清行业工资差距中的各种影
响因素以及它们的贡献大小，必须认识到缩小哪些工资差距能促进经济
增长。

---

① 本书所讨论的工资是由国家统计局所公布的行业平均工资，由 6 部分组成：计时工资、计件
工资、奖金、津贴和补贴、加班加点工资、特殊情况下支付的工资。并不包括有关劳动保险和职工福
利方面的各项费用，对购买本企业股票和债券的职工所支付的股息（包括股金分红）和利息等，如果
加上部分行业存在的这些收入，收入最高和收入最低行业之间的收入差距将会更为惊人。本书的研究
对象仅限于行业工资，而不是行业收入。

1.1.2 研究意义

收入分配是社会经济系统中的重要环节，收入分配状况影响生产效率和社会和谐稳定，历来都是经济学家关注的重点问题之一。本书以我国1978～2015年的行业工资差距为研究对象，对此期间的行业工资差距的决定机制、演变过程、经济效应进行深刻分析，本研究具有一定的理论意义和现实意义。

1.1.2.1 理论意义

收入分配问题是经济理论研究中的永恒主题，经济学界有关收入分配问题的探讨一直没有间断过，从古典学派到马克思主义经济学，再到近代经济理论、现代经济理论，取得了丰富的研究成果。我国理论界对这种经济现象的研究始于20世纪90年代，许多学者从不同角度、不同层面对我国行业收入差距的表现、成因、政策建议等方面做了较为全面、详细的定性研究和一定数量的定量研究，对缓解我国行业收入差距问题提供了许多有益的思路和可行性政策建议。但不可否认，无论在理论上还是在实践上，关于我国收入差距问题的研究仍然是一个艰巨课题。

马克思主义经济学关于分配理论做了大量详尽的研究和论述，指出社会主义社会的重要分配原则——按劳分配会产生收入差距问题。按劳分配既是平等的又是不平等的，平等是因为"它不承认任何阶级差别，因为每个人都像其他人一样只是劳动者"，都以相同的尺度——劳动来计算报酬；不平等是因为"它默认不同等的个人天赋，因而也就默认不同等的工作能力是天然特权。所以就它的内容来讲，它像一切权利一样是一种不平等的权利"，所以，按劳分配"还没有消除对不同等的人的不等量劳动给予等量产品的资产阶级权利"，必然产生收入差距问题。

在我国特殊的经济背景下，马克思主义的劳动价值理论仍具有广泛的、坚实的现实基础，马克思主义的工资理论是解释并解决我国行业工资差距的重要、有效的理论工具。当然，行业工资差距的形成并不是由某一个因素决定的，它就像是一个复杂的多元函数，是多种原因的综合结果。而多种原因都可以归结到一个统一的分析框架内，这就是在市场经济中，劳动力价值与工资表现出来的对立统一的辩证关系，它们可以成为判断工资差距的价值标准，依此形成两部分行业工资差距：在完善而均衡的市场中，由劳动力价值所造成的合理工资差距；在不完善、不均衡的市场中，由制度因素和市场因素所造成的工资差距。

合理的行业工资差距可以成为市场经济改革的一项重要动因，我们应该鼓励这种工资差距的形成，进一步带动经济的发展。由经济体制转型中的制度漏洞、市场不均衡造成的行业工资差距，是需要进行调节的，不能阻碍经济的发展。理论上的深刻认识，能为我们正确地制定收入分配政策提供坚实、牢固、可靠的理论依据。

1.1.2.2 现实意义

市场经济体制转型前，我国不存在劳动力市场，劳动力几乎不流动，劳动力工资基本固定，工资差距也固化。市场经济体制转型后，随着市场机制的引入，劳动力开始出现流动，劳动力工资开始出现波动。由于行业之间的发展速度不一致，行业工资差距也普遍拉大。具体表现为垄断性行业工资水平高于竞争性行业工资水平；新兴行业工资水平高于传统行业工资水平；知识密集型行业工资水平高于劳动密集型行业工资水平；采用市场分配方式的行业工资水平高于采用半市场和非市场分配方式的行业工资水平。对于行业间劳动效率、劳动强度、劳动复杂程度等合理因素造成的工资差距，广大人民群众普遍认同认可接受，但是对于行业垄断、地区封锁、设置行政壁垒、妨碍公平竞争、就业歧视等因素造成的工资差距，便有牢骚和不满。

由制度漏洞造成的行业工资差距损失了效率，阻碍了经济社会的进一步发展。无法使广大人民群众共享经济改革带来的经济成果，无法调动广大人民群众的生产积极性，降低全社会的生产效率。破坏了社会公平，对社会的和谐、稳定形成较大的压力，违背了我国社会主义和谐社会的建设方针，破坏整个社会的公平体系，并使低收入者对经济体制改革持怀疑态度，引发仇富心理，产生对社会制度的不满，危及社会稳定。

因此，关注行业工资差距的表现形式，分析行业工资差距的产生原因及经济效应，探讨调整行业工资差距的切实可行的政策，对于我国政治的稳定、和谐社会的构建、市场经济体制的进一步完善以及经济的持续、稳定、协调、快速发展有着重大的现实意义。

1.2 文献综述

1.2.1 国内研究现状

从 20 世纪 90 年代开始，行业收入差距[①]引起了我国学术界的大量关注，主要是围绕着我国行业收入差距的表现、测量、价值判断、成因、影响及对策等方面进行研究的。

1.2.1.1 行业工资差距的表现

行业工资差距表现为不同所有制差异、垄断与非垄断差异、垄断企业内部差异、行业内的性别差异等。邢春冰（2005）利用 CHNS 数据估计了 1989～1997 年不同所有制企业的工资方程，重点考察了教育回报率在不同行业的贡献程度，结果表明教育回报率在民营部门的工资中最为明显。罗楚亮（2006）利用微观数据分析了某垄断企业内部的工资分配，发现影响工资差异的是年龄、工龄、岗位级别及职位，而教育对工资的影响较小。高梦滔和张颖（2007）对中国西部城市行业内部的性别工资差异进行了分析，结果表明，在高收入行业内部，高等教育显著缩小了性别工资差异，在低收入行业内部，经验和健康状况对于性别工资差异贡献率较大。余向华和陈雪娟（2010）利用中国健康与养老追踪调查（CHARLS）数据，构造了处理效应模型（treatment-effects model），分析发现垄断行业的平均工资水平高于非垄断行业的平均工资水平大约 39%。林峰（2015）利用 2007～2013 年代表性上市公司财务数据分析行业工资差距，发现垄断行业和竞争性行业之间收入差距主要是非工资性收入差距。

[①] 我国学者对此问题的研究基本上都使用行业收入的概念，大部分行业的收入与工资是基本一致的，部分行业的收入大于工资，在总结归纳文献时，仍沿用大部分学者的"行业收入"，但本书行文时，为统一研究口径，将使用行业工资。在本书中，工资差距、工资不平等和工资差异将被当作同义词使用。

1.2.1.2　行业工资差距的测量

大部分学者都运用行业平均工资数据对行业工资差距指标进行测算，得到了行业工资差距逐渐扩大的一致结果。洪兴建（2010）运用 S 基尼系数测算了我国行业工资差距，指出工资增长的非均衡性与行业排序变化是导致行业间工资差距扩大的重要原因。薛继亮和李录堂（2010）运用 MLD 指数测算我国行业收入差距，发现中国行业收入分配差距总体上呈持续上升趋势，但行业收入分配差距分解后的组间差距和组内差距呈交互占先的情况。武鹏和周云波（2010）基于细分行业数据，利用基尼系数、泰尔指数等不平等测度指标和非参数核密度估计方法研究分析 1990～2008 年我国行业收入差距的演进趋势与特征，研究结果表明：我国行业收入差距整体上呈持续快速上升的趋势。王涛（2015）建立了行业收入差距四分图模型，综合比较各地区行业收入差距和各行业地区间收入差距，量化各地区各行业对整体收入差距的影响大小，并将这种影响大小描绘到四分图模型中，进行可视化分析。

用平均工资构建的指数来描述行业工资差距，部分学者认为这并不能反映工资分布的全部实际情况，傅娟（2008）就使用了分位数回归方法，分析垄断行业与其他行业的收入差距，实证分析结果显示，在收入分布的不同位置，垄断行业与其他行业的收入差距都显著存在，收入差距在收入分布的高端位置比低端位置更大。而顾严和冯银虎（2008）运用非参数回归中的核密度估计方法，分析了我国十几个行业平均工资的概率分布的变化，发现行业平均工资由单峰分布开始向双峰分布转变，形成了两个相对集中的分布，表明工资分配出现两极化趋势。

除了对行业工资差距进行指标测量和回归分析外，还有学者对行业工资差距分别从行业之间、行业内部进行了进一步的分解分析。任重（2009）利用费景汉—拉尼斯的分解方法，发现我国企业职工收入差距，主要表现为行业的所有制结构和国家垄断的差异。岳希明等（2010）应用奥萨卡－布莱德（Oaxaca－Blinder）分解方法，把所有行业分为垄断行业与竞争行业两组进行分解，发现垄断行业与竞争行业之间收入差距的 50% 以上是不合理的。孙敬水和于思源（2014）基于全国 19 个行业的调查数据，对明瑟尔（Mincer）收入模型进行了扩展，基于肖洛克斯（Shorrocks）回归分解方法，分析个人基本特征、人力资本、政治资本、行业本身特征、地区差异和制度因素对职工个人收入的影响。

1.2.1.3 行业工资差距的价值判断

现存的行业工资差距是否合理，一些学者从不同角度提出了不同的价值判断标准。姚芳等（2004）坚持按劳分配的原则，认为在机会均等的前提下，各种要素可以自由充分地在行业间流动，合理的行业间工资水平的差距是由行业间劳动的差别来决定的，并用行业劳动综合评价模型，确定了三个具有代表性行业的合理工资比例。魏军（2010）认为对行业收入差距进行评判的标准应该遵循"三个有利于"的标准，即"是否有利于发展社会主义社会的生产力，是否有利于增强社会主义国家的综合国力，是否有利于提高人民的生活水平"的原则。

对我国行业工资差距是否合理，焦点在于对垄断行业与非垄断行业工资差距的讨论，众多学者认为行业垄断造成的行业收入差距是非常不合理的。首先从机会来看，不管是哪种类型的垄断行业，资源都不能自由流动，有进入障碍，在机会面前不能平等，这是它们取得高额垄断利润的前提；其次从生产过程来看，垄断行业中的产出与收入不一定相符，陈彦玲和陈首丽（2002）认为垄断行业的收入高并不能反映出该行业生产效率高、产出多，现实所反映的情况更多的是，垄断行业的高收入与他们生产经营的低效率相对应。邢方（2006）提出垄断行业内技术革新的动力不足，"垄断福利"的存在，影响了行业竞争力，高垄断价格掩盖了行业的低效率，降低了资源配置效率。最后从结果来看，一些亏损的垄断行业，其职工照样可以获取较高的收入，2009 年出现巨额亏损的电力、邮政等行业，其职工的平均工资远高于全国的平均工资。垄断性行业与非垄断性行业之间巨大的收入差距没有体现市场经济中"按劳分配"的分配原则，是不合理的分配结果。

当然，并不是所有的收入差距都是不合理的，还有部分学者研究了传统行业与新兴行业之间的收入差距，劳动密集型行业与知识密集型行业之间的收入差距，提出第三产业中的新兴行业和知识密集型行业因为有高素质人才、丰富的资源，劳动效率高、工资水平高，这反而能促进行业的良性发展。

1.2.1.4 行业工资差距的成因

引起我国行业收入差距过大的原因是多方面的，对此，理论界的解释可以总结为以下几个方面：

（1）行业垄断造成的工资差距。王锐（2007）认为这种行业垄断严重地影响着我国行业间收入分配格局，造成了行业的高利润，行业内部人员的高收入，并呈刚性增长。武鹏（2011）发现垄断行业与非垄断行业间的收入呈现两极分化的态势，垄断行业要比非垄断行业的平均劳动报酬多出相当于全社会各行业平均收入水平的70%，垄断行业的组内差距是我国行业收入差距上升的主要原因。林峰（2015）借助于明瑟尔方程和邹检验，发现行政垄断对非工资性收入方程的影响在73%左右，验证了行政垄断是导致各行业之间非工资性收入巨大差距的深层次原因。

（2）劳动力市场分割造成的工资差距。我国的市场经济体制渐进式的转变过程中，劳动力市场改革也是渐进式改革，所以不可避免地出现了市场分割。晋利珍（2009）认为我国存在着劳动力市场的行业分割（垄断行业和竞争行业），并且与劳动力市场的二元分割（主要市场和次要市场分割）交织在一起形成双重二元分割，限制了劳动力的自由充分流动，是导致不同市场之间工资差异的重要原因。

（3）产业结构的变化导致的工资差距。苏雪串（2002）认为，在产业结构调整过程中，各行业的市场需求不同、劳动生产效率不同、产值增长率不同，所以，其行业的职工工资水平不同，工资增长的速度也不同。由于新兴行业的产值增长率较高，其职工工资的增长也较快，这是产业结构演进过程中的一般规律，符合产业结构优化升级的需要。"收入分配研究"课题组（2010）认为传统制造业的技术附加值低，市场的饱和度高，行业经济效率低下，甚至出现亏损大，行业的平均工资低；朝阳工业的技术附加值高，市场的发展潜力巨大，行业经济效率高，行业的平均工资高。梁少华和彭定赟（2017）分析2000~2014年产业结构和行业收入差距的变动轨迹，对两者之间进行了因果分析和回归分析，发现产业结构变动对行业收入差距有重要影响。

（4）人力资本及其外部性造成的工资差距。由于人力资本外部性的存在，相同的人力资本在不同的行业发挥的作用不同，得到的收入也会存在差异，如岳昌君和吴淑姣（2005）根据 2000 年国家统计局城镇住户调查数据，实证检验了人力资本外部性对行业收入差距的影响，行业平均受教育程度越高，行业收入溢出就越大。张原、陈建奇（2008）认为人力资本存量的增加能显著提高行业工资水平，行业工资差距出现的主要原因是劳动力供给方人力资本存量差异和人力资本回报差异造成的。马骊（2009）认为造成行业工资差距的主要原因是行业劳动力供给的差异，不同行业的人力资本不同，人力资本高的行业工资大于人力资本低的行业工资，人力资本影响工资，反过来，工资差距也能反映人力资本差异。刘扬和梁峰（2014）通过不同收入组特征的差异检验以及面板数据模型分析了行业工资差距产生的原因，实证分析表明，行业工资差距主要归结于人力资本的差异和行业垄断。

（5）外商投资对工资差距的影响。外商投资对国内经济具有产出效应、技术溢出效应和示范效应的作用，由于外商投资在行业的分布不均，所以也会造成一定程度的行业收入差距。孙楚仁等（2008）基于地区层面的相关数据，对外资与工资差异关系进行了分析，发现随着外资水平的增加，外资对工资差距的影响会逐渐增强，其原因在于外资的地区分布和产业分布不均。而邵敏和包群（2010）不仅分析了外资对行业间总体工资的影响，还分析了外资对行业内工资的影响，发现外资进入有助于提高内资企业总体工资水平、非科技人员工资，然而科技人员的工资外溢效果与行业特征密切相关。蔡宏波等（2015）发现外资显著提高了技能劳动力的工资，对非技能劳动力的影响不显著；外资显著提升了资本密集型服务业工资，对技术密集型和劳动密集型服务业影响不显著。

（6）行业自身特征造成的收入差距。周君（2009）具体分析了建筑业和高科技产业的工资模型，把它们作为劳动密集型和知识密集型行业的代表，分析了劳动生产率增长对实际工资的贡献，发现劳动密集型行业工资对劳动生产率的推动力要高于知识密集型行业，但劳动生产率对工资的推动力不及后者。张世银和龙莹（2010）以传统行业收入决定理论为基础，运用 2003 ～ 2008 年 19 个行业的面板数据构建模型，结果表明，劳动生产效率仍然是决定收入变动的重要因素，而行业资本有机构成不同、面临的市场条件不同，行业收入也会不同。杨秀云等（2012）运用 2006 ～ 2010 年十大行业的面板数据，运用随机前沿生产函数法（SFA）对收入和效率关系进行分析，指出行业效率是推动我国出现库茨涅茨曲线拐点的重要因素。

1.2.1.5 行业工资差距的影响

（1）行业工资差距对经济增长的影响。尹恒等（2005）运用一个政治经济模型，分析当经济处于均衡时，经济增长率与政府税率呈现出倒 U 形关系，当政治处于均衡时，收入不平等与税率是正相关的，所以，在政治经济均衡时，收入不平等与经济增长之间存在不同程度的倒 U 型关系。陆铭等（2005）使用我国 1987～2001 年省级面板数据，结合联立方程模型和分布滞后模型研究了收入不平等通过投资、教育来影响经济增长的内在机制。汪同三和蔡跃洲（2006）分析了改革开放以来，我国收入不平等如何通过投资结构和资本积累来影响经济增长。王少平和欧阳志刚（2008）利用非线性阈值协整模型，分析了我国 1978～2006 年的城乡收入不平等对经济增长的影响，认为城乡收入不平等与经济增长之间呈现出非线性变化。李佳（2013）利用 2000～2011 年省级面板数据，检验市场化程度、经济增长与行业间收入差距三者之间的相互关系，发现市场化程度对行业间收入差距有显著扩大作用，经济增长对行业间收入差距在不同地区有不同影响。

（2）行业工资差距对产业结构的影响。屈耀辉（2001）认为我国收入分配的不均等对产业结构的演进产生了重要影响，并分析了收入分配影响产业结构的两个渠道。余甫功（2010）认为收入分配失调是导致经济结构失衡的主要原因，国民收入向政府、向企业、向垄断行业的三个集中，导致了劳动报酬比重、居民收入比重不断下降，国内需求相对不足，经济结构失衡。

1.2.1.6 调整行业工资差距的政策建议

日益扩大的行业收入差距，已经影响到我国市场经济的进一步发展，为缓解行业收入差距问题，许多学者从不同角度提出了有效可行的政策建议，归纳为以下几个方面：

（1）打破行业垄断，实现公平竞争。行业垄断被认为是造成我国行业间收入差距主要原因之一，在政策建议中被提到次数很多，但在消除行业垄断之前，必须区分好垄断的性质，对不同性质的垄断采取不同的措施。郭庆（2006）提出规范垄断行业收入既需要运用竞争机制也需要运用规制政策。

改革我国自然垄断行业的价格规制机制，对规范垄断行业的收入分配、提高垄断行业的分配效率具有重要作用。潘胜文（2007）认为政府监管不力是导致垄断行业收入分配问题的主要原因之一，所以改革政府监管才是解决垄断行业收入分配问题的现实选择。余东华和陈晓丹（2013）认为转型时期出现的行业垄断大多属于凭借行政权力获取市场寡占地位的行政性垄断，国有经济比重越高的行业越能够获得高额垄断利润。打破行业行政性垄断，形成竞争格局，是促使行业收入差距回归合理水平的重要举措。

（2）社会保障制度对低收入的调节。建立完善的社会保障体系，逐步扩大社会保障体系的覆盖面，提高社会保障体系的层次，对于缓和行业差距过大、维护社会和平稳定有重要作用。李布和和陶纪坤（2009）提出我国社会保障制度在行业之间存在着明显的差异，这种差异也对行业间的收入差距产生重要影响，主要分析了我国企业与机关事业单位的社会保障差异、垄断行业与非垄断行业间的社会保障差异，提出如何运用社会保障制度这个再分配工具来缩小行业收入差距的对策。苏宗敏（2011）认为加大社会保障制度的覆盖面和基本劳动保障的内容，建立均等化的社会保障体系，不仅有助于增加广大群众获取收入、创造财富的机会公平，也能适度地调整收入和财富分配结果的公平，缩小收入分配差距。

（3）税收制度对高收入的调节。对于垄断行业的高收入问题，在暂时无法改变其垄断地位时，应加强税收的调控功能。杨超文（2007）认为首先应取消垄断行业的税收优惠，使其能真正反映行业的经营状况；其次应调整个人所得税税率，使高收入者收入真正能被调整。欧斌（2008）认为在加快垄断行业产权改革的基础上，加强对垄断行业的税务治理，取消垄断行业的各项税收优惠，用税收来加强对垄断行业高收入的调控，缓解行业收入差距。郝春虹（2012）建议对中国行政垄断行业开征"垄断利润税"，准确确定垄断带来的"超额利润"，并对中国"垄断利润税"和"超额工资税"制度进行了初步模拟设计。

1.2.2 国外研究现状

行业之间一定的工资差距是市场经济中必然出现的结果，也是经济学规律所倡导的。很多国外学者对发达国家和发展中国家的行业工资差距进行了大量的研究，发现行业工资差距在不同时间、不同国家、不同职业之间都存在。本书所综述的国外文献主要集中在三个方面①：一是对行业工资差距的理论解释；二是行业工资差距对经济增长的研究；三是对行业工资差距研究方法的探讨。

1.2.2.1 行业工资差距的理论解释

国外学者关于行业工资差距的理论解释，其影响因素主要归结为以下几个方面：人力资本、效率工资、租金分享（垄断行业）、市场分割、工会力量等。人力资本理论认为，人力资本存量的增加能显著提高劳动生产效率，行业工资也能同步提高，高收入行业的劳动力人力资本存量大，行业收入差距反映出人力资本存量的差异。一般用工作经验（工作时间）、受教育程度（受教育时间）来衡量人力资本存量的大小，而这两个指标不足以反映出劳动力人力资本的全部，由于没有控制足够多的人力资本变量，行业工资差距仍有未被解释的部分，以行业收入差距的形式体现出来。温特（Winter，1994）分析了澳大利亚的行业收入差距，结果表明人力资本及其外部性是影响行业工资差距的重要因素，但是，即使考虑到引入人力资本及其外部性，行业工资差距中仍然存在未被解释的部分。唐和茨奥（Tang & Tseng，2004）分析了行业人力资本在决定行业工资结构中的作用。具有更高人力资本的行业，如高科技行业，支付了更高的工资，随着工人的经验增长，工资溢价部分也会越多，他们利用1997～1999年我国台湾地区的数据，证实了行业人力资本具有工资效应。贾弗里等（Jaffry et al，2006）运用巴基斯坦全国代表性的劳动力调查数据，通过控制个人特征和企业特征变量，分析"行业"在工资决定中的作用，实证结果发现，随着时间的推移，行业工资差距有扩大的趋势，而教育在解释行业工资差距方面具有重要作用。

效率工资理论解释了垄断行业的高工资现象，通过提高工资、减少就业的方式提高劳动力的机会成本，促使劳动力积极工作、减少偷懒。克鲁格和

---

① 其他内容如国外的行业收入差距的现状对本书的研究作用不大，本书没有涉及国内外现状的比较分析。本书只对三部分内容做文献综述，前面两部分为分析我国行业工资差距提供理论参考，后一部分为分析我国行业工资差距提供分析工具。

萨莫斯（Krueger & Summers，1988）在前人研究的基础上，在行业工资决定中，引入劳动力的人力资本、社会阶层、工会背景等一系列个人特征后，发现行业工资差距仍然存在，这是效率工资的原因，为了激励员工努力工作、减少监督成本、防止员工辞职、减少劳动力流动率，企业往往会支付高于均衡水平的工资。保罗等（Paul et al，2002）认为效率工资在计时工资制度中比计件工资制度中体现得更重要，如果行业工资差距能反映效率工资因素，那么计时工资制度中的行业工资差距比计时工资制度中的要大，解释力更强。他们运用 1985 年瑞典工人的数据证实了这一推断，瑞典的行业工资差距确实受到了效率工资的影响。甘农和诺兰（Gannon & Nolan，2004）研究了爱尔兰 1996 年的行业工资差距，控制了一系列的雇员、职业、雇主、部门特征后，行业工资差距仍然是普遍存在的，但这不仅仅只是反映了人力资本和能力的差异，未观测到的能力和工作特征也可能可以解释剩下的工资差距，而效率工资是解释剩余工资差距的重要理论。

　　租金分享理论认为随着现代工资制度的不断变化，工人的收入形式不再固定，为激发工人的生产积极性，在某些行业中企业与工人会共同分享经济租金，导致某些行业中工资快速上升。达里奥等（Darío et al，2001）验证在哥伦比亚的制造业中，企业的研发投资活动在技术工人的工资中是否存在准租金。在租金分享模型中，如果处理企业利润内生性问题时，把研发费用作为工具变量来对待，则技术工人工资与研发费用之间存在显著的关联，研发活动能产生准租金。甘农等（Gannon et al，2007）分析了欧洲 6 个国家（比利时、丹麦、爱尔兰、意大利、西班牙、英国）1995 年的行业工资差距与性别工资差距之间的相互关系，结果显示行业效应能够解释性别工资差距的 0～29%，而行业工资差距与行业利润率正相关。菲利普等（Philip et al，2011）研究了 1999～2005 年比利时的行业工资差距，发现相同的劳动特征，在不同的雇佣部门，巨大的持续的工资差距是存在的。在其他条件不变的情况下，在利润率高的企业中，工人得到的工资水平也更高。说明租金分享是行业工资差距中的一个重要部分，而控制了行业利润率以后，行业工资差距急剧的缩小了。

　　劳动力市场的分割理论，把劳动力市场分成主要劳动力市场与次要劳动力市场，处于主要劳动力市场的行业的劳动条件好、工作稳定、工资高，而处于次要劳动力市场的行业的劳动条件差、工作不稳定、工资低。约翰和凯恩斯（John & Cairnes，1999）否定劳动力市场的流动性，他们认为正是劳动力市场的非竞争性和非流动性导致了劳动者实际收入的差别。乔纳森和杰西卡（Jonathan & Jessica，2012）分析了在分割的劳动力市场中，补偿性工资差异是否是行业工资差距的最主要因素。在主要劳动力市场中，补偿性工资差异能解释大部分的工资不平等，因为工人的效用不平等程度明显小于工资不平等程度，高工资中的一部分是用来弥补工作特征带来的负效用，但是在次要劳动力市场中，工资的不平等并不是由补偿性工资差异造成的。

在西方发达国家中，较强的工会力量也会导致较大的行业收入差距。根据工会集体谈判理论，并引入租金分享模式，工会与企业对利润分享比例和数量进行集体谈判，谈判的结果会改变工人工资水平，在工会谈判力量比较大的行业，为工人争取到的利润分成比例和数量相对较多，工人的工资也会相对较高。加里诺等（Garino et al，2000）在工会谈判模型中，引入效率工资理论，在工会力量较大的行业中，如果效率工资效应存在，则使工资谈判的结果更有利于参加了工会组织的劳动力，进一步拉大了行业工资差距。但是瓦杜普（Waddoups，2005）对澳大利亚的行业工资进行了研究，发现在行业工资决定中引入工会变量后，并没有使行业工资出现显著的改变，工会并不是影响行业工资差距的重要因素。

1.2.2.2 行业工资差距对经济增长的影响

关于行业工资差距对经济增长的影响，主要有三种观点：一些学者认为收入不平等与经济增长呈正相关；另一些学者认为收入不平等与经济增长呈负相关；还有学者认为收入不平等与经济增长并非是简单的线性关系，而是非线性关系。

（1）收入差距有利于经济增长。从理论上来看，收入差距可以通过提高人力资本存量来提高社会生产效率、提高社会储蓄来提高投资水平等几个渠道促进经济增长。贝纳布（Benabou，1996）发展了一个异质性的劳动力市场模型，表明假如一个地区的劳动力的人力资本互补性越强，通过劳动力之间的相互作用，产生强烈的知识外溢效应，那么越不平等的社会其经济增长速度越快。加勒和西德登（Galor & Tsiddon，1997）提出一个家庭环境的外部性帮助决定了个人的人力资本水平，假如这种外部性非常大，那么一个高的不平等

水平是使一个欠发达国家经济起飞的必要因素。格莱泽和马雷克（Glaeser &
Mare，2001）提出生活在城市中的工人们具有更高的生产效率，因为城市人
口密度大能够加快高技术工人之间的互动，加强合作，产生工资溢价，同时
带来了更高的收入不平等和更高的经济增长。坎帕纳莱（Campanale，2007）
在前人研究的基础上，提出富人的储蓄率高于穷人，收入分配越不平等，社
会储蓄水平越高，而收入不平等的缩小也就意味着储蓄规模的缩小，资本积
累规模缩小，经济增长速度放慢。

　　从实践上来看，福布斯（Forbes，2000）利用一套改良的不平等统计数
据，根据矩技术的一般化方法，估计不平等变化与经济增长变化之间的关系，
结果表明一个国家的收入不平等水平与经济增长之间存在明显的高度稳健的
正向关系。帕特里奇（Partridge，2005）考虑到长期和短期中收入分配和经
济增长关系的不确定性，分别利用截面数据的变化反映长期效应，利用时间
序列数据的变化反映短期效应，运用 OLS、RE 和 FE 模型，使用 1960~2000
美国各州数据，证实了整体收入不平等与长期经济增长之间是正相关的，而
短期收入分配的经济增长效应不太清晰。佩鲁吉尼和马蒂诺（Perugini &
Martino，2008）分析了欧洲各国的经济不平等对经济增长造成的影响。提出
一系列经济不平等的因素（短期和中期，区域层面，发达地区），采用截面
模型进行分析，实证结果表明，欧洲区域经济不平等能提供更大的经济刺激，
从而能更大程度地促进区域经济增长。泰洛和拉莫斯（Tello & Ramos，2012）
运用 1998~2008 年的墨西哥微观数据，证明了整体经济的不平等将经历更大
的经济增长，这与跨地区研究的结论是保持一致的，他们利用 OLS、FE -
IV、IV - GMM 模型，分析了收入分配、教育资源分配的综合经济效应，而收
入、人力资本的不平等促进了墨西哥的经济增长。

　　（2）收入差距阻碍了经济增长。从理论上来看，收入不平等也可以通过
几个渠道阻碍经济增长。首先，在不完美的资本市场上，收入不平等影响了
实物资本和人力资本的积累，妨碍经济增长。艾金等（Aghion et al，1999）
认为在信用市场不完善的情况下，假设个人财富和人力禀赋是外生的，穷人
由于缺乏充足的担保物而不能借贷，穷人的人力资本、物质资本的投资机会
都受到限制。财富分配越不均等的国家，会低效利用他们的潜在资源而产生
较低的经济增长。塔巴桑和马吉德（Tabassum & Majeed，2008）认为信用市

场不完善反映为信息不对称和对合法机构的限制。由于法律实施不够完善，破产法有可能保护借款者的财产，而阻碍贷款人对不良贷款的回收。由于信贷渠道的限制，投资机会的发展主要依靠个人的资产和收入水平。特别是，穷的家庭倾向于放弃投资回报率较高的人力资本投资，收入不平等将有损于经济增长。其次，调节收入分配不均的政策扭曲，使得资源配置失当，阻碍了经济增长。贝哈鲍比（Benhabib，2003）以博弈论为基础，考察了不同利益集团在收入不平等的情况下所采取的不同策略，结果是过度的不平等会使某些集团发生寻租或抢劫等不利经济增长的行为，收入不平等会阻碍经济增长。

从实践上来看，阿莱西那和佩罗蒂（Alesina & Perotti，1996）通过对 71 个国家 1960 ~ 1985 年的数据进行估计，验证了收入不平等会增加大众暴力、政变等社会不稳定现象，进一步威胁到产权安全，影响社会投资，阻碍经济增长。弗兰克（Frank，2009）使用 1929 ~ 2000 年美国各州数据，利用格兰杰因果检验和脉冲响应分析研究收入不平等、人力资本水平和收入增长之间的关系。实证结果表明，最高十分位收入份额是收入增长的格兰杰原因，而受教育年限是收入水平的格兰杰原因，但只有微弱的证据表明，收入增长的格兰杰原因是高收入的收入份额。埃斯库拉（Ezcurra，2009）考察了 1993 ~ 2003 年欧盟区域内收入极化与经济增长间的相互关系。通过对控制一系列影响经济增长的因素，如初始人均国内生产总值、产业综合、人力资本存量、人口密度或者市场潜力等的分析，结果表明，收入极化的水平与区域经济增长之间成负相关。

（3）在经济的不同发展阶段，收入差距对经济增长具有不同的影响。经济发展的不同阶段所具有的不同特点，使得收入不平等与经济增长之间也呈现出非线性的特点。加勒等（Galor et al，2004）认为在资本限制的条件下，收入不平等与物质资本投资之间存在正向关系，而与人力资本投资之间存在负向关系。在经济社会的不同发展阶段，人力资本和物质资本对经济增长的贡献方向和贡献程度存在差异，所以收入不平等对经济增长的影响也有差异。在经济发展的初期，物质资本投资成为经济发展的主要动力，收入不平等加快了经济发展；在经济发展的转型时期，人力资本回报率超过物质资本回报率，人力资本成为经济发展的主要动力，收入不平等使经济增长受限。阿斯拉尼迪斯（Aslanidis，2004）运用一个状态转换模型分析了收入不平等与经济增长之间的关系，在不同的经济和社会环境中，收入不平等与经济增长之间呈现出不同的变化方向，当收入不平等超过某一阈值时，对经济增长的影响从一种机制转换到另一种机制。

巴罗（Barro，2000）利用多个国家的面板数据，发现在不同的经济发展水平的国家，收入不平等对经济增长率的影响不同，在贫困国家收入不平等会阻碍经济增长，而在富裕国家收入不平等会促进经济增长。所以在贫困国家实行收入均等化的分配政策有利于经济增长，而在富裕国家所实行的分配政策必须在收入均等与经济增长之间做出权衡选择。班纳吉和迪弗洛（Banerjee & Duflo，2003）使用跨国数据进一步论证了收入不平等和经济增长率之间的非线性关系。他们使用非参数方法，说明不平等变化与经济增长率之间存在倒 U 形曲线，不平等的上升与经济增长是相联系的，但如果不平等上升太多，政治冲突模型和其他模型都表明，经济增长将最终下降。

1.2.2.3 行业工资差距的研究方法

对行业工资差距的研究方法可以分为两大类：一是采用统计指标衡量不平等，再分解出不同因素对工资差距的影响程度；二是用计量模型对工资方程进行回归，再分解出各种影响因素对工资差距的贡献程度。

（1）统计指标方法。对行业工资差距的统计指标可以分为两类：一是有量纲的绝对指标，如方差、极值差、极值比等；二是无量纲的相对指标，如基尼系数、广义熵指数、阿肯森指数等。由于统计指标的计算方法基本固定统一，没有形式差别，对不同因素的影响程度可以进行比较等优点，在收入不平等的研究中占有重要地位。

1912 年，基尼提出了衡量收入不平等指数——基尼系数。许多学者对基尼系数的计算和分解进行了许多研究工作，基尼系数的计算有几何方法、相对平均差方法、矩阵法等方法，而对基尼系数的分解主要是从"收入来源"和"收入群体"两个方面来进行。按收入来源分解，是要回答收入来源的各个组成部分是如何影响收入不平等的，需要计算各种要素收入的基尼系数。费等（Fei et al，1978）首次以工资收入、财产收入、转移收入三种收入为例对基尼系数进行分解。基尼系数由两部分构成：第 i 种收入的比重与第 i 种收入的拟基尼系数。西尔伯（Silber，1989）利用矩阵计算方式对基尼系数进行分解，把基尼系数分成三部分：各子群内部的差异；各子群之间的差异；收入排序强度（两个"基尼系数"之间的差异）。兰伯特和阿伦森（Lambert & Aronson，1993）根据三条曲线对基尼系数进行了分解，一条是整体收入分布形成的洛伦茨曲线，再把它分解成两条：一条各子群平均收入由低到高排序所形成的洛伦茨曲线，另一条各子群的集中曲线。达格姆（Dagum，1997）利用基尼系数的平均差的计算方法，把基尼系数分解成两部分：组内基尼系数和组间基尼系数，而组间基尼系数继续被分解成两部分：组间基尼系数的净贡献和反式变化密度的贡献。万广华（2001）提出了动态的基尼系数变化的分解形式，基尼系数的变化分解为三部分：收入比重变化引起的收入不平等的变化，由收入集中系数变化引起的基尼指数的变化，前两项共同变化引起的收入不平等的变化。按收入群体分解，是对收入群体的不同类别（性别、种族等）进行分解。穆萨德和斯特凡纳（Mussard & Stéphane，2004）提出了一种对基尼系数进行多重分解的综合方法，可以使按收入群体和收入来源两种不同类型的分解方法合并，对收入来源和收入群体的构成要素对整体不平等的贡献提供精确的测量。莫罗（Mauro，2013）进一步利用一个矩阵方程同时进行收入群体分解和收入来源分解，并且能够利用这种多重分解方法，研究收入群体因素和收入来源因素的相互影响在决定整体收入不平等中的作用。

1967 年泰尔利用信息理论中的熵概念来计算收入不平等，提出了泰尔指数，其最大的优点在于它可以衡量组内不平等和组间不平等对总不平等的贡献[①]。肖洛克斯（Shorroks，1980）论证了广义熵指数满足连续、可微、对称、齐次性等条件，它可以分解成加权的组内不平等和组间不平等的形式，用收入比做权重，可以得到泰尔 T 指数的分解形式，用人口比做权重，可以得到泰尔 L 指数的分解形式。福斯特（Foster，1983）指出泰尔指数除了能满足转移性原则、对称性、齐次性、人口原则以外，更重要的是泰尔指数能满足强洛伦茨一致性，它能准确描述洛伦茨曲线所表达的不平等含义。卡姆和丹尼斯（Kam & Dennis，2009）提出一种新的方法，可以利用样本的非等级划分，对泰尔指数进行二元分解，它强调各种不平等因素的相互作用，均衡地对待所有的因素，便于各种与不同因素相联系的不平等程度的比较。

---

① 万广华（2006）就指出如果要进行不平等的要素分解，则只能采用基尼系数，如果是对不平等进行样本分组分解，则只能采用广义熵指数。

（2）计量模型方法。建立在计量模型基础上的不平等研究被一些学者认为是最新的研究方法，主要有两种方法：一是采用经典的 OLS 方法，描绘工资分布的集中趋势，考察各种变量对工资变动的平均影响，即工资均值分解；二是采用分位数回归、半参模型等方法，对日趋离散的工资分布进行整体考察，即工资分布分解。

奥萨卡（Oaxaca，1973）、布莱德（Blinder，1973）首次提出的对工资差距的分解对理论界产生了重大影响。他们利用 OLS 模型，对不同组别的工资差异做了均值分解，分解为两部分：一部分是由于劳动力的个体特征差异造成的工资差距，一部分是由于劳动力的特征报酬差异造成的工资差距。由于奥萨卡 - 布莱德（Oaxaca - Blinder）分解方法存在着指数基准问题，科顿（Cotton，1988）提出用不同组群各自工资结构的加权平均构建无歧视工资结构来消除指数基准问题，分解的结果分为三部分：技能差异引起的工资差距、劳动力价值高估的反向歧视、劳动力价值低估的直接歧视。纽马克（Neumark，1988）把全样本工资回归模型中的系数矩阵作为无歧视工资结构，进一步利用了更多的样本信息进行了均值分解。

布朗（Brown，1980）将同工不同酬与职业分隔结合起来考虑歧视，把个人禀赋、职业分布、歧视与工资差异整合在一个统一的研究框架内，对工资差异进行均值分解，分解成四部分：职业内个体特征造成的工资差距、职业内的不平等差距，职业（获得）结构差别造成的工资差距、职业资质差别造成的工资差距。阿普尔顿（Appleton，1999）通过获得无歧视职业（获得）结构和无歧视工资结构，矫正了布朗分解中的双重指数基准问题。

均值分解描绘的是工资分布的集中趋势，无法对日趋发散的工资分布提供更为精准的描绘。尤恩等（Juhn et al，1993）研究了同一组群工资分布的变动成因，将同一组群工资分布的变动分解为由个人特征的数量变化、个人特征的价格变化以及由不可观测技能造成的变动。

为了更细致的考察工资分布的变化，迪纳尔多等（Dinardo et al，1996）采用半参数方法，用加权核密度估计刻画工资分布，用重置权重函数构造反事实工资分布，指出各种因素对工资分布不同位置的影响。福廷和勒米厄（Fortin & Lemieux，1998）使用排位回归技术研究组群间工资分布差异的变动，并利用有序 Probit 模型，把组群间工资分布差异的变动分解为技能分布变动、工资结构变动和各组群与参照组相对位置变动三个部分的效应。

自从科恩克和巴西特（Koenker & Bassett, 1978）提出分位数回归的方法以后，许多学者运用该方法来研究整个收入分布情况。马卡多和马塔（Machado & Mata, 2005）运用条件分位回归方法，估计了工资的条件分布，借助概率积分转换得到工资的边际密度函数的一致估计，通过随机替换构造反事实工资分布，分析不同时期同一组群内部的工资分布变动产生的原因。奥特尔等（Autor et al, 2005）和梅利（Melly, 2005）进一步在马卡多和马塔研究的基础上，利用他们的分位分解技术平台，将同一组群的工资分布变动解析为个体特征分布变动、组间价格变动和残差价格变动三部分效应。菲尔波等（Firpo et all, 2009）将条件分位回归模型扩展为无条件分位回归模型，借助于重置权重函数，构造反事实工资分布，把工资分布差异分解为构成效应和工资结构效应，对分布统计量的再集中影响函数进行回归，再将以上两个效应进一步细分到每个协变量上。

1.2.3 国内外研究述评

国内外众多学者对收入差距这一问题做了深刻研究，极大地丰富了收入分配理论，也为各国制定收入分配政策、调节收入差距提供了依据。通过仔细研读大量文献，可以发现现有文献中还存在着有待进一步完善的地方，这也成为本书行文的起点和可能的创新点。

（1）目前对我国行业工资差距的研究，大多数是对行业工资差距的描述性分析，对行业工资差距的产生原因，普遍考虑较多的是垄断、市场分割、人力资本等因素，对工资差距分析缺乏坚实的理论基础，很多分析没有形成一条贯穿始终的理论主线，使读者感到对行业工资差距的分析是一种架空式的分析。

（2）对我国行业工资差距的衡量，许多学者使用极值差、极值比、方差等绝对指标，而这类绝对指标是有量纲的，它们的大小与度量单位有关，当度量单位改变时，即使收入分配状态是相同的，但是它们衡量出来的工资差距是不同的，所以，绝对指标只能作为一种参考。有些学者也使用基尼系数、泰尔指数等相对指标来衡量收入差距，但大多数都是对城乡收入差距、地区收入差距的测算和分解，运用基尼系数、泰尔指数对行业工资差距的测算和分解较少涉及。

（3）对我国行业工资差距的实证分析，大多数是以明瑟尔工资方程为基础，采用弹性或半弹性形式，计量出各影响因素在工资决定中的作用，但是由于数据的可得性或理论分析的不全面，对影响因素的考虑不全面，导致对行业工资差距的实证分析也不全面，行业工资差距中仍然存在没有被解释的剩余部分。

（4）许多学者对收入不平等与经济增长之间关系的理论和实证研究，得出的结论存在较大的分歧，无法给出统一的结论，是因为收入不平等对经济增长的影响不是直接的，往往要通过中间变量（人力资本、物质资本、税收制度等）的传导，间接得到两者之间的关系，而对中间变量的选择差异、中间变量传导路径的差异，决定了传导机制的复杂性，使得收入不平等对经济增长的影响是不确定的。而我国的行业工资差距对社会经济发展存在什么样的影响，中间变量在传导中起到了什么作用，对这方面缺乏系统性、全面性的研究。

1.3 研究思路与研究方法

1.3.1 研究思路

本书按照"现实考察—决定机制—原因分析—制度路径—影响分析—政策建议"层层递进的研究思路，通过本书第 2 ~ 7 章对我国经济体制转型中出现的行业工资差距展开研究，其结构框架如图 1 - 1 所示。

第 2 章对我国的行业工资差距的现实情况进行考察，根据经济体制改革的运行阶段，对行业工资差距的演变阶段进行了划分，对行业工资的门类数据进行了统计性描述，并进一步用行业大类数据计算基尼系数和泰尔指数，分析我国的行业工资差距的演变过程。

第 3 章分别介绍了古典、近代、现代经济学中的各种工资理论以及他们对工资差距的解释。在我国社会主义市场经济中，应该以马克思主义的工资理论作为理论指导。对劳动力价值与工资的辩证关系分析，找出其统一和对立面，并以此作为分析行业工资决定的基础，进一步找出我国行业工资的决定因素（劳动力价值）和影响因素（市场因素）。

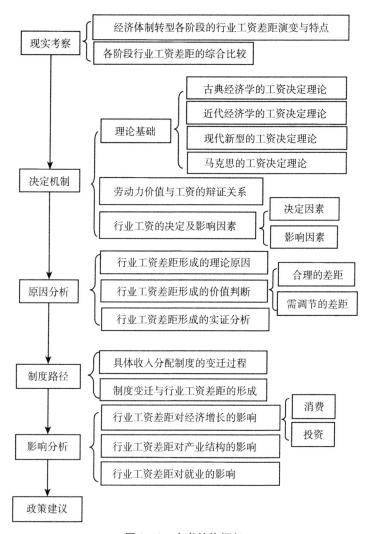

图 1-1　本书结构框架

第 4 章沿着我国行业工资决定机制的思路，进一步分析我国行业工资差距产生的原因，并根据马克思主义的劳动价值补偿原则，把劳动力价值产生的工资差距认定为合理的工资差距，而由市场不完善和市场不均衡产生的行业工资差距认定为是需要调节的部分。对我国行业工资差距产生的原因进行实证分析，计量出各种因素对行业工资差距的贡献程度。

第 5 章从制度变迁角度解释我国行业工资差距的形成。介绍我国改革开放以来收入分配制度指导思想的变化，具体收入制度的变迁过程。以制度经济学的基本方法为基础，通过制度变迁的供求分析框架来解释我国收入分配制度的变迁，通过制度变迁的一般过程分析行业工资差距的形成和强化过程。

第 6 章对我国行业工资差距的经济影响进行分析，从理论上对行业工资差距与经济增长（消费和投资）、产业结构、就业（就业总量和就业结构）之间的相互关系进行分析；从实证上对行业工资差距与相关变量之间进行效应检验，建立联立方程模型分析他们之间的内在逻辑关系。

第 7 章针对我国行业工资差距的产生原因，提出缩小行业工资差距的政策建议，对初次分配中的合理工资差距进行鼓励，对市场不完善和市场不均衡造成的行业工资差距进行规制和调节，同时配合再次分配中的税收制度、社会保障制度对工资分配格局进行调节。

1.3.2　研究方法

（1）总结归纳法。对古典经济学、近代经济学、现代经济学中各种工资理论进行了梳理、归纳，总结出各种工资理论的基本内容以及对工资差距的解释，重点总结了马克思主义的工资理论，为我国行业工资差距的研究提供理论基础。

（2）实证分析法。运用行业大类的工资数据，计算出我国行业工资差距的基尼系数和泰尔指数，并对泰尔指数进行分解分析；对我国行业工资差距产生的原因进行了计量模型分析，计量出各种因素的贡献程度；对我国行业工资差距的经济效应进行了实证检验，运用联立方程模型分析经济变量之间的内在关系。

（3）规范分析法。根据马克思主义的劳动价值理论和劳动价值补偿原则，提出了行业工资差距的价值判断标准，对影响因素进行了价值判断。本书最后根据行业工资差距产生的原因，提出的有针对性的政策建议也带有规范性质。

1.4 创新之处

（1）本书以马克思主义的劳动价值理论为理论基础，并吸收其他工资理论中有利的理论成果，研究经济体制转型过程中的行业工资差距。理论界对行业工资差距的关注度越来越高，从各种理论角度对行业工资差距进行了解释，但是本书认为马克思主义理论体系具有开放性、包容性的理论品格，在我国社会主义市场经济体制的转型时期，劳动价值理论仍然具有广泛的现实基础，仍然占据重要的理论地位，新生产方式下的具体劳动的形式变化并不改变劳动创造价值的本质属性。本书把马克思主义的工资理论作为理论主线，结合其他工资理论中的部分理论成果，沿着"劳动力价值与工资的辩证关系"的分析思路，认为劳动力价值与工资是一对既相联系又相区别的概念。劳动力价值决定工资，工资除了受到劳动力价值影响以外还受到制度因素和市场因素的影响，制度的不完善、市场的不均衡造成工资围绕劳动力价值上下波动。行业工资差距的出现，是由于各行业的劳动力价值差异、制度差异和市场差异造成的，根据马克思主义的劳动价值补偿原则，把前者造成的差距认定为合理的工资差距，而其他因素造成的工资差距需要进行调节。

（2）本书综合利用统计学方法与计量经济学方法对行业工资差距进行实证分析。一些国内学者选用某几个行业数据或者用行业门类数据对行业工资差距进行单一指标的测算，得到了行业工资差距不断扩大的结论。本书为了突出工资差距的行业特征，在数据的选择上，选用能较好地体现行业特征的大类数据；为了获取更加稳健的研究结果，在指标的选择上，选用基尼系数和泰尔指数两类指标。进一步把泰尔指数按产业类型和竞争程度进行分组分解，分析出组内差距与组间差距对行业工资差距的贡献程度。对行业工资差距的实证分析，大多数学者都采用明瑟尔工资方程对行业工资进行估计，而本书将直接采用行业工资差距作为被解释变量，运用固定效应模型，直接度量出每一影响因素对行业工资差距的贡献程度，并进一步引入"行业"变量，检验"行业"本身对工资差距的影响，引入工资差距的滞后项，考察行业工资差距的黏性。

（3）从制度变迁角度来解释我国行业工资差距的形成过程。系统总结了我国具体收入分配制度的变迁过程，运用制度变迁的供求分析框架分析我国收入分配制度的变迁过程，并进一步通过对我国收入分配制度变迁的一般过程的分析，指出由于制度变迁中各经济主体在成本和收益上的不对称性形成了行业工资差距，制度变迁的时滞和路径依赖强化了行业工资差距。

（4）系统、全面分析我国行业工资差距对社会经济发展产生的影响。国外学者对收入不平等与经济增长的关系做过大量研究，得到的结果大相径庭，国内学者对某一地区的收入不平等与经济增长的关系也做过类似的比较简单的研究。本书立足于我国国民经济发展的整体角度，对行业工资差距与消费、投资、经济增长、产业结构、就业之间的关系做深刻的系统的理论解析，并利用单位根检验、协整检验、格兰杰因果关系检验等多种检验形式，对行业工资差距与相关变量之间的关系进行实证检验，进一步利用联立方程模型，把这些变量置于一个统一的经济系统中，对他们之间内在的逻辑关系进行分析。

| 第2章 |

我国行业工资差距的现实考察

本章介绍 1978 年以来我国行业工资差距的演变过程。学术界对经济体制转型的阶段划分并没有统一的标准，其研究也相对较少，本书综合考虑国家经济制度的变化、价格自由化程度、对外开放程度等因素，对经济体制转型过程进行阶段划分，把 1978 ~ 2015 年行业工资差距的演变过程划分为三个阶段：第一阶段为经济体制转型初期（1978 ~ 1992 年），第二阶段为经济体制转型中期（1993 ~ 2002 年），第三阶段为经济体制转型深化期（2003 ~ 2015 年）①。考察在经济体制转型的不同阶段，行业工资差距的基本变化趋势，综合比较其演变过程中呈现出来的特点。

2.1 经济体制转型初期（1978 ~ 1992 年）行业工资差距的演变与特点

1978 年 12 月，中共第十一届三中全会提出建设具有中国特色的社会主义，开始了从封闭半封闭到改革开放、从计划经济到市场经济的重大经济体制转变。1979 年开始实行"计划经济为主，市场调节为辅"的经济管理原则，虽然市场机制逐步引入到各行各业的发展中，但是市场只是配置资源的重要补充手段，起主导作用的仍然是"计划"，行业工资的决定权也从属于

---

① 至今我国仍处于经济体制转型的深化期，但本书所研究的深化期只到 2015 年。

"计划"范畴。从 1984 年 10 月，中共十二届三中全会确定以城市为重点的经济体制改革，明确我国实行"有计划的商品经济"，对价格体系、劳动工资制度等进行配套改革，城镇化的推进、企业制度的改革使经济体制转型初期的行业工资差距逐渐开始出现。1987 年中共十三大报告提出了"国家调节市场，市场引导企业"的经济发展模式，市场的地位加强，明确了生产要素市场也包括在社会主义市场体系中。"市场"在国民经济中的比重加大，在某些领域甚至开始起主导作用，分工也逐渐开始深化，专业化生产和协作程度的逐步提高，国民经济中也不断出现了新的行业部门。为正确反映社会经济结构的发展变化趋势，1984 年 12 月 1 日，国家标准局首次颁布了《国民经济行业分类和代码》（GB/T 4754—1984），并且从 1985 年 1 月 1 日起开始实施，新的分类标准共分 13 个门类，75 个大类，310 个中类①。

2.1.1　行业间的平均工资比较

在经济体制转型的初期，各个行业的工资平稳增加，行业工资差距相对较小，但是行业工资分布逐渐发散、行业工资差距逐渐显现。由表 2－1 可以看出，这一阶段的行业平均工资从 644 元增加到 2878 元，十五年间，平均工资的年均增长率达到 11.3%，并且有逐年加快的趋势。最高行业工资与最低行业工资的差距（极值差）从 526 元扩大到 3048 元；最高行业工资与最低行业工资的比值（极值比）为 2.11~2.76 倍，波动相对不大；行业工资标准差系数为 0.19~0.22，反映出这一时期各行业的平均工资与所有行业的平均工资的差距不大，工资分布较为集中。最高工资行业分别为管道运输业、航空运输业、电力、煤气及水的生产和供应业和水上运输业，而最低工资行业为畜牧业和农业。

表 2－1　　　　　　　1978~1992 年行业工资差距的一般衡量指标

年份	平均工资（元）	最高工资（元）	最低工资（元）	极值差（元）	极值比	标准差系数
1978	644	1000（管道运输业、航空运输业）	474（畜牧业）	526	2.11	0.19

①　1984 年之前国家还没有颁布国民经济行业分类的统一标准，所使用的行业分类是 1955 年制定的国民经济部门分类，行业门类只有 10 个，大类 47 个，中类 56 个。

年份	平均工资（元）	最高工资（元）	最低工资（元）	极值差（元）	极值比	标准差系数
1980	803	1073（电力、煤气及水的生产和供应业）	621（畜牧业）	452	1.73	0.15
1985	1213	1834（航空运输业）	873（农业）	961	2.10	0.18
1987	1546	2333（航空运输业）	1130（农业）	1203	2.06	0.18
1988	1853	2713（水上运输业）	1251（农业）	1462	2.17	0.18
1989	2055	3346（航空运输业）	1349（农业）	1997	2.48	0.21
1990	2284	4018（航空运输业）	1507（农业）	2511	2.67	0.22
1992	2878	4782（航空运输业）	1734（农业）	3048	2.76	0.22

注：受到数据可得性的影响，表中的数据都是采用全民所有制的行业大类数据，1979年、1981~1984年、1986年、1991年只有门类数据没有大类数据，门类数据与大类数据的计算结果不具有可比性，所以将其省略。

资料来源：1990~1993年《中国劳动统计年鉴》。

2.1.2 行业工资差距的变化趋势

根据吉特尔曼和沃尔夫（Gittleman & Wolff, 1993）对行业工资差距的定义，行业工资差距为某行业的平均工资与所有行业的平均工资的百分比差距，若所有行业的平均工资（或社会平均工资）为 w，而某行业的平均工资为 w_i，则某行业的平均工资与社会的平均工资的差距为：

$$d_i = \ln(w_i/w) \tag{2.1}$$

1978~1992年，各个行业的工资差距成为一个时间序列，分析其最大值、最小值、标准差，可以表明各个行业工资差距的变化趋势。1978年、1980年35个大类数据中，有18~19个行业的平均工资超过全社会平均工资，最大的是管道运输业、航空运输业超过社会平均工资44.0%；14~15个行业的平均工资低于全社会平均工资，最小的是畜牧业低于社会平均工资30.6%；1985~1992年39个大类数据中，有16~21个行业的平均工资超过全社会平均工资，最大的是1990年航空运输业超过社会平均工资56.5%；18~23个行业的平均工资低于全社会平均工资，最小的是1992年农业低于社会平均工资50.7%。标准差相对较大（标准差大于10）的是管道运输业、水上运输业和航空运输业，这 3 个行业都属于高工资行业，但管道运输业的排名逐渐降低，导致其标准差较大，水上运输业和航空运输业是其工资上涨的速度较快，使它们的行业工资越来越高于全社会的平均工资，导致其标准差较大。标准差相对较小（标准差小于 2）的有制造业、线路管道和设备安装业、公共饮食业、居民服务业，其中制造业属于中等收入行业，其行业工资的增长速度与全社会平均工资的增长速度相差不大，公共饮食业、居民服务业都属于低工资行业，它们的行业工资以相对平稳的低速度增长，线路管道和设备安装业属于高工资行业，其行业工资一直以较平稳的高速度增长。

表 2 - 2 列出了排名前五和排名后五的 10 个行业的工资差距的变化情况。在此期间，排名前五和排名后五行业之间的工资差距相对不大，排名前五的行业集中在第二产业中的地质普查和勘探业、线路管道和设备安装、第三产业中的交通运输业（只有公路运输业从 1987 年开始低于全社会平均工资），排名后五的行业集中在第一产业中农业、林业、畜牧业、水利业和农、林、牧、渔、水利服务业。比较突出的是教育、文化艺术和广播电视事业，它们的行业平均工资都一直低于全社会的平均工资，1978 年教育事业排名倒数第五，低于全社会平均工资 14.0%，1980 年广播电视事业排名倒数第五，低于全社会平均工资 15.5%。

2.2 经济体制转型中期（1993～2002 年）行业工资差距的演变与特点

1992 年，中共十四大正式提出发展社会主义市场经济，明确我国要进行社会主义市场经济的体制改革，并由此进入国民经济的快速发展时期。1993 年 11 月中共十四届三中全会正式审议通过了《关于建立社会主义市场经济体制若干问题的决定》，将经济体制改革目标和原则具体化，明确了国有企业的改革是建立现代企业制度，建立合理的个人收入分配和社会保障制度，改革使得各行业、各所有制单位之间的工资分配出现分化，行业工资差距开始明显地持续扩大。由于市场经济体制改革的逐步推进，我国的产业结构也发生了较大的变化，社会经济中的新兴行业不断出现。《国民经济行业分类与代码》（GB/4754—1984）对行业的分类统计无法与现实完全统一挂钩，在其

表 2 - 2　　1978~1992 年工资排名前五和后五的行业

单位：%

工资排名	1978 年	1980 年	1985 年	1987 年	1988 年	1989 年	1990 年	1992 年
排名前五行业 1	管道运输业 (44.0)	电力、煤气及水的生产和供应业 (29.0)	水上运输业 (29.3)	航空运输业 (41.1)	水上运输业 (38.1)	航空运输业 (48.7)	航空运输业 (56.5)	航空运输业 (50.8)
2	航空运输业 (44.0)	地质普查和勘探业 (25.0)	线路管道和设备安装 (28.8)	水上运输业 (36.1)	航空运输业 (37.2)	水上运输业 (45.5)	水上运输业 (44.4)	水上运输业 (49.0)
3	电力、煤气及水的生产和供应业 (30.4)	水上运输业 (23.4)	地质普查和勘探业 (27.7)	线路管道和设备安装业 (20.5)	线路管道和设备安装业 (30.1)	线路管道和设备安装业 (31.8)	装卸搬运业 (33.0)	线路管道和设备安装业 (32.6)
4	地质普查和勘探业 (23.1)	管道运输业 (21.9)	勘察设计业 (24.0)	地质普查和勘探业 (24.8)	铁路运输业 (27.3)	铁路运输业 (30.7)	线路管道和设备安装业 (30.7)	铁路运输业 (32.5)
5	水上运输业 (21.3)	航空运输业 (21.9)	铁路运输业 (23.4)	铁路运输业 (24.3)	装卸搬运业 (25.0)	装卸搬运业 (29.6)	铁路运输业 (29.2)	装卸搬运业 (30.1)

续表

工资排名		1978 年	1980 年	1985 年	1987 年	1988 年	1989 年	1990 年	1992 年
排名后五行业	1	畜牧业 (-30.6)	畜牧业 (-25.7)	农业 (-32.9)	农业 (-31.3)	农业 (-39.3)	农业 (-42.1)	农业 (-41.6)	农业 (-50.7)
	2	农业 (-29.8)	农业 (-25.4)	畜牧业 (-32.4)	畜牧业 (-29.1)	畜牧业 (-35.7)	畜牧业 (-38.2)	畜牧业 (-37.0)	畜牧业 (-43.1)
	3	林业 (-16.3)	水利业 (-17.8)	农、林、牧、渔、水利服务业 (-24.6)	林业 (-21.7)	林业 (-27.5)	林业 (-28.5)	林业 (-29.6)	林业 (-31.0)
	4	水利业 (-14.7)	林业 (-15.9)	林业 (-21.1)	农、林、牧、渔、水利服务业 (-17.9)	水利业 (-23.4)	农、林、牧、渔、水利服务业 (-24.8)	农、林、牧、渔、水利服务业 (-25.4)	农、林、牧、渔、水利服务业 (-21.5)
	5	教育事业 (-14.0)	广播电视事业 (-15.5)	水利业 (-16.5)	水利业 (-17.2)	农、林、牧、渔、水利服务业 (-21.5)	水利业 (-24.0)	水利业 (-22.5)	水利业 (-19.2)

注：括号中的数据是计算出来的该行业平均工资偏离社会平均工资的程度。
资料来源：1990～1993 年《中国劳动统计年鉴》。

实施 10 年后，1994 年国家技术监督局、国家统计局对其进行了第一次修订，形成了《国民经济行业分类与代码》（GB/T 4754—1994），将原来的 13 个门类调整为 16 个，并对大、中、小类都进行了较大的调整，把国民经济行业划分成了 92 个大类、368 个中类、846 个小类，重点扩展了第三产业的内容。

2.2.1　行业间的平均工资比较

由表 2 - 3 可以看出，这一阶段行业平均工资从 3371 元增加到 12422 元，各行业的平均工资的年均增长率为 15.59%，其中行业工资增长率最高的是计算机应用服务业为 28.17%，增长率最低的是非金属矿采选业为 10.77%。最高行业工资与最低行业工资的差距从 5018 元扩大到 33951 元，行业最高工资与行业最低工资的比值扩大到 7.92 倍，行业工资的极差值和极差比都快速增加。行业工资的标准差系数从 0.23 增加到 0.43，反映出各行业工资差距的发散程度更加明显。最高工资行业分别为航空运输业、计算机应用服务业，最低工资行业仍然是农业、林业、木材加工及木、竹、藤、棕、草制品业和木材及竹材采运业。

表 2 - 3　　　　　　　　1993~2002 年行业工资差距的一般衡量指标

年份	平均工资（元）	最高工资（元）	最低工资（元）	极值差（元）	极值比	标准差系数
1993	3371	6798（航空运输业）	1780（农业）	5018	3.82	0.23
1994	4538	9618（航空运输业）	2543（农业）	7075	3.78	0.27
1995	5500	12686（航空运输业）	3180（木材加工及木、竹、藤、棕、草制品业）	9506	3.99	0.28
1996	6210	14378（航空运输业）	3250（木材加工及木、竹、藤、棕、草制品业）	11128	4.42	0.32
1997	6470	17414（计算机应用服务业）	3497（木材加工及木、竹、藤、棕、草制品业）	13917	4.98	0.35
1998	7479	17416（航空运输业）	4109（林业）	13307	4.24	0.31
1999	8346	19748（航空运输业）	4311（木材及竹材采运业）	15437	4.58	0.33
2000	9371	27337（计算机应用服务业）	4560（木材及竹材采运业）	22777	5.99	0.37

续表

年份	平均工资（元）	最高工资（元）	最低工资（元）	极值差（元）	极值比	标准差系数
2001	10870	30453（计算机应用服务业）	4675（木材及竹材采运业）	25778	6.51	0.39
2002	12422	38855（计算机应用服务业）	4904（木材及竹材采运业）	33951	7.92	0.43

资料来源：根据 1994~2003 年《中国劳动统计年鉴》。

2.2.2 行业工资差距的变化趋势

按照公式（2.1）计算出 1993~2002 年各个行业的工资差距。在 87~90 个大类数据中，有 41~52 个行业的平均工资超过全社会平均工资，最大的是 2002 年计算机应用服务业超过社会平均工资 114.4%；41~47 个行业的平均工资低于全社会平均工资，最小的是 2002 年木材及竹材采运业低于社会平均工资 92.5%。标准差相对较大（标准差大于 20）的是木材及竹材采运业、商业经纪与代理业、计算机应用服务业。木材及竹材采运业属于低工资行业，其工资上涨速度慢，使其向下偏离全社会平均工资越来越远（从低于全社会平均工资 29.0% 上升到低于全社会平均工资 92.5%），标准差相对较大。商业经纪与代理业、计算机应用服务业属于高工资行业，其工资上涨速度快，（商业经纪与代理业从高于全社会平均工资 10.4% 上升到高于全社会平均工资 91.3%，计算机应用服务业从高于全社会平均工资 31.8% 上升到高于全社会平均工资 114.4%），使其向上偏离全社会平均工资越来越远，标准差也相对较大。标准差相对较小（标准差小于 3）的有交通运输辅助业、食品、饮料、烟草和家庭日用品批发业、零售业。交通运输辅助业属于高工资行业，其行业工资向上偏离全社会平均工资的比例大体不变（高于全社会平均工资 17.5%~24.4%），食品、饮料、烟草和家庭日用品批发业、零售业属于低工资行业，其行业工资向下偏离全社会平均工资的比例大体不变（食品、饮料、烟草和家庭日用品批发业低于全社会平均工资 21.8%~28.14%，零售业低于全社会平均工资 33.6%~40.8%）。

表 2-4 列出了排名前十和排名后十的 20 个行业的工资差距的变化情况。

表2—4　1993~2002年工资排名前十和后十的行业

单位：%

	排名	1993年	1994年	1995年	1996年	1997年
工资排名前十行业	1	航空运输业（70.1）*	航空运输业（75.1）	航空运输业（83.6）	航空运输业（84.0）	计算机应用服务业（99.0）
	2	邮电通信业（48.7）	邮电通信业（50.7）	石油和天然气开采业（51.9）	计算机应用服务业（80.8）	航空运输业（95.8）
	3	铁路运输业（44.1）	石油和天然气开采业（50.3）	邮电通信业（51.5）	石油和天然气开采业（54.7）	石油和天然气开采业（62.8）
	4	黑色金属冶炼及压延加工业（40.1）	铁路运输业（46.1）	管道运输业（50.3）	邮电通信业（53.2）	邮电通信业（62.2）
	5	石油和天然气开采业（39.6）	房地产开发与经营业（41.8）	铁路运输业（50.3）	烟草制品业（51.0）	烟草制品业（56.7）
	6	管道运输业（38.4）	计算机应用服务业（41.0）	烟草制品业（47.2）	铁路运输业（50.8）	铁路运输业（54.4）
	7	房地产开发与经营业（33.2）	保险业（39.4）	计算机应用服务业（45.7）	管道运输业（49.9）	管道运输业（53.1）
	8	水上运输业（32.5）	金融业（39.1）	石油加工、炼焦及核燃料加工业（42.7）	电力、热力的生产和供应业（39.0）	电力、热力的生产和供应业（43.9）
	9	计算机应用服务业（31.8）	管道运输业（38.5）	房地产开发与经营业（39.7）	石油加工、炼焦及核燃料加工业（38.8）	保险业（43.4）
	10	线路、管道和设备安装业（31.7）	黑色金属冶炼及压延加工业（38.2）	电力、热力的生产和供应业（39.3）	房地产开发与经营业（37.9）	房地产开发与经营业（42.9）

续表

排名	1993 年	1994 年	1995 年	1996 年	1997 年
1	农业（-58.9）	农业（-57.9）	木材加工及木、竹、藤、棕、草制品业（-54.8）	木材加工及木、竹、藤、棕、草制品业（-64.8）	木材加工及木、竹、藤、棕、草制品业（-61.5）
2	林业（-51.0）	木材加工及木、竹、藤、棕、草制品业（-50.9）	农业（-51.8）	畜牧业（-48.1）	林业（-50.2）
3	畜牧业（-43.6）	林业（-45.3）	畜牧业（-49.9）	林业（-47.8）	畜牧业（-47.2）
4	木材加工及木、竹、藤、棕、草制品业（-39.1）	畜牧业（-44.2）	公路运输业（-39.2）	农业（-46.6）	农业（-43.5）
5	零售业（-33.6）	家具制造业（-42.0）	林业（-37.8）	公路运输业（-42.9）	其他采矿业（-41.4）
6	其他批发业（-32.7）	木材及竹材采运业（-39.9）	零售业（-36.3）	家具制造业（-40.0）	家具制造业（-39.8）
7	木材及竹材采运业（-29.0）	零售业（-36.4）	家具制造业（-34.8）	零售业（-38.3）	公路运输业（-39.6）
8	家具制造业（-28.7）	其他采矿业（-36.3）	纺织业（-28.8）	纺织业（-36.1）	零售业（-39.4）
9	渔业（-26.8）	公路运输业（-34.3）	食品制造业（-28.0）	其他采矿业（-33.6）	纺织业（-35.3）
10	农、林、牧、渔服务业（-26.2）	造纸及纸制品业（-30.9）	农、林、牧、渔服务业（-27.5）	其他制造业（-30.6）	其他制造业（-34.0）

工资排名后十行业

续表

排名	1998 年	1999 年	2000 年	2001 年	2002 年
1	航空运输业 (85.0)	航空运输业 (86.5)	计算机应用服务业 (107.5)	计算机应用服务业 (103.3)	计算机应用服务业 (114.4)
2	计算机应用服务业 (74.8)	计算机应用服务业 (85.3)	航空运输业 (92.0)	航空运输业 (92.6)	商业经纪与代理业 (91.3)
3	商业经纪与代理业 (61.4)	商业经纪与代理业 (62.2)	商业经纪与代理业 (68.2)	商业经纪与代理业 (74.7)	航空运输业 (90.7)
4	管道运输业 (54.7)	信息、咨询服务业 (59.8)	石油和天然气开采业 (57.7)	信息、咨询服务业 (63.3)	管道运输业 (78.3)
5	烟草制品业 (54.3)	管道运输业 (59.0)	烟草制品业 (57.5)	烟草制品业 (62.6)	信息、咨询服务业 (66.5)
6	石油和天然气开采业 (53.4)	石油和天然气开采业 (54.3)	信息、咨询服务业 (56.9)	邮电通信业 (57.0)	烟草制品业 (65.2)
7	邮电通信业 (52.4)	邮电通信业 (51.1)	邮电通信业 (52.1)	石油和天然气开采业 (54.6)	邮电通信业 (59.3)
8	信息、咨询服务业 (51.1)	烟草制品业 (50.8)	管道运输业 (51.7)	管道运输业 (53.4)	石油和天然气开采业 (51.3)
9	铁路运输业 (42.3)	石油加工、炼焦及核燃料加工业 (44.0)	石油加工、炼焦及核燃料加工业 (49.7)	科学研究业 (44.0)	科学研究业 (47.4)
10	房地产开发与经营业 (41.7)	房地产开发与经营业 (40.1)	通信设备、计算机及其他电子 (41.5)	通信设备、计算机及其他电子 (41.2)	金融业 (40.5)

工资排名前十行业

续表

排名		1998 年	1999 年	2000 年	2001 年	2002 年
工资排名后十行业	1	林业（-59.4）	木材及竹材采运业（-65.7）	木材及竹材采运业（-71.6）	木材及竹材采运业（-84.0）	木材及竹材采运业（-92.5）
	2	畜牧业（-57.5）	农业（-64.0）	农业（-69.7）	农业（-79.8）	农业（-84.1）
	3	木材及竹材采运业（-56.7）	林业（-60.5）	林业（-68.1）	林业（-71.9）	林业（-73.2）
	4	农业（-54.4）	畜牧业（-58.6）	畜牧业（-60.5）	畜牧业（-65.1）	畜牧业（-71.0）
	5	木材加工及木、竹、藤、棕、草制品业（-45.6）	木材加工及木、竹、藤、棕、草制品业（-43.0）	木材加工及木、竹、藤、棕、草制品业（-44.1）	木材加工及木、竹、藤、棕、草制品业（-53.9）	纺织业（-53.2）
	6	其他采矿业（-44.2）	纺织业（-36.9）	零售业（-38.8）	其他采矿业（-50.4）	木材加工及木、竹、藤、棕、草制品业（-52.2）
	7	零售业（-35.0）	零售业（-36.6）	纺织业（-37.8）	纺织业（-48.3）	其他采矿业（-44.6）
	8	纺织业（-34.4）	其他采矿业（-34.4）	农副食品加工业（-36.8）	农副食品加工业（-41.3）	农副食品加工业（-44.0）
	9	农、林、牧、渔服务业（-31.6）	农副食品加工业（-32.9）	非金属矿采选业（-35.4）	渔业（-40.8）	渔业（-43.3）
	10	公路运输业（-30.1）	农、林、牧、渔服务业（-31.7）	农、林、牧、渔服务业（-34.5）	零售业（-39.2）	非金属矿采选业（-42.3）

注：括号中的数据是计算出来的该行业平均工资偏离社会平均工资的程度。

资料来源：1994~2003 年《中国劳动统计年鉴》。

在此期间，排名前十和排名后十之间的工资差距逐渐拉大。排名前十的行业集中在第二产业中的石油和天然气开采业、烟草制品业，第三产业中的交通运输业（铁路运输业、管道运输业、航空运输业）、邮电通信业、商业经纪与代理业、房地产开发与经营业、社会服务业（信息、咨询服务业、计算机应用服务业）。比较突出的是商业经纪与代理业（排名从 34 到 2）和信息、咨询服务业（排名从 21 到 5）排名上涨趋势明显，铁路运输业（排名从 3 到18）、房地产开发与经营业（排名从 5 到 17）排名下降趋势明显。排名后十的行业集中在第一产业中农业、林业、畜牧业、渔业，第二产业中的其他采矿业、农副食品加工业、纺织业、木材加工及木、竹、藤、棕、草制品业、家具制造业，第三产业中的公路运输业、零售业。比较突出的是其他采矿业（排名从 68 到 82）、农副食品加工业（排名从 69 到 81）、纺织业（排名从 71到 84）的排名逐渐下降，偏离社会平均工资越来越远，家具制造业（排名从83 到 73）、公路运输业（排名从 84 到 76）、零售业（排名从 83 到 77）的排名虽然逐渐上升，但偏离社会平均工资也越来越远。

2.3 经济体制转型深化期（2003～2015 年）行业工资差距的演变与特点

21 世纪以来，我国社会主义市场经济实现了高速发展。2001 年我国加入世界贸易组织以后，对外开放的程度越来越深，国际贸易往来日益增多，外资对各行业的发展影响逐渐扩大。2003 年 10 月，中共十六届三中全会明确提出要完善社会主义市场经济体制，深化国有企业改革，完善按劳分配为主体、多种分配方式并存的分配制度。随着市场经济的不断发展，产业结构的不断调整，新兴行业的不断涌现，尤其是现代服务业的迅速发展，1994 年的《国民经济行业分类与代码》已经难以满足这些内外部经济发展的需求，2002 年第二次修订形成了《国民经济行业分类》（GB/T 4754—2002），共设 20 个门类[①]、95 个大类、395 个中类、912 个小类。随着我国经济发展的状况和趋势，并参照 2008 年联合国新修订的《国际标准行业分类》修订四版（简称：

---

① 本书只列出了 19 个门类，第 20 个为"国际组织"不予考虑。

ISIC4)，2011 年第三次修订形成了《国民经济行业分类与代码》（GB/4754—
2011），共设 20 个门类①、96 个大类、432 个中类、1094 个小类。

2.3.1 行业间的平均工资比较

由表 2 - 5 可以看出，这一阶段行业平均工资从 13969 元增加到 62029
元，各行业的平均工资的年均增长率为 13.26%，其中行业工资增长率最高
的是其他采矿业为 22.74%，增长率最低的是物业管理为 8.40%。各行业的
工资一直处于增长状态，但并不是同步增长的，这可以通过行业工资极值差、
极值比和行业间标准差系数三个指标，反映出各行业工资增长速度的不同和
工资差距的变化趋势。行业工资极值差处于上升状态，从 2003 年的 26140 元
上升到 2015 年的 254409 元；2008 年极值比达到最大的 15.25，此后虽有所回
落，但仍然处于较高水平；行业工资的标准差系数也一直维持在较高的水平，
2007 ~ 2008 年还超过了 0.6，反映出这一阶段的行业工资差距的离散程度越来
越高。高工资行业与低工资行业基本上保持不变，最高工资行业分别为计算机
服务业、证券业和其他金融活动，最低工资行业分别为林业、畜牧业和农业。

2.3.2 各行业工资差距的变化趋势

按照公式（2.1）计算出 2003 ~ 2015 年各个行业的工资差距。在 94 ~ 96
个大类数据中，有 36 ~ 44 个行业的平均工资超过全社会平均工资，最大的是
2015 年资本市场服务超过社会平均工资 152.1%；50 ~ 58 个行业的平均工资
低于全社会平均工资，最小的是 2008 年畜牧业低于社会平均工资 96.4%。
标准差相对较大（标准差大于 18）的是其他采矿业、资本市场服务、生态保
护和环境治理业。其他采矿业（行业工资差距在 - 81.7% ~ - 3.7% 之间变
化）、生态保护和环境治理业（行业工资差距在 - 53.8% ~ - 4.1% 之间变
化）属于低工资行业，工资上涨速度慢。资本市场服务（行业工资差距在
176.0% ~ 110.2% 之间变化）属于高工资行业，工资上涨速度快。标准差相

---

① 第三次修订门类的个数没有变化，但第三产业的门类顺序有所变化，把"地质勘查业"从以
前的"科学研究、技术服务和地质勘查业"，放入到"租赁和商务服务业"。

表 2 - 5　2003～2015 年行业工资差距的一般衡量指标

年份	平均工资（元）	最高工资（元）	最低工资（元）	极值差（元）	极值比	标准差系数
2003	13969	32244（计算机服务业）	6104（林业）	26140	5.28	0.46
2004	15920	50930（证券业）	6686（林业）	44244	7.62	0.48
2005	18200	56833（证券业）	7227（林业）	49606	7.86	0.50
2006	20856	86705（证券业）	8220（林业）	78485	10.55	0.55
2007	24721	140501（证券业）	9616（畜牧业）	130885	14.61	0.62
2008	28898	167995（证券业）	11018（畜牧业）	156977	15.25	0.64
2009	32244	166985（证券业）	12917（林业）	154068	12.93	0.59
2010	36539	168116（证券业）	14175（畜牧业）	153941	11.86	0.55
2011	41799	156662（证券业）	16636（畜牧业）	140026	9.42	0.48
2012	46769	157915（其他金融活动）	20327（畜牧业）	137588	7.77	0.46
2013	51483	188860（其他金融活动）	24467（农业）	164393	7.72	0.48
2014	56360	202301（资本市场服务）	26740（畜牧业）	175561	7.57	0.46
2015	62029	283780（资本市场服务）	29371（农业）	254409	9.66	0.52

资料来源：2004～2016 年《中国劳动统计年鉴》。

对较小（标准差小于 3）的有通用设备制造业、汽车制造业、燃气生产和供应业、房地产开发经营、研究与试验发展、教育、卫生。通用设备制造业属于低工资行业，其行业工资向下偏离全社会平均工资的比例大体不变（低于全社会平均工资 12.3%～1.9%）。汽车制造业、燃气生产和供应业、房地产开发经营、研究与试验发展、教育、卫生都属于高于社会平均工资行业，其行业工资差距的变化幅度不大。

表 2-6 列出了排名前十和排名后十的 20 个行业的工资差距的变化情况。在此期间，排名前十和排名后十之间的工资差距逐渐拉大。排名前十的行业集中在第二产业中的烟草制品业，第三产业中的交通运输业（管道运输业、航空运输业）、信息传输、软件和信息技术服务业、金融业（保险除外）、研究与试验发展。比较突出的是货币金融服务（排名从 14 到 6）排名上涨趋势明显，电信、广播电视和卫星传输服务（排名从 6 到 16）排名下降趋势明显。排名后十的行业集中在第一产业中农业、林业、畜牧业、渔业、农、林、牧、渔服务业，第二产业中的农副食品加工业、纺织业、木材加工及木、竹、藤、棕、草制品业，第三产业中的餐饮业、公共设施管理业。比较突出的是餐饮业（排名从 77 到 93）、公共设施管理业（排名从 46 到 92）的排名逐渐下降，偏离社会平均工资越来越远。

2.4　各时期行业工资差距的综合比较

2.4.1　各时期的行业工资结构分析

经济体制转型过程中，我国的行业工资结构是否稳定，可以根据吉特尔曼和沃尔夫（Gittleman & Wolff, 1993）对行业工资结构稳定性的考察方法，对各年之间的行业工资差距的相关系数以及行业工资高低排序的相关系数进行计算。表 2-7 和表 2-8 列出了以每一阶段的第一年为基年的行业工资差距的相关系数和行业工资高低排序的相关系数。通过对每一阶段的两种相关系数计算，发现虽然两种相关系数的大小不同，但变化趋势是相似的，从这两种相关系数都能说明行业工资结构的变化状况。

表 2 - 6　2003~2015 年工资排名前十和后十的行业

排名	2003 年	2004 年	2005 年	2006 年	2007 年	2008 年	2009 年
1	计算机服务业 (112.8)*	证券业 (116.3)	证券业 (113.9)	证券业 (142.5)	证券业 (173.8)	证券业 (176.0)	证券业 (164.5)
2	证券业 (112.2)	计算机服务业 (113.4)	计算机服务业 (110.1)	计算机服务业 (110.9)	航空运输业 (102.8)	其他金融活动 (108.9)	软件业 (91.2)
3	软件业 (98.2)	软件业 (99.4)	软件业 (106.1)	软件业 (107.4)	其他金融活动 (102.7)	软件业 (97.8)	航空运输业 (91.1)
4	航空运输业 (86.3)	其他金融活动 (92.9)	航空运输业 (98.3)	航空运输业 (105.9)	软件业 (93.7)	航空运输业 (97.1)	其他金融活动 (86.0)
5	其他金融活动 (83.7)	航空运输业 (90.0)	其他金融活动 (96.8)	其他金融活动 (99.1)	计算机服务业 (91.3)	计算机服务业 (97.0)	计算机服务业 (79.5)
6	电信和其他信息传输服务业 (71.6)	烟草制品业 (77.9)	烟草制品业 (84.5)	烟草制品业 (79.3)	烟草制品业 (75.2)	银行业 (75.2)	银行业 (77.6)
7	烟草制品业 (66.4)	电信和其他信息传输服务业 (64.1)	电信和其他信息传输服务业 (64.4)	管道运输业 (62.3)	银行业 (67.3)	烟草制品业 (73.4)	烟草制品业 (73.4)
8	新闻出版业 (62.5)	新闻出版业 (61.2)	新闻出版业 (60.1)	银行业 (61.5)	管道运输业 (54.3)	专业技术服务业 (49.2)	管道运输业 (52.2)
9	管道运输业 (61.2)	管道运输业 (57.6)	管道运输业 (59.4)	电信和其他信息传输服务业 (60.4)	电信和其他信息传输服务业 (53.4)	研究与试验发展 (48.9)	专业技术服务业 (49.2)
10	石油和天然气开采业 (50.2)	石油和天然气开采业 (50.3)	银行业 (55.3)	新闻出版业 (59.0)	新闻出版业 (51.0)	科技交流和推广服务 (48.0)	研究与试验发展 (47.4)

工资排名前十行业

续表

	排名	2003 年	2004 年	2005 年	2006 年	2007 年	2008 年	2009 年
工资排名后十行业	1	林业（-82.8）	林业（-86.8）	林业（-92.4）	林业（-93.1）	畜牧业（-94.4）	畜牧业（-96.4）	林业（-91.5）
	2	农业（-80.0）	农业（-85.3）	农业（-89.2）	农业（-90.5）	农业（-94.2）	农业（-95.0）	农业（-89.8）
	3	畜牧业（-75.6）	畜牧业（-81.1）	畜牧业（-84.1）	畜牧业（-86.5）	林业（-90.4）	林业（-90.9）	畜牧业（-89.6）
	4	其他采矿业（-61.6）	木材加工及木、竹、藤、棕、草制品业（-59.3）	木材加工及木、竹、藤、棕、草制品业（-59.6）	木材加工及木、竹、藤、棕、草制品业（-61.4）	木材加工及木、竹、藤、棕、草制品业（-62.7）	木材加工及木、竹、藤、棕、草制品业（-61.0）	其他采矿业（-81.7）
	5	木材加工及木、竹、藤、棕、草制品业（-57.3）	纺织业（-56.6）	纺织业（-54.7）	纺织业（-55.0）	纺织业（-57.1）	纺织业（-57.4）	木材加工及木、竹、藤、棕、草制品业（-60.2）
	6	纺织业（-54.8）	农副食品加工业（-50.5）	渔业（-52.8）	渔业（-52.2）	渔业（-50.4）	渔业（-57.0）	渔业（-57.5）
	7	农副食品加工业（-47.0）	渔业（-47.6）	农副食品加工业（-48.4）	农副食品加工业（-47.6）	农副食品加工业（-50.8）	农副食品加工业（-50.6）	纺织业（-57.0）
	8	非金属矿采选业（-44.2）	非金属矿物制品业（-42.6）	非金属矿物制品业（-45.6）	农、林、牧、渔服务业（-44.4）	餐饮业（-46.9）	餐饮业（-49.1）	皮革、毛皮、羽毛及其制品业（-53.0）
	9	非金属矿物制品业（-42.1）	农、林、牧、渔服务业（-42.3）	农、林、牧、渔服务业（-43.7）	非金属矿物制品业（-44.2）	环境管理业（-45.8）	环境管理业（-48.1）	餐饮业（-50.5）
	10	零售业（-40.9）	零售业（-41.1）	零售业（-41.5）	环境管理业（-43.8）	非金属矿物制品业（-45.3）	皮革、毛皮、羽毛及其制品业（-46.1）	文教体育用品制造业（-50.4）

续表

排名	2010 年	2011 年	2012 年	2013 年	2014 年	2015 年
1	证券业（152.6）	证券业（132.1）	其他金融活动（121.7）	其他金融活动（130.0）	资本市场服务（127.8）	资本市场服务（152.1）
2	航空运输业（92.2）	航空运输业（87.9）	资本市场服务（110.2）	资本市场服务（117.0）	其他金融活动（127.0）	其他金融活动（112.8）
3	软件业（85.8）	软件业（86.0）	软件和信息技术服务业（83.1）	航空运输业（83.8）	软件和信息技术服务业（83.4）	互联网和相关服务（85.7）
4	其他金融活动（80.4）	其他金融活动（84.7）	软件和信息技术服务业（80.7）	互联网和相关服务（83.3）	烟草制品业（80.1）	软件和信息技术服务业（81.7）
5	银行业（80.3）	银行业（82.0）	烟草制品业（80.7）	烟草制品业（83.0）	货币金融服务（79.6）	烟草制品业（77.3）
6	烟草制品业（76.7）	烟草制品业（79.9）	货币金融服务（80.3）	软件和信息技术服务业（82.3）	互联网和相关服务（78.4）	货币金融服务（75.8）
7	计算机服务业（74.3）	计算机服务业（71.6）	互联网和相关服务（71.5）	货币金融服务（81.5）	航空运输业（76.3）	航空运输业（75.0）
8	研究与试验发展（50.4）	研究与试验发展（52.2）	研究与试验发展（52.2）	研究与试验发展（53.5）	研究与试验发展（49.5）	研究与试验发展（48.4）
9	专业技术服务业（47.4）	专业技术服务业（47.8）	水上运输业（41.9）	石油和天然气开采业（40.8）	管道运输业（43.3）	管道运输业（43.2）
10	水上运输业（43.6）	新闻出版业（41.0）	专业技术服务业（37.5）	专业技术服务业（39.3）	石油和天然气开采业（39.2）	新闻出版业（37.4）

工资排名前十行业

续表

排名	2010 年	2011 年	2012 年	2013 年	2014 年	2015 年
1	畜牧业（-94.7）	畜牧业（-92.1）	畜牧业（-83.3）	农业（-74.4）	畜牧业（-74.6）	农业（-74.8）
2	农业（-85.8）	农业（-86.9）	农业（-78.6）	林业（-74.4）	林业（-73.6）	畜牧业（-71.2）
3	林业（-84.4）	林业（-78.4）	林业（-74.3）	畜牧业（-72.9）	农业（-72.9）	林业（-66.5）
4	木材加工及木、藤、棕制品业（-57.6）	渔业（-56.0）	渔业（-56.2）	渔业（-48.8）	餐饮业（-48.5）	餐饮业（-47.7）
5	渔业（-53.5）	环境管理业（-53.8）	餐饮业（-48.0）	餐饮业（-48.7）	渔业（-45.8）	公共设施管理业（-43.5）
6	环境管理业（-52.6）	餐饮业（-49.7）	公共设施管理业（-42.5）	公共设施管理业（-41.3）	公共设施管理业（-42.5）	渔业（-43.1）
7	餐饮业（-52.3）	木材加工及木、藤、棕、草制品业（-49.0）	木材加工及木、竹、藤、棕、草制品业（-42.4）	木材加工及木、竹、藤、棕、草制品业（-40.6）	其他服务业（-40.3）	其他服务业（-42.8）
8	纺织业（-51.9）	纺织业（-43.8）	其他服务业（-41.1）	皮革、毛皮、羽毛（绒）及其制品业（-40.0）	农、林、牧、渔服务业（-39.1）	木材加工及木、竹、藤、棕、草制品业（-42.1）
9	其他采矿业（-50.0）	皮革、毛皮、羽毛（绒）及其制品业（-41.9）	纺织业（-39.9）	其他服务业（-37.4）	木材加工及木、竹、藤、棕、草制品业（-38.9）	皮革、毛皮、羽毛（绒）及其制品业（-39.8）
10	皮革、毛皮、羽毛（绒）及其制品业（-48.5）	文教体育用品制造业（-41.5）	皮革、毛皮、羽毛（绒）及其制品业（-39.9）	住宿业（-35.5）	皮革、毛皮、羽毛（绒）及其制品业（-38.7）	物业管理（-37.6）

（工资排名后十行业）

注：括号中的数据是计算出来的该行业平均工资偏离社会平均工资的程度。

资料来源：2004～2016 年《中国劳动统计年鉴》。

表 2-7　1978~2015 年行业工资差距的相关系数

初期	1978年	1979年	1980年	1981年	1982年	1983年	1984年		
	1.00	0.990	0.980	0.976	0.904	0.888	0.973		
	1985年	1986年	1987年	1988年	1989年	1990年	1991年	1992年	
	1.00	0.987	0.981	0.770	0.727	0.690	0.649	0.632	
中期	1993年	1994年	1995年	1996年	1997年	1998年	1999年	2000年	2001年	2002年
	1.00	0.941	0.940	0.917	0.895	0.894	0.874	0.855	0.835	0.803
深化期	2003年	2004年	2005年	2006年	2007年	2008年	2009年	2010年	2011年	2012年	2013年	2014年	2015年
	1.00	0.986	0.980	0.972	0.955	0.936	0.944	0.933	0.906	0.890	0.894	0.892	0.894

资料来源：根据 1990~2016 年《中国劳动统计年鉴》上的数据计算出行业工资差距，并以各期作为基期，计算出来的行业工资差距的相关系数。

表 2-8　1978~2015 年行业工资高低排序的相关系数

初期	1978 年	1979 年	1980 年	1981 年	1982 年	1983 年	1984 年						
	1.00	0.986	0.979	0.944	0.839	0.825	0.958						
	1985 年	1986 年	1987 年	1988 年	1989 年	1990 年	1991 年	1992 年					
	1.00	0.957	0.939	0.861	0.725	0.750	0.700	0.689					
中期	1993 年	1994 年	1995 年	1996 年	1997 年	1998 年	1999 年	2000 年	2001 年	2002 年			
	1.00	0.926	0.943	0.926	0.906	0.895	0.876	0.857	0.834	0.818			
深化期	2003 年	2004 年	2005 年	2006 年	2007 年	2008 年	2009 年	2010 年	2011 年	2012 年	2013 年	2014 年	2015 年
	1.00	0.981	0.971	0.960	0.946	0.918	0.930	0.913	0.877	0.858	0.852	0.849	0.787

资料来源：根据 1990~2016 年《中国劳动统计年鉴》上的数据计算出行业工资差距，以各期作为基期，计算出来的行业工资排序的相关系数。

经济体制转型初期，从 1978～1984 年，两种相关系数的变化是相同的，与 1978 年的工资结构相比，越往后走，相关系数越小。到 1983 年，工资差距的相关系数达到最小的 0.89，工资高低排序的相关系数达到最小的 0.83；到 1984 年，相关系数又提高到了较高水平，这一时期工资结构相对稳定，各行业对社会平均工资的偏离程度和各行业的排名顺序变化不大。从 1985～1992 年，两种相关系数的变化趋势都是减小的。到 1992 年，分别达到两种相关系数的最小值 0.63 和 0.69，说明与 1985 年相比，以后年份内的工资结构变化较大，工资差距的变化趋势较明显，行业工资高低排序的变化也明显。经济体制转型中期，两种相关系数的变化趋势也都是减小的。2002 年两种相关系数都降到了 0.82 以下，说明这一时期行业工资的发散程度变大，行业工资高低排序变化较大，工资结构变化较大。经济体制转型深化期，两种相关系数下降趋势进一步明显，2015 年行业工资差距的相关系数 0.89，行业排序的相关系数最低 0.79，与 2003 年相比，行业工资差距也有扩大趋势，行业工资高低排序的变化比较大。

虽然每一时期的行业工资差距的两个相关系数变化都不是很大（1984～1992 年波动最大），但从整个研究期间（1978～2015 年）来看，行业工资结构的变化还是比较大的。之所以分开考察相关系数，是因为每一时期的行业大类的数目是变化的，前后无法进行一致性考察，但是从每一时期的递减规律可以发现，从初期到深化期的连续性过程中，相关系数会下降的更厉害，工资结构波动会更大。

2.4.2 各时期行业工资差距的测算指标与测算结果

2.4.2.1 行业工资差距的指标选取

度量行业工资差距的指标有两大类型：第一类是绝对指标，如表 2-1 所提到的极值差、极值比、标准差系数等，这类指标简单明了、很直观，但是它们有量纲，其大小与度量单位有关；第二类指标是相对指标，一个好的相对指标应满足以下性质：匿名性、齐次性、总体独立性、转移性原则、强洛伦茨一致性，如基尼系数、广义熵指数、阿肯森指数等，这类指标没有量纲。

（1）基尼系数。

基尼系数是意大利经济学家基尼（Gini，1912）提出的衡量收入不平等的指数，随后众多经济学者对基尼系数进行了深入研究，发展了几何方法、基尼的平均差方法、斜方差方法、矩阵方法来计算基尼系数，每种方法都有其自身的优点和特殊用途。最简单的方法是矩阵方法，只需要三个矩阵就可以进行计算：

$$G = PQI \tag{2.2}$$

其中，P 表示由人口比例构成的行向量，并且是按照收入由小到大进行排列形成的；I 表示由收入比例构成的列向量；Q 是一个比较简单的矩阵，它的左上方是 1，右下方是 -1，对角线上是 0。基尼系数在（0，1）之间变化，其大小与收入分配公平成反比，越小越公平，越大越不公平。

基尼系数是研究收入分配中最被广泛使用的指标，但是基尼系数对高收入阶层的收入变化较为敏感，如果高收入阶层的收入数据误差较大，那么基尼系数的估算值也会出现较大偏误。另外，对基尼系数进行不平等的分解时，遇到了难以解释的交叉项，虽然达格姆（Dagum，1997）提出了新方法解释了这个交叉项，但很多学者对基尼系数的群体分解持保留意见，甚至认为不平等的群体分解只能采用广义熵指数。

（2）泰尔指数。

泰尔指数是泰尔（Theil，1967）利用信息理论中的熵概念提出的衡量收入不平等的指数，它是广义熵指数的特殊情形[①]。

$$GE(a) = \frac{1}{a^2 - a}\Big[\frac{1}{n}\sum_{i=1}^{n}\Big(\frac{y_i}{\mu}\Big)^a - 1\Big] \tag{2.3}$$

其中，n 表示观测值的数量，y_i 表示第 i 个单位收入，μ 表示平均收入。参数 a 表示对不平等的厌恶程度，厌恶程度越高，a 的取值越小，当 a = 0 时，称为泰尔第二指数 T_0，也称为泰尔 L 指数；厌恶程度越低，a 的取值越大，当 a = 1 时，称为泰尔第一指数 T_1，也称为泰尔 T 指数。

---

① 在研究实践中，广义熵指数与阿肯森指数存在一一对应的单调转换关系，所以本书只介绍基尼系数和泰尔指数。

$$\mathrm{GE}(0) = T_0 = \frac{1}{n}\sum_{i=1}^{n} \ln\frac{\mu}{y_i} \tag{2.4}$$

$$\mathrm{GE}(1) = T_1 = \frac{1}{n}\sum_{i=1}^{n} \left(\frac{y_i}{\mu}\right)\ln\left(\frac{y_i}{\mu}\right) \tag{2.5}$$

泰尔指数在（0，log（n））之间变化，它受到样本大小的影响。泰尔指数最大的优点是可以用于群体分解分析，将观测值依某种标准分成若干组，分别可以计算出各组内部以及各组之间的收入差距，得到它们对总体差距的影响。

$$T_0 = T_W + T_B = \sum_g \frac{n_g}{n}\left(\sum_j \left(\frac{n_{gj}}{n_g}\right)\ln\frac{n_{gj}/n_g}{y_{gj}/y_g}\right) + \sum_g \left(\frac{n_g}{n}\right)\ln\left(\frac{n_g/n}{y_g/y}\right) \tag{2.6}$$

$$T_1 = T_W + T_B = \sum_g \frac{y_g}{y}\left(\sum_j \left(\frac{y_{gj}}{y_g}\right)\ln\frac{y_{gj}/y_g}{n_{gj}/n_g}\right) + \sum_g \left(\frac{y_g}{y}\right)\ln\left(\frac{y_g/y}{n_g/n}\right) \tag{2.7}$$

把整体样本分成 G 组，y_{gj} 表示第 g 组第 j 个单位的收入，y_g 表示第 g 组的总收入，y 表示总收入，则 y_{gj}/y 表示某个单位在总收入中的比重，y_g/y 表示第 g 组在总收入中比重。与此相似的，n_{gj}/n_g 表示某个单位的数量比重（人口比重），n_g/n 表示第 g 组的数量比重（人口比重）。公式（2.6）为泰尔 L 指数的分解形式，公式（2.7）为泰尔 T 指数的分解形式，公式（2.6）和公式（2.7）中的第一项都表示组内差距，第二项都表示组间差距，两式不同的是，公式（2.6）用数量比重（人口比重）作为权重来分解总差距，而公式（2.7）用收入比重作为权重来分解总差距。

基尼系数和泰尔指数对收入差距的测算结果大多数情况下是基本一致的，但有时候也会出现背离现象，为了获得更加稳健的研究结果，本书用基尼系数和泰尔指数两类指标来测算行业工资差距，并且对泰尔指数进行分解，把行业工资差距分解为行业内部的工资差距和行业之间的工资差距。

2.4.2.2　我国行业工资的数据说明

我国现行的行业分类标准是经过了 1984 的首次制定、1994 年的第一次修订、2002 年的第二次修订和 2011 年的第三次修订所形成的，其中门类有

20 个、大类 96 个、中类 432 个、小类 1094 个，第一次与第二次修订相比，变化最小的是大类数据，只增加了 3 个，变化最大的是小类数据，增加了 67 个。第二次与第三次修订相比，门类没有变化，大类数据增加了 1 个，小类数据增加了 181 个。使用第二个层次的大类行业数据来测算行业工资差距较为合适。见表 2 - 9。

表 2 - 9　　　　　　　　　　　我国行业分类的划分标准

分类	门类	大类	中类	小类
首次制定（GB/T 4754 - 1984）	13	75	310	668
第一次修订（GB/T 4754 - 1994）	16	92	368	846
第二次修订（GB/T 4754 - 2002）	20	95	396	913
第三次修订（GB/T 4754 - 2011）	20	96	432	1094
第二次比第一次修订行业类别增加	4	3	28	67
第三次比第二次修订行业类别增加	0	1	36	181

资料来源：根据 1984 年、1994 年、2002 年、2011 年 4 次公布的《国民经济行业分类和代码》整理。

过于细分的中类和小类的行业数据来测算行业工资差距，其结果与居民的整体收入差距会接近，尤其都用基尼系数进行测算的时候，会弱化工资的行业特征，使得各个行业的特征差异缩小，并且使得任何一个行业的工资变化对总体工资差距的功际作用变小。过于粗分的门类的行业数据来测算行业工资差距，其结果也无法充分显示行业特征，如在 GB/T 4754 - 2002 标准下，"农副食品加工业"和"烟草制品业"都归属于"制造业"门类下，但是这两个行业的市场竞争程度、工资水平的差异明显，与此相类似的还有"卫生"与"社会保障"两个大类都归属于"卫生、社会保障和社会福利业"门类等等。而行业大类的数据不仅在划分的层次上适合分析我国的行业工资差距，并且在第一次、第二次、第三次修订中大类数据的组数变化较小，各个行业大类的名称、内容变化也相对较小，这就使得在标准变化的前后，行业工资差距可以在一个基本统一的框架下进行比较，可以在行业大类这个层次上进行前后比较连贯的时间序列的趋势分析。

本章对行业工资差距的测度所使用的是行业大类数据，均来自 1989 ~ 2016 年《中国劳动统计年鉴》公布的行业数据，虽然它们能够覆盖全国层面的各个行业大类，可以获得较长的年度序列数据，但是受到客观的数据可得性的限制，行业数据类型分为三部分。

第一部分是 1978 ~ 1989 年的全民所有制单位的行业数据。由于《中国劳动统计年鉴》上公布的所有单位数据只有 12 个门类数据，而大类数据只有全民所有制单位数据，在 1990 年之前，全民所有制企业在国民经济中的比重超过了 70%，所以，全民所有制单位的大类数据能够反映大部分的行业工资差距。其中 1978 年、1980 年有 31 个大类数据，1985 年、1987 年 35 个的大类数据，1988 年、1989 年有 37 个大类数据，"工业"这个门类缺少细分的大类数据，1979 年、1981 ~ 1984 年、1986 年没有大类数据。第二部分是 1990 ~ 1997 年的城镇单位的行业数据。其中 1990 年、1992 年只有 37 个大类数据，1993 ~ 1997 年有 87 ~ 90 个大类数据。由于采掘业、制造业、电力、煤气及水的生产和供应业没有细分的从业人员数据，只有职工的数据，故所有行业都采用职工数据，在此之前的就业制度使得职工数据与从业人员数据的工资差异不大，1997 年之前其他从业人员的就业比重不到 3%。第三部分是 1998 ~ 2015 年的城镇单位的行业数据。1998 ~ 2002 年有 89 个大类数据，2003 ~ 2011 有 94 个大类数据，2012 ~ 2015 年有 96 个大类数据，都不包括"国际组织"的行业工资。此部分的数据，不仅包括本单位职工数据，还包括本单位其他就业人员的数据，但不包括城镇私营和个体就业人员的情况，由于就业制度的变化使得城镇单位中的其他就业人员的比重上升，并影响行业的平均工资，故 1998 年后采用从业人员的数据。

2.4.2.3　我国行业工资差距的计算结果

（1）基尼系数的计算结果。

从收入分配的角度来看，行业工资差距就是按行业特征分组的就业群体间的工资差距，为了获得连续时间点上的工资相对差距，对行业工资的基尼系数进行计算。对行业平均工资的大小进行排序后，各行业的就业人数和总工资分别为 $P_i (i = 1, 2, \cdots, n)$ 和 $W_i (i = 1, 2, \cdots, n)$，$U = N_i / N$ 为累积的人口百分比，$V = W_i / W$ 为累积的工资百分比，则基尼系数可以写成：

$$G = 1 - \frac{1}{N_n W_n} \sum_{i=1}^{n} (W_{i-1} + W_i) \times P_i \qquad (2.8)$$

由于不知道行业内每个职工的具体收入情况，所以不可能准确画出洛伦茨曲线，但如果用直线段将人口累积百分比 U 与收入累积百分比 V 所组成的点连接起来，可以得到一条折线 K 线，K 线与洛伦茨曲线是比较接近的，K 线与洛伦茨曲线在 $(U, V) (i = 1, 2, \cdots, n)$ 这些点上是完全重合的，而在这些点之间 K 线是直线段，而洛伦茨曲线很可能是折线段。所以，在不知道具体工资分布的情况下，用公式（2.8）来代替公式（2.2）进行计算是比较合理的，但是，公式（2.8）计算出来的基尼系数往往比公式（2.2）的小，用分组方法计算出来的基尼系数往往会出现低估的情况，分组越粗，基尼系数越小。

从基尼系数的计算结果来看（见表 2 - 10），1978 ~ 2015 年的行业工资差距整体趋势是扩大的，从 1978 年的 0.0676 扩大到 2015 年的 0.1498[①]，以 3.7% 的平均速度增长，前后增长了 1.2 倍，但是它并不是直线上升的，最大的基尼系数出现在 2008 年，为 0.1726，最小的基尼系数出现在 1985 年，为 0.0557，最大的基尼系数为最小的 2.1 倍。图 2 - 1 可以清晰地看到在不同时期基尼系数呈现出曲线波动状态。初期的基尼系数波动较小，有轻微下降后上升，说明此期间的行业工资差距不明显；中期的基尼系数波动幅度较大，波动频繁，呈现出"上升 ~ 下降 ~ 上升 ~ 下降 ~ 上升"的状态，说明此期间的行业工资差距逐渐凸显；深化期的基尼系数持续上升后小幅下降，说明此期间的行业工资差距进一步扩大，但扩大幅度受限了。

---

① 根据基尼系数的国际通用标准，基尼系数超过 0.4 是收入分配很不平均，而在 0.2 以下，则收入分配相当平均。而本书计算出来的最大的基尼系数只有 0.17，这并不能说明我国的工资分配就很平均了，因为本书所使用的数据是行业大类的平均工资，它是宏观数据，不是微观数据，且样本数据相对较少，计算出来的结果自然较小，不能用基尼系数的国际通用标准来衡量我国行业工资差距。本书通过计算行业工资的基尼系数，从中看出行业平均工资差距的变化趋势和变化速度，对泰尔指数的计算亦是如此。

表 2 - 10　　　　　　　　　　1978～2015 年行业工资的基尼系数

经济体制转型初期		经济体制转型中期		经济体制转型深化期	
年份	基尼系数	年份	基尼系数	年份	基尼系数
1978	0.0676	1993	0.0828	2003	0.1589
1980	0.0607	1994	0.0971	2004	0.1611
1985	0.0557	1995	0.0951	2005	0.1644
1987	0.0618	1996	0.1005	2006	0.1666
1988	0.0626	1997	0.1116	2007	0.1708
1989	0.0715	1998	0.1041	2008	0.1726
1990	0.0570	1999	0.1042	2009	0.1709
1992	0.0645	2000	0.1075	2010	0.1687
		2001	0.1188	2011	0.1589
		2002	0.1258	2012	0.1537
				2013	0.1476
				2014	0.1473
				2015	0.1498

资料来源：根据 1990～2016 年《中国劳动统计年鉴》上的行业大类数据计算出来的基尼系数。

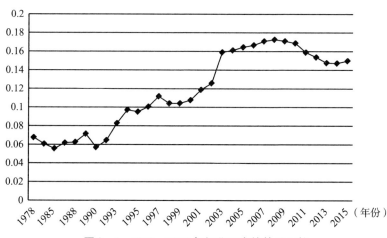

图 2 - 1　1978～2015 年行业工资的基尼系数

资料来源：根据 1990～2016 年《中国劳动统计年鉴》上的行业大类数据计算出来的基尼系数。

（2）泰尔指数的计算结果。

运用公式（2.4）计算出行业工资的泰尔 T 指数，计算结果见表 2 - 11。其整体趋势是行业工资差距是扩大的，从 1978 年的 0.0158 扩大到 2015 年的 0.0988，前后增长了 5.3 倍，最大的泰尔 T 指数也是出现在 2008 年，为 0.1403，最小的泰尔 T 指数出现在 1980 年，为 0.0093，最大的泰尔 T 指数为最小的 14.1 倍。虽然泰尔 T 指数的数值比基尼系数的小，增长的速度比基尼系数快，但两者反映的行业工资差距的变化趋势是基本相同的，波动幅度较大的 T 指数出现在 1997 和 2008 年。

表 2 - 11　　　　　　　　1978 ~ 2015 年行业工资的泰尔指数

经济体制转型初期			经济体制转型中期			经济体制转型深化期		
年份	泰尔 T 指数	泰尔 L 指数	年份	泰尔 T 指数	泰尔 L 指数	年份	泰尔 T 指数	泰尔 L 指数
1978	0.0158	0.0152	1993	0.0263	0.0264	2003	0.0901	0.0834
1980	0.0093	0.0084	1994	0.0360	0.0364	2004	0.0954	0.0875
1985	0.0189	0.0185	1995	0.0370	0.0362	2005	0.1023	0.0934
1987	0.0152	0.0149	1996	0.0458	0.0444	2006	0.1168	0.1032
1988	0.0164	0.0163	1997	0.0556	0.0532	2007	0.1344	0.1132
1989	0.0213	0.0208	1998	0.0459	0.0455	2008	0.1403	0.1170
1990	0.0231	0.0189	1999	0.0511	0.0502	2009	0.1248	0.1074
1992	0.0246	0.0224	2000	0.0609	0.0583	2010	0.1116	0.0970
			2001	0.0688	0.0665	2011	0.0932	0.0832
			2002	0.0807	0.0760	2012	0.0850	0.0758
						2013	0.0904	0.0787
						2014	0.0907	0.0785
						2015	0.0988	0.0830

资料来源：根据 1990 ~ 2016 年《中国劳动统计年鉴》上的行业大类数据计算出来的泰尔系数。

运用公式（2.5）计算出行业工资的泰尔 L 指数，计算结果见表 2 - 11。从 1978 年的 0.0152 扩大到 2015 年的 0.0830，前后增长了 4.5 倍，最大的泰尔 L 指数也是出现在 2008 年，为 0.1170，最小的泰尔 L 指数出现在 1980 年，为 0.0084，最大的泰尔 L 指数为最小的 12.9 倍。虽然泰尔 L 指数的数值是三个指标中最小的，增长速度也是最慢的，但它与其他指标反映的行业工资差距的变化趋势是基本相同的，泰尔 L 指数的波动频率与泰尔 T 指数的基本相同。

（3）泰尔 T 指数的分解分析。

第一，按产业类型的分解分析。如果把行业根据第一、第二、第三产业进行分组，可以把行业工资差距分解为产业内的工资差距和产业间的工资差距。把第一、第二、第三产业分别设定为 A、B、C 三组，为了前后具有可比性，对泰尔指数的分解从 1993 年开始①。A 组包括第一产业的 5 个大类，B 组包括第二产业的 40 ~ 45 个大类，C 组包括第三产业的 42 ~ 46 个大类。泰尔 T 指数采用收入比重来分解总差距，收入比重是用每个行业的平均收入占总的平均收入的比重来表示，对泰尔 T 指数的分解结果见表 2 - 12。行业工资的总体差距和组内差距、组间差距的波动轨迹基本相同，波峰与波谷基本一致。首先，从组内差距与组间差距的比较来看，组内差距始终大于组间差距，组内差距的最大贡献达到 83.78%，最小贡献也达到了 73.33%，而组间差距的最大贡献只有 26.67%，最小贡献只有 16.22%。1993 年开始第一、第二产业的平均工资低于社会平均工资，第三产业平均工资高于社会平均工资。当用收入比重来分解泰尔 T 指数时，第一、第二产业的收入比重较小，第三产业的收入比重较大，第三产业对工资差距的向上拉动作用（组间差距大于 0）被第一、第二产业对工资差距的向下拉动作用（组间差距小于 0）抵消了一部分，所以组间差距较小，组内差距贡献大于组间差距贡献。其次，从组内差距的内部变化来看，第一产业内部的工资差距非常小，上升速度非常缓慢，只占组内差距的 0.5% ~ 2%；第二产业内部的工资差距比第一产业内部的工资差距大，但上

① 1993 年开始有 87 ~ 96 个行业大类数据，此前只有 31 ~ 37 个行业大类数据。

升趋势也非常小，对组内差距的贡献有下降的趋势，2015 年为组内差距贡献 16.6%；第三产业内部的工资差距最大，上升趋势明显，是组内差距的主要因素，最大贡献达到了 83.61%。

表 2 - 12　　根据产业分组的泰尔 T 指数分解结果（1993～2015 年）

年份	组间差距（组间差距贡献%）*	组内差距（组内差距贡献%）	A 组组内差距（A 组对组内差距的贡献%）**	B 组组内差距（B 组对组内差距的贡献%）	C 组组内差距（C 组对组内差距的贡献%）
1993	0.006 (22.22)	0.021 (77.78)	0.000 (1.42)	0.009 (44.12)	0.011 (54.46)
1994	0.008 (22.22)	0.028 (77.78)	0.000 (1.53)	0.013 (48.67)	0.014 (49.80)
1995	0.006 (16.22)	0.031 (83.78)	0.001 (1.78)	0.014 (44.55)	0.017 (53.67)
1996	0.008 (17.39)	0.038 (82.61)	0.000 (0.76)	0.016 (42.02)	0.021 (57.22)
1997	0.011 (19.64)	0.045 (80.36)	0.000 (0.68)	0.017 (38.95)	0.027 (60.37)
1998	0.011 (23.91)	0.035 (76.09)	0.000 (1.16)	0.015 (42.41)	0.020 (56.43)
1999	0.013 (25.00)	0.039 (75.00)	0.001 (1.17)	0.016 (40.16)	0.023 (58.67)
2000	0.014 (22.95)	0.047 (77.05)	0.001 (1.05)	0.018 (37.99)	0.029 (60.96)
2001	0.018 (26.09)	0.051 (73.91)	0.001 (1.06)	0.020 (38.71)	0.031 (60.23)
2002	0.020 (25.00)	0.060 (75.00)	0.001 (0.98)	0.020 (32.38)	0.040 (66.64)
2003	0.024 (26.67)	0.066 (73.33)	0.001 (0.81)	0.017 (26.08)	0.048 (73.11)
2004	0.025 (26.04)	0.071 (73.96)	0.001 (0.68)	0.018 (25.76)	0.052 (73.56)
2005	0.027 (26.21)	0.076 (73.79)	0.001 (0.67)	0.020 (25.74)	0.056 (73.59)
2006	0.029 (24.79)	0.088 (75.21)	0.001 (0.60)	0.018 (20.60)	0.070 (78.80)
2007	0.032 (23.70)	0.103 (76.30)	0.001 (0.63)	0.018 (17.14)	0.084 (82.23)
2008	0.033 (23.40)	0.108 (76.60)	0.001 (0.58)	0.017 (15.81)	0.090 (83.61)

续表

年份	组间差距（组间差距贡献%）*	组内差距（组内差距贡献%）	A组组内差距（A组对组内差距的贡献%）**	B组组内差距（B组对组内差距的贡献%）	C组组内差距（C组对组内差距的贡献%）
2009	0.030（24.00）	0.095（76.00）	0.001（0.62）	0.019（19.56）	0.076（79.82）
2010	0.025（22.52）	0.086（77.48）	0.001（0.63）	0.018（20.66）	0.068（78.71）
2011	0.020（21.55）	0.073（78.45）	0.001（0.79）	0.016（21.51）	0.057（77.70）
2012	0.017（19.95）	0.068（80.05）	0.000（0.56）	0.015（22.27）	0.053（77.17）
2013	0.017（19.30）	0.073（80.70）	0.000（0.53）	0.015（19.82）	0.058（79.65）
2014	0.018（19.32）	0.073（80.68）	0.000（0.45）	0.014（18.72）	0.059（80.83）
2015	0.020（20.45）	0.079（79.55）	0.001（0.62）	0.013（16.60）	0.065（82.78）

注：*括号中的数值为组间差距、组内差距对总差距的贡献；**括号中的数值为 A、B、C 组内差距对总的组内差距的贡献。

资料来源：根据 1994 ~ 2016 年《中国劳动统计年鉴》上的行业大类数据，按产业分类计算出来的泰尔 T 指数的分解结果。

第二，按竞争程度的分解分析。在我国特殊的经济背景下，国有经济比重较大的行业往往竞争程度低，如金融业；而非国有经济比重较大的行业往往竞争程度高，如制造业。所以，行业的竞争程度可以由这个行业的国有经济与非国有经济之间的比例反映出来，也可以间接地通过国有经济与非国有经济的劳动力就业比例反映出来，在国有经济占主导地位的行业中，国有单位职工的比重也会较大。把行业的竞争程度用 M 表示，M = 行业国有单位人数/行业全部从业人数。根据 M 的大小，把非农行业①分为三组：E 组为竞争程度高的行业（M 小于 30%）、F 组为竞争程度中等的行业（M 在 30% ~ 60% 之间）、G 组为竞争程度低的行业（M 大于 60%），对三组行业的泰尔 T 指数的分解结果见表 2 - 13。

——————————

① 农业的竞争程度不能通过 M 值判断，因为这个行业的国有单位占城镇单位的比重很大，而大量的农业从业人员并不属于城镇单位人员，所以把农业也划分到竞争程度高的行业中。

表 2 – 13　　　根据竞争程度分组的泰尔 T 指数分解结果（1993 ~ 2015 年）

年份	组间差距（组间差距贡献%）*	组内差距（组内差距贡献%）	E 组组内差距（E 对组内差距的贡献%）**	F 组组内差距（F 对组内差距的贡献%）	G 组组内差距（G 对组内差距的贡献%）
1993	0.006（23.08）	0.020（76.92）	0.003（16.53）	0.003（16.67）	0.014（66.80）
1994	0.009（25.00）	0.027（75.00）	0.003（11.64）	0.005（16.72）	0.020（71.64）
1995	0.008（21.62）	0.029（78.38）	0.002（8.50）	0.005（17.95）	0.021（73.55）
1996	0.010（21.74）	0.036（78.26）	0.001（3.30）	0.012（33.10）	0.023（63.60）
1997	0.012（21.43）	0.044（78.57）	0.001（3.01）	0.016（35.72）	0.027（61.27）
1998	0.009（19.57）	0.037（80.43）	0.003（8.85）	0.010（28.21）	0.023（62.94）
1999	0.005（9.80）	0.046（90.20）	0.013（29.14）	0.009（18.49）	0.024（52.37）
2000	0.006（10.00）	0.054（90.00）	0.020（36.79）	0.009（16.59）	0.025（46.62）
2001	0.009（13.04）	0.060（86.96）	0.021（35.47）	0.01（15.99）	0.029（48.54）
2002	0.010（12.35）	0.071（87.65）	0.027（37.45）	0.02（27.85）	0.025（34.70）
2003	0.006（6.67）	0.084（93.33）	0.048（57.57）	0.014（16.72）	0.022（25.71）
2004	0.011（11.46）	0.085（88.54）	0.039（46.21）	0.031（36.46）	0.015（17.33）
2005	0.008（7.84）	0.094（92.16）	0.056（59.51）	0.023（24.66）	0.015（15.83）
2006	0.007（5.34）	0.124（94.66）	0.070（63.87）	0.026（23.73）	0.014（12.40）
2007	0.007（5.22）	0.127（94.78）	0.088（69.40）	0.026（20.63）	0.013（9.97）
2008	0.007（5.00）	0.133（95.00）	0.094（70.56）	0.026（19.61）	0.013（9.83）
2009	0.008（6.40）	0.117（93.60）	0.081（69.07）	0.022（18.43）	0.015（12.50）
2010	0.009（8.11）	0.102（91.89）	0.068（66.14）	0.009（8.83）	0.026（25.03）
2011	0.010（10.78）	0.082（89.22）	0.051（62.06）	0.018（21.49）	0.014（16.46）
2012	0.004（4.20）	0.081（95.80）	0.057（69.87）	0.013（15.56）	0.012（14.58）

续表

年份	组间差距（组间差距贡献%）*	组内差距（组内差距贡献%）	E组组内差距（E对组内差距的贡献%）**	F组组内差距（F组对组内差距的贡献%）	G组组内差距（G组对组内差距的贡献%）
2013	0.002（2.12）	0.088（97.88）	0.057（64.28）	0.013（14.31）	0.012（13.41）
2014	0.002（2.25）	0.089（97.75）	0.074（83.39）	0.010（11.24）	0.005（5.37）
2015	0.0001（0.11）	0.0987（99.89）	0.087（88.26）	0.007（7.48）	0.004（4.27）

注：* 括号中的数值为组间差距、组内差距对总差距的贡献；** 括号中的数值为E、F、G组内差距对总的组内差距的贡献。

资料来源：根据1994～2016年《中国劳动统计年鉴》上的行业大类数据，按竞争程度分类计算出来的泰尔T指数的分解结果。

从组内差距与组间差距的比较来看，组内差距也是始终大于组间差距，组间差距的波动幅度较小，行业工资差距的增加主要来自组内差距的增加。由于E、F组的平均工资低于社会平均工资（2004年以后F组的平均工资也开始高于社会平均工资），G组平均工资高于社会平均工资，G组对工资差距的向上拉动作用（组间差距大于0）被E组（或E、F组）对工资差距的向下拉动作用（组间差距小于0）抵消了一部分，所以组间差距相对较小。从组内差距的内部变化来看，E组的内部差距逐渐扩大，对组内差距的贡献也增大，最大达到了88%；F组的内部差距波动相对较小，对组内差距的贡献变化也相对较小；G组的内部差距对组内差距的贡献由大变小，最小只有4%左右。

从E组内部情况来看，行业开放发展的政策逐步执行，大多数行业中的国有经济比重逐渐下降，所以E组中的行业数量逐渐增多，组内差距逐渐扩大。1993年E组只有11个行业，占12%，只有农业、少量的制造业和传统服务业，组内的工资差距较小。2015年E组增加到67个行业，占70%，既包括低工资的劳动密集型行业，也包括高工资的技术密集型、知识密集型行业，组内的工资差距较大。

从F组内部情况来看，行业数量经历了由少变多再变少的过程，占行业数量的 12% ~ 35%，行业的类型从以轻型制造业为主向以重型制造业为主变化，但组内的工资差距波动相对较小，对组内差距的贡献变化也相对较小。

从 G 组内部情况来看，行业数量逐渐减少，1993 年国有经济比重大，G 组有 61 个行业，占 68%，除了农业和部分制造业，大多数行业都在 G 组，虽然 G 组为组间差距做出了主要贡献，但是组内差距并不是非常大。2015 年 G 组只有 17 个行业，占 18%，主要包括关系到国计民生的行业，如电力、燃气及水的生产、教育、公共管理和社会组织等，大多数的行业工资高于社会平均水平，但是内部差距较小，对组内差距的贡献下降。

2.5 本章小结

本章考察了 1978 ~ 2015 年我国行业工资差距的变化情况，运用行业大类数据，采用绝对指标和相对指标，对经济体制转型三个阶段中的行业工资差距的现实情况进行了详细的比较分析。

从绝对指标来看，高工资行业的变化大，经济体制转型初期，工作条件较差的行业工资较高，如地质普查和勘探业、运输业等，随着改革开放的深入、知识经济的到来，非开放性行业、人力资本较高行业的工资迅速增长，如信息传输、计算机服务和软件业、金融业；低工资行业基本不变，除了个别年份有低端制造业以外，都是农、林、牧、渔业，第一产业的经济地位十分脆弱；1978 年最高工资与最低工资只有 526 元的差距，到 2015 年，两者有 254409 元的差距；1978 年最高工资是最低工资的 2.11 倍，到 2015 年，最高工资是最低工资的 9.66 倍；标准差系数从 1978 年的 0.19 提高到 2015 年的 0.52，说明行业工资分布的离散程度不断扩大，行业工资差距不断扩大。

从相对指标来看，通过对 1978 ~ 2015 年行业工资的基尼系数进行计算，发现这一时期的基尼系数在波动中不断扩大，1985 年的基尼系数最小为 0.0557，2008 年的基尼系数最大为 0.1726，2008 年以后基尼系数有下降的趋势；泰尔 T 指数、泰尔 L 指数的计算结果与基尼系数的计算结果有细微区别，但反映的变化趋势是一样的，最小值和最大值都是出现在 1985 年和 2008 年；对泰尔 T 指数进行了进一步的分解分析，根据产业类型进行分解，得到的结果是产业内部的工资差距（组内差距）不断扩大是导致行业工资差距拉大的主要原因；根据行业竞争程度进行分解，得到的结果是竞争程度高的组内差距扩大是导致行业工资差距拉大的主要原因。

| 第 3 章 |
行业工资的决定机制分析

　　本章对古典、近代、现代经济学中的各种工资理论进行综合总结和比较，这并不是用一种理论来驳倒另一种理论，而是针对我国市场经济体制转型过程中出现的行业工资差距问题，从中整合出具有实践指导意义的思想。其出发点不是用马克思的工资理论作为参照系来指责其他西方经济学中的工资理论，也不是用西方经济理论中的工资理论新成果来攻击马克思主义的劳动价值理论，本书的目标是从马克思的工资理论与其他工资理论的整合中寻求中国问题的答案。

3.1　行业工资决定的理论基础

3.1.1　古典经济学的工资理论

3.1.1.1　亚当·斯密的工资理论

　　18 世纪中叶，以分工为基础的工场手工业广泛发展，英国成为资本主义的工业化国家，这为古典经济学的产生提供了现实基础，1776 年亚当·斯密出版的《国富论》首次系统分析了国民财富产生、分配与持续运转的内在规律，成为经济学说史上划时代的经典著作，而他对工资的决定、工资的增长、工资的差异也有着完整的理论阐述。

（1）关于工资的决定。劳动也是一种商品，同其他商品一样也有价格，劳动的价格叫工资。在没有土地私有和资本积累以前的原始社会状态下，劳动的产品构成劳动的自然报酬或自然工资，劳动的全部产品归劳动者所有，没有地主和雇主分享他的劳动所得，此时劳动者生产出来的全部产品就是他的自然工资。但是土地私有制和资本积累产生之后，自然工资就不是全部的劳动产品了，只是劳动产品的一部分了，这种自然工资"必须至少能养活他，在大多数场合，还得比这稍高一些，因为他除了养活自己之外，还必须赡养家室。"工资是通过工人和雇主之间订立的契约来规定的，此时的工资表现为劳动的货币价格（市场价格），它会围绕着劳动的自然价格而变动，当劳动的需求发生变化或者生活必需品和便利品的价格发生变化时，劳动的货币价格会发生变化。

为了能在订立契约时提高工资水平，劳动者们会成立自己的组织（例如工会），联合起来讨要高工资，但是雇主们也往往要求政府运用法律来禁止劳动者的联合，所以通过联合的方式来提高工资的可能性非常小。但是，如果一个国家对劳动者的需求非常大的时候，劳动者的就业机会非常多，雇主们会竞相提高工资来争夺劳动者，所以只有通过增加劳动者需求的方式才能使工资增长。而对劳动者的需求，是随着一国收入和资本（国家财富）的变化而变化的，国家财富增加，对劳动者的需求增加，工资必然也会增加，并且使工资增加的，不是一个国家财富的实际大小，而是一个国家财富的增值速度，所以，高工资不是出现在最富有的国家，而是出现在增长最快的国家。

（2）关于工资差异的形成。"虽然劳动有多种用途，但工资水平在同一地区肯定都相等或趋于相等。"在一个充分自由，每个人都能自由选择自己的职业，并且能够随时改变职业的社会，如果某人的工资水平明显低于社会上其他人的工资水平，他就会离开所从事的职业，选择更加有利的职业，到最后，所有职业的收益肯定都差不多。而实际上，工人工资会随着劳动的用途不同而有很大差别，一种原因是劳动用途本身的情况（职业性质），另一种原因是政策不允许事物完全自由地发展（政策因素）。

职业因素导致的工资差异，主要表现在五个方面：第一，根据工作的难易程度、洁净程度、受到的尊敬程度不同，工资不同；第二，工作的学习难易程度、学习费用不同，工资不同；第三，工作的稳定性不同，工资不同；第四，工作所承担的责任轻重程度不同，工资不同；第五，工作成功的可能性不同，工资不同。虽然职业性质的不同会导致工资出现差异，但是考虑到劳动的各种用途的特殊情境，这种差异并没有造成任何的不平等，即是说，如果工资差异仅仅是由于职业差异所导致的，那么这种差异不能称之为工资不平等。

政策因素导致的工资差异，主要表现在三个方面：第一，政策（如同业组织的排外特权）限制了某些职业中的竞争人数，使想加入这一职业的人进不去，造成不同用途的劳动收益不平等；第二，政策增加某些职业的竞争人数，使其超越自然的限度，造成不同用途的劳动收益不平等；第三，政策不让劳动自由流动，使其不能随便由一个职业转移到另一个职业，不能由一个地方转移到另一个地方，造成不同用途的劳动收益不平等。政策因素导致某些职业出现垄断、某些职业出现过度竞争、某些职业出现人为管制，从而出现了工资差异，这种工资差异称之为工资不平等。

3.1.1.2 大卫·李嘉图的工资理论

19 世纪初，英国的资产阶级革命已经波及各行各业，机器大工业生产普遍建立，如何使资本主义经济得到持续发展成为当时经济学的主要研究目标，而 1817 年大卫·李嘉图出版的《政治经济学及赋税原理》标志着古典经济学的完成，其主要贡献是劳动价值理论和分配理论。

（1）关于工资的决定。李嘉图认为，劳动也是一种商品，它与其他商品一样，具有自然价格和市场价格。"劳动的自然价格是在增减不变的情况下让劳动者继续生存并维持其后代所必需的价格。"它取决于劳动者维持自身以及一家生活所必需的食品、生活必需品和便利设施的价格，食品和必需品的价格变化，劳动的自然价格也相应变化。而劳动的市场价格是"依供求比例的自然作用，实际付给劳动者的价格"，劳动的供给减少，劳动的市场价格提高，劳动的供给增加，劳动的市场价格下降。虽然劳动的市场价格与自然价格会有差异，但是也跟其他商品的价格变化规律一样，两者有趋同的趋势。李嘉图用人口的自然增长来解释了工资水平的波动，当劳动的市场价格超过劳动的自然价格时，高工资会刺激人口的自然增长，逐渐使劳动的供给超过劳动的需求，劳动的市场价格就会下降，甚至低于劳动的自然价格，而当劳动的市场价格低于劳动的自然价格时，劳动者的生活水平下降，贫困会使人们自动地降低人口的自然增长率，当劳动的供给跟不上劳动的需求时，劳动的市场价格就会上升，甚至超过劳动的自然价格。

（2）关于工资差异的表述。李嘉图提到了劳动的自然价格的历史差异以及地区差异，由于劳动的自然价格是用食物以及其他生活必需品的价格来衡量的，而这些产品的价格并不是固定不变的，所以，工资在同一国家的不同时期会有变化，在不同国家差别就更大了。随着社会进步、资本数量的增加，劳动的自然价格有提高的趋势，而在不同的国家和地区，社会进步程度不同，人们对食物和必需品的要求不同，这主要取决于各地人们的风俗习惯。即是说，自然工资的差异取决于各地风俗习惯的不同。

3.1.1.3 约翰·穆勒的工资理论

19 世纪上半叶，英国及欧洲大陆的经济发展受阻，出现大量失业工人，爆发了激烈的阶级斗争，约翰·穆勒的《政治经济学原理》从资本主义分配方式的角度，阐述了国家法律和习惯的不合理是造成社会矛盾的根源，而通过分配方式的调整，可以改善工人的生活状况，缓和阶级矛盾。

（1）关于工资的决定。穆勒认为，工资总额"是由人口与资本的比例决定的"，而"工资，与其他事物一样，可用竞争或习惯来调节，"可以通过对劳动的需求和供给的变动进行调节。一国用于支付劳动者报酬的总额称之为工资基金总额，它取决于资本总量以及劳动力资本和其他资本之间的比例。工资是资本所有者全部资本的一部分，是资本所有者购买原材料、补偿机器设备消耗等生产资料后的剩余部分，所以工资的高低首先取决于资本所有者资本总量的高低以及劳动力资本在总资本中所占比例的高低。而当工资基金总额确定以后，工人的工资水平就取决于工人人数的多少，如果工人人数多，每个工人的工资就低，工人人数少，每个工人的工资就高。在一般情况下，一个国家在一定时期内的资本总额是一个固定的量，其中用于支付工资的部分也是一个固定的量，因为如果支付工资部分多了，工资的增长影响了其他资本的增长，就必然影响下一个生产周期生产的发展，从而使得资本和工资减少。

（2）关于工资差异的解释。正常的或平均的工资受到以上的分配法则支配，但是不同行业的工作，在某种程度上还受到特殊法则的支配，从而导致所支付的工资也不同。一般情况下，有四个特殊法则在各个领域起支配作用。第一，自由竞争导致的工资差异。穆勒认同斯密论述的关于职业性质的五种不同情况导致的工资差异，当然，在这些情况中自由竞争是起作用的，因为如果某种工作的工资中除去补偿职业不适情况后还有剩余，就会出现许多该种工作的竞争者，从而导致工资下降，直到这种工资剩余消失为止，所以在一定条件下，这种结果是自由竞争所产生的。第二，垄断导致的工资差异。某些职业的技能学习难度大、费用高，难以成为该行业的熟练工人，某些职业的技能学习属于保密行为，只限于一定社会群体的人们参加（如该职业的子女），使得某些职业的工人数量相对较少，工人的劳动供给处于"自然垄断"的地位。还有某些职业是通过法律或团体组织（如工会）来加以干涉，为某一特定职业设置进入壁垒，限制竞争，使其处于垄断的地位，产生了垄断价格，这才是真正的工资不平等。第三，性别工资差异。由于社会偏见或者社会习惯，往往在相同的劳动技能、劳动效率、工作条件下，妇女的工资水平会低于男子的工资水平，这是由于法律和习俗允许妇女参加的职业门类相对较少，虽然靠工资维持生活的妇女远远少于靠工资维持生活的男子，但是在妇女就业的部门，仍然是劳动供给过多，使得妇女的工资水平较低。第四，有多种收入来源者对某行业工资的影响。如果某种职业仅仅只是某人的副业，仅仅只是补充家庭的收入，而家庭的主要收入另有来源，那么该种副业与其他职业的劳动强度相同的情况下，其报酬低于其他职业是完全有可能的。

3.1.2 近代经济学的工资理论

3.1.2.1 边际生产力工资理论

1899 年美国经济学家约翰·贝茨·克拉克出版的《财富的分配》，首次把边际分析方法运用于分配领域，提出了边际生产力分配理论，他分析了长期工资水平的决定过程，也对短期工资的波动提出了解释，奠定了现代工资理论的理论基础。

（1）关于工资的决定。克拉克主要分析了在静态条件下的分配过程，即在没有任何经济摩擦的扰动下，社会处于完全自由竞争状态，经济的自发力量对社会财富的生产和分配的作用过程。无论在原始社会还是现代社会，克拉克认同工资就是劳动的产品，但是，劳动的全部产品与全行业的全部产品是有严格区别的，一个行业的生产必须要有劳动和资本的配合，劳动和资本都具有生产力，所以一个行业的全部产品并不全归工人所有，而是劳动所有者和资本所有者共同所有。"每一种生产要素都赋予产量中一个可以辨明的份额，每一种生产要素都赋予一种相应的报酬，这就是分配的自然法则。"根据劳动和资本各自对生产的实际贡献，即按各自的"边际生产力"来决定其收入的高低。

在资本数量不变的情况下，在劳动不断增加的过程中，每一单位劳动者平均分摊到的生产工具、原料等减少，技术供应状况不断恶化，每增加一单位劳动所生产出来的产品数量必然少于前一单位劳动所生产出来的产品数量，这就是劳动的边际生产力递减规律。工人的工资水平是由最后一单位劳动的产量来决定的，只有在增加最后一单位劳动所增加的产量超过这一单位劳动的工资时，雇主才会雇佣他。最后一单位劳动的边际生产力不仅是决定边际劳动者的工资标准，同时也是决定全部劳动者的工资标准。

（2）关于工资差异的认识。克拉克把社会收入分配分成三个层次：各行业大组的收入分配、各小组的收入分配、小组内的工资和利息分配。各小组和小组内部所得的收入份额都完全取决于商品的价格。"有一类分配并不决定工资率和利率，而是决定一个行业作为一个整体，包括它的工人、资本家和企业家在内，与其他行业相比，能得到多少。这一类分配决定整个商业部门是否会比另一个商业部门繁荣一些。这属于整个分配行业中的一种中间成分的业务，是借助价格完成的业务。"某一行业的产品售价高，则该行业的工资总额就高，所以，产品的市场价格是按小组分配的主导因素，决定各小组收入的高低。

在静态经济条件下，如果没有经济摩擦和阻碍自由竞争的因素，行业工资差异是不会出现的。"假如资本和劳动都是具有绝对流动性的，某个行业的人们能够迅速离开该行业而全身心投入另一行业的话，则这后一行业在向他们提供的收益的数额上不会有失偏袒。"即就是说，只要消除了经济摩擦，静态价格在任意一个时刻都可以实现。因为在此条件下，各行业都可以实现自然价格，"自然的、正常的或静态的价格，都是成本价格，或者说都是无利润价格，它们都是导致利润均等化的价格，因为它们导致各行各业的单位劳动和资本的报酬均等化。"自然价格和成本价格排除了任何一个行业小组可获得的特殊收益。

静态因素决定了工资的自然标准，而动态因素则决定了工资的波动。"无论什么时候，都会有由静态因素决定的某种价值、工资和利息标准。此时，实际费率围绕这些标准的波动系动态原因所造成的。"在动态经济条件下，各种经济摩擦的存在，使得自然价格波动，但是从长期来看，自然价格可以换种方式得以实现。如果经济中受到摩擦的阻碍没有实现自然价格，那么在自由竞争的影响下，人们会从收益低的小组流向收益高的小组，而此举会有导致各种物品的价格趋向某种自然标准的效应。随着动态变化的结束，经济摩擦会逐渐被克服，各行业的收益会逐渐趋于一致。

3.1.2.2 均衡工资理论

1890 年英国经济学家阿弗里德·马歇尔出版的《经济学原理》，吸收了古典学派的有关分配理论的思想，也吸取了边际革命的学术精华。以供求均衡价格理论为基础，提出了供求均衡工资理论，从生产要素的需求和供给两个方面来说明工资的决定机制。

（1）关于工资的决定。马歇尔用边际生产力工资理论来说明劳动的需求方面，用劳动的生产成本理论来说明劳动的供给方面，当劳动需求与劳动供给相等时，劳动的均衡价格即工资就被确定了。从劳动的需求方面来看，劳动的需求价格取决于劳动的边际生产力或劳动的边际产品价值，劳动的边际生产力越高，雇主愿意支付的工资水平越高。从劳动的供给方面来看，劳动的供给价格取决于劳动力的生产成本（劳动力维持自身及家庭所需的生活费用以及劳动力的教育、培训费用）以及劳动的负效用或闲暇的效用，劳动力总是在劳动和闲暇之间进行选择，从而实现自己效用最大化。工资水平的决定和变动被认为是劳动需求和劳动供给两种力量作用的结果。

　　劳动的需求是一种派生需求，源自消费者对商品的需求，所以，商品的需求增加时，则生产该种商品的劳动需求也会加强，短时期内这种需求可以发生变化。而劳动的供给，在现代复杂的技术条件下，根据生产技术的要求把劳动分为若干种，每一种劳动的供给都受到经济因素（生活费用、培训费用等）以及非经济因素（习惯变化等）的影响，短时期内这种供给不能即刻变化，所以，当劳动需求发生变化，劳动供给不能立刻跟上时，会使工资偏离劳动的均衡价格。但是，从长期来看，"一个国家的经济条件在不断地变动着，因此，劳动的正常需求和供给的调节点也是不断地移动着。"

　　（2）关于工资差异的认识。马歇尔没有专门论述工资差异出现的原因，但根据其对各行业工资高低的论述，可以看出工资差异受到以下几个方面的影响。第一，商品的市场变化对工资的影响。劳动力与其他生产资料的需求都是间接的派生需求，当某种商品的需求旺盛时，则生产该种商品的劳动力需求也会增加，工资增加。"当生意景气时，雇主们便彼此展开竞争，人人都想扩大生意，力求获得尽可能多的高额利润，于是竞争的压力使雇主们同意付给劳动者较高的工资，以便获得他们的服务；即使雇主们的行动一致，一时拒绝作任何让步，他们的雇工的联合也会迫使他们涨工资，否则市场繁荣所提供的利益将消失。只要繁荣继续存在，他们的工资就总会保持在正常水平之上。"所以，通常在商品价格提高的行业，其工资水平也会提高。第二，成功的不确定性和就业的无常性对工资的影响。从事某工作的成败具有不确定性，"成败不定不能引起巨大的野心和宏伟的志愿，特别受其吸引的人确实是少数。对许多选择终身职业的人来说，成败不定起着阻挠的作用。"这就要求该行业提供较高的工资水平才能吸引更多的人从事该行业。某些行业中的工作时间是不确定的，根据商业周期、工作环境的变化时而就业时而失业，失业人员在等待就业的过程中，等待"往往使人焦躁不安，以至于产生的紧张状态也许超过工作本身"，等待工作的时候没有工资，只能依靠以前的收入维持生活，这就要求在"工作时所得的报酬，必须能够维持他们没工作时的费用"。第三，工作条件对工资的影响。如果某行业比其他行业更清洁卫生，工作场所更有益于人的健康或者更令人愉快，或者社会地位较高，就越能吸引更多工人就业，但是"一种职业的条件越不令人满意，自然就越需要更高的工资吸引人从事该职业。"第四，社会习惯和国民性格对工资的影响。"例如，在美国，瑞典人和挪威人在西北部从事农业；德国人大多从事家具业和酿酒业；意大利人搞铁路建筑；伦敦的犹太人偏好服装业和零售商业。所有这些在部分上是由于民族嗜好不同，部分上是由于民族的不同，从而对各行业的额外利益和不利的估计也不同。"

3.1.2.3 集体谈判工资理论

在斯密的工资理论中，提到过工会组织对工资水平的影响，但那时候工会力量小、影响不大，所以没有引起重视。19世纪下半叶，随着工会组织的日益壮大，使得工会作为一个重要的市场主体参与了工资的决定。最早对工会组织在工资决定中的作用进行研究的是韦伯，庇古、希克斯等人在此基础上进行了进一步的研究。

（1）关于工资范围的决定。由于工会作为一个市场主体参与了工资的决定，所以工资不是通过自由竞争的方式确定的某一水平，而是由代表劳动者的工会组织和代表资本所有者的雇主协会通过集体谈判的方式确定的某一"不确定性范围"。工会组织会尽量为劳动者争取更高的工资水平，但是工资的上涨会造成对劳动需求的减少，对就业产生不利影响，所以存在着工会组织不希望超过的最高工资；雇主协会会尽量为雇主争取较低的工资水平，工资的下降会造成劳动供给的减少，对劳动供给产生不利影响，因此也存在着雇主协会不希望超过的最低工资。工资的不确定范围就包含在这两个极限之间，而这个范围的大小就取决于双方的相互需求弹性的大小，如果雇主对劳动需求的弹性越小，而劳动者对工作的需求弹性越小，则不确定性的工资范围就越大。如果双方所要求的工资水平在这一范围内，则可以通过谈判达成最终工资协议，但是，如果超出这个范围，就不存在进行谈判的余地，此时，除了斗争便不会有其他的办法能够解决工资问题。

工资范围的变动取决于双方的谈判力量、谈判技巧和经济环境。在集体谈判中，工会组织的力量加强时，使得劳动者预期斗争的损失会减小，而雇主预期斗争的损失会增加，所以会导致劳动者的工资上限上移，雇主的工资下限也上移，整个工资范围向上移动；雇主协会力量加强时，整个工资范围向下移动。而实际上，一方组织力量的增加会导致另一方组织力量也增加，双方预期斗争的损失会增大，所以工资的不确定范围会扩大。在集体谈判中，当时的经济发展状况也能影响工资范围的变动。经济繁荣时，消费需求增加，对劳动的需求也会增加，雇主会满足工会组织提高工资的要求，并且可以通过提高产品价格而把工资成本转移到消费者一方；经济萧条时，消费需求减少，对劳动的需求也减少，雇主不会提高工资来增加成本削弱其竞争力，工会组织担心提高工资会减少就业，也会放弃提高工资的要求。

（2）关于工资差异的解释。造成职业之间的工资不平等的原因有四个方面。

第一，由于劳动者的无知，对劳动的价值没有正确的衡量，导致工资低于劳动的边际产品价值。劳动者对于不同职业的工资的把握主要依赖于以不同形式签订的工资合同，某些形式的合同使得未来将要支付给工人的实际工资的数量难以计算，而另一些形式的合同可能会相对简单一些，所以对不同职业的劳动的相对需求价格应该如何进行比较，劳动者所知甚少。另外，由于季节性或其他原因，某些行业的生产活动比另一些行业的更加没有规律，因此，用一个适当的度量方法来比较劳动的相对需求价格也非常困难。

第二，职业转换所需的转移费用，阻碍了劳动者从工资较低的职业转移到工资较高的职业。在两个给定的职业之间，职业的专业技能越接近，转移费用就越低，职业的专业技能越不同，转移费用就越高。如果某一种职业的转变，使得劳动者已经具备的技能变得百无一用，则高昂的转移费用阻碍了劳动者的流动。

第三，由外部强加的限制，禁止劳动者从低工资向高工资的职业转移。一方面，由于工会的管制，保护某些特定行业内的劳动者的就业机会，禁止其他行业的劳动者进入；另一方面，由于某些传统习俗或习惯，某些特定行业对劳动者的种族、肤色等有严格要求，只允许某类劳动者进入。

第四，因为剥削，雇主强迫劳动者接受低于其边际产品价值的工资。某行业中是否出现剥削，很大程度上取决于雇主与雇员的谈判能力，在建立了强大工会的行业中，进行集体谈判，出现剥削的可能性很小，而"对于没有能力进行集体谈判的无组织的劳工来说，众多的男工和女工的工资更有可能是按照接近该范围下限的而不是上限的工资率水平来支付工资的。一般来说，这一工资率会低于届时其他地方相同工作的工资率，也就是说，它们是不公平的。"

3.1.3　现代新型的工资理论

3.1.3.1　人力资本工资理论

20 世纪 50 年代，新古典经济学在生产要素同质的假设下，出现了一些经济理论与经济现实不相符合的矛盾，产生了一系列的"经济之谜"，如"现代经济增长之谜""工人收入增长之谜"等，为解释这些"经济之谜"，1959 年，舒尔茨首次明确地提出了"人力资本"概念，阐述了人力资本的性质、内容，而后贝克尔系统阐述了人力资本和人力资本投资问题，从人的后天能力的变化入手，解决了以人的先天差别为前提的收入分配理论的困境。

（1）关于工资的决定。按照贝克尔的观点，人力资本是体现在劳动者身上的资本，由劳动者的知识、技术、能力、健康等构成，即体现在劳动者身上的以数量和质量形式表示的资本，这种劳动者所具备的特殊资本也是一种特定的生产资本，它的价值大小取决于其内含的知识和技能在劳动力市场上能够得到的报酬数量。人力资本主要是通过教育和培训获得的，与任何一项投资一样，人力资本投资的决策也是基于投资成本与投资收益的比较分析。

最早的教育模型是明塞尔于 1958 年提出的，分析了教育投资的成本与收益。教育需求与其带来的工资是正相关的，投资的预期收益——工资会随着受教育水平的提高而增加，若非如此，那么激励劳动者投资于更高层次教育的因素将会消失。但是由于教育投资随着受教育时间的增加，也存在着边际收益率递减的趋势，根据投资的预期收益与投资成本之间的比较，最佳的投资年限应该符合教育投资收益率与利率相等的条件。

最早的在职培训模型是贝克尔于 1964 年提出的，分析了受训者与企业这两个投资者在一般培训和特殊培训中的投资行为。对于一般培训，不仅可以提高受训者在提供这种培训的企业中的边际生产率，而且受训者一旦离职进入其他企业，也可以为其他企业提高边际生产率，所以企业不会承担任何培训费用，受训者承担全部费用。而受训者之所以愿意承担这笔费用，是因为通过培训可以增加其人力资本存量，提高工资水平。对于特殊培训，培训费用是由受训者和企业共同分担的，在培训期间，受训者所得到的工资可能高于他们个人的边际产品，因为要占用上班时间从事学习，劳动时间会减少，企业就承担了部分的培训费用，而一旦培训结束，为了弥补培训期间的劳动损失及培训费，企业所提供的工资又有可能低于他或她接受培训后的边际产品。

（2）关于工资差距的解释。人力资本理论从人力资本投资的角度，解释了收入差距产生的原因和实现途径。

首先，通过人力资本投资增加劳动者的人力资本，而人力资本存量的增加可以提高劳动生产效率，为提高工资水平提供了可能。追求利润最大化的企业往往根据劳动者提供的有效劳动时间来支付工资，具有高人力资本的劳动者，拥有较好的生产能力、创新能力、管理能力和协作能力等，在单位时间内创造的价值较多，当劳动者的边际产出大于其边际成本时，企业对高人力资本的劳动者的需求增加，这部分劳动者的工资也会随之增加。由于劳动者之间的人力资本存量不同，在生产过程中的劳动贡献不同，创造的价值不同，工资也就出现了差异。

其次，通过人力资本投资增加劳动者的人力资本，也增强了劳动者争取劳动权益的能力，使高工资变成现实。高人力资本的劳动者通过生产效率的提高，为提高工资提供了可能，要使这种可能变成现实，需要劳动者为自己争取权益。高人力资本的劳动者在劳动力市场中，属于相对稀缺的资源，在签订劳动合同时，处于相对有利的位置，有一定的定价谈判权，主动争取个人权益。一旦企业没有给予劳动者与之劳动生产率相称的工资，劳动者可以向企业发出离职的威胁，而稀缺性的高人力资本劳动者的离职会给企业带来较大损失，为了留住这些相对稀缺的人力资源，企业往往会提供较高的工资水平。

最后，人力资本投资与任何一项投资一样，对投资的成本必须进行补偿，劳动者投资后取得的收益至少要能够弥补成本（教育、培训费用），所以，投资后的工资水平必定大于投资前（或没有投资时）的工资水平。如果将来的工资不足以弥补成本，则劳动者不会选择投资，高人力资本的劳动者的供给将减少，工资水平会上升，从而保证人力资本投资成本得到补偿，人力资本投资的"补偿效应"导致了工资差异。

3.1.3.2 劳动力市场分割下的工资理论

20 世纪 60 年代末，劳动力市场中的同工不同酬、就业歧视等经济现象无法用新古典经济学解释，产生了各种经济学说，劳动力市场分割理论作为新制度学派的重要代表，从制度角度，研究劳动力市场中制度因素的作用以及由此决定的就业结构性质。

（1）关于工资的决定。分割理论不再沿用新古典经济学对劳动力市场统一的完全竞争的假设，由于制度性或市场性原因，把劳动力市场分割成几个不同的市场，市场之间是相对封闭的，阻止劳动力从一个市场向另一个市场的自由流动，每个市场有各自的劳动分配、工资结构特点。

多林格和皮奥里（1971）最早提出二元结构理论来解释劳动力市场分割现象，按照雇佣和报酬支付特点把劳动力市场分为二元的：一级市场和二级市场。一级市场的劳动力工资水平高、工作条件好、工作稳定、提升空间大，劳动力需求方一般为竞争力强的资本密集型和技术密集型的核心企业，该市场的劳动供给以某一企业（行业）内部劳动力为主体，工资由企业内部的规章制度来控制；二级市场的劳动力工资水平低、工作条件差、流动性大、提升空间小，劳动力需求方一般为竞争力较弱的劳动密集型的边缘企业，该市场的劳动供给由一级劳动市场之外的劳动力构成，工资由二级劳动力市场的供求机制来调节。由于受到制度约束和市场歧视，两类市场之间的劳动力几乎不存在流动性，一级劳动力市场的供求失衡通过内部的招聘、培训、调整产出量等方式解决，而与二级市场的劳动力供求状态无关。

雷克、戈登和爱德华兹（1973）等经济学家强调劳动力市场分割是社会经济因素的结果，是资本主义不断发展过程中阶级斗争的产物，提出了激进的劳动力市场分割理论。首先，从劳动力市场分割的历史起源来看，这是资本主义从自由竞争到垄断的过程中出现的，由于工人阶级统一的阶级意识逐渐形成，与资产阶级的冲突日益严重，为了使这种统一的阶级意识瓦解，资产阶级采取了分裂工人群体的方式，利用种族、性别等问题分化工人阶级，防止工人阶级力量的集聚。其次，从劳动力市场分割的动机来看，这是资产阶级自觉的努力行为达到的结果。当资本主义进入垄断时期，垄断厂商逐渐主宰了整个经济，为了达到对产品市场和劳动力市场的长期控制，垄断厂商努力在企业内部或行业内部建立劳动力市场，通过给予内部工人较高的工资水平，建立一支稳定的高素质的劳动力队伍。采用工作等级制度，加强工人之间的职位竞争。最后，从劳动力市场分割的过程来看，由于市场发展和技术进步程度不一致，行业规模和企业发展也不同步，在不同的行业部门中，企业的工作环境、职位晋升、工资机制不同。工业结构的变化，强化了劳动力市场的分割趋势。

（2）关于工资差异的解释。由于分割理论强调劳动力市场不是一个具有完全竞争意义的整体，而是被制度和社会组织分割成两个或多个部分，每个部分具有独立的市场特征、不同的市场运行机制，工资差异也必定存在。

首先，在分割的劳动力市场中，每个市场中劳动力的人力资本存在差异，相同人力资本的回报差异更大。低工资市场的劳动力不能进入高工资市场并不是因为劳动力质量达不到要求，而是高工资市场的企业强调工作的纪律性、良好的工作习惯，认为低工资市场的劳动力不具备良好的纪律性，歧视这些劳动力，拒绝接纳他们。

其次，不同的劳动力市场受到产业结构变化的影响不同，工资差距被强化。在工业化、现代化过程中，技术密集型、资本密集型的产业不断发展壮大，盈利能力不断增强，给予劳动力的报酬也能不断提高，形成了相对稳定的劳动力市场，而劳动密集型的产业由于竞争激励，企业的盈利能力受限，受需求冲击影响较大，劳动力的工作不稳定、工资较低。

最后，工会力量的作用强化了市场分割造成的工资差异。工会一方面提高劳动力加入工会的标准，限制外部劳动力的进入，控制内部劳动力人数，另一方面与企业进行集体谈判，要求企业雇佣工会内部劳动力，通过两方面的控制，提高内部劳动力的工资水平。即使某些行业中产品市场的竞争激烈，行业或企业内部也能建立统一的工会，创造出内部劳动力市场，维护内部劳动力的利益。

3.1.3.3　效率工资理论

20 世纪 80 年代，为了解决"凯恩斯主义理论危机"，产生了新凯恩斯主义，一批中青年经济学者致力于发展和改进凯恩斯主义的微观基础。工资和价格黏性是凯恩斯主义经济学的主题，效率工资理论就是新凯恩斯经济学为解释工资黏性而提出的理论之一。1979 年索罗发表《工资黏性的另一可能源泉》一文，最早将效率工资制度提升到理论高度，而后夏皮罗、斯蒂格利茨、阿克洛夫、夏洛普等经济学家详细讨论效率工资的作用机理，构建了怠工模型、工作转换模型、逆向选择模型等，不断丰富、充实了效率工资理论。

（1）关于工资的决定。索罗（1979）提出为了提高工人的工作效率，企业支付的工资会高于均衡水平时的工资。工人的最佳工资水平取决于工资—努力的相互关系，而与价格无关。不管处于经济周期的哪个阶段，不管价格上升还是下降，产出水平如何变化，工资水平不会受到外部经济形势的影响，而只是与工人的努力程度有关，企业通过调整工人数量而不是工人工资来适应经济形势的变化。

夏皮罗和斯蒂格利茨（1984）提出为防止工人的怠工行为，企业必须支付高于均衡水平的工资。这种工资水平与失业补偿金、找到其他工作的概率、被发现怠工的概率以及整个劳动力市场状况有关。企业支付给工人的工资首先必须高于失业补偿金，如果失业补偿金较高、找到其他工作的概率较高、被发现怠工的概率较低，则失业的机会成本较小，工人怠工的概率较高，为了鼓励工人努力工作，企业必须支付较高的工资。

斯蒂格利茨（1974，1985）提出为了减少工人的工作转换造成的损失，企业必须支付高于均衡水平的工资。如果工人辞职，企业必须重新招聘工人，企业将增加招聘费和培训费，为了留住工人，减少工人的工作转换次数，企业会采取支付较高工资的方式，当工人获得的工资高于其机会成本时，工人将减少辞职。

效率工资理论从不同的角度解释了在经济周期波动条件下工资出现黏性的问题，如果企业都支付高于均衡水平的工资，则劳动力供给会过剩，非自愿失业将长期存在，也表明了非充分就业均衡长期存在的可能性。

（2）关于工资差异的解释。效率工资造成行业工资差距的理由有四点：

第一，不同行业的劳动特点决定了劳动监督成本不同，监督成本高的行业倾向于支付高工资，来激励工人努力工作、减少偷懒，进而减少监督成本。

第二，不同行业给工人提供的培训成本不同，有特殊培训要求的行业倾向于支付高工资，以防止工人辞职，减少工作波动、降低工人流动成本。

第三，不同行业对人才的需求不同，高工资行业能吸引更多的优秀人才，激励工人更努力地工作，从而提高企业的生产效率，而行业工资差距实际上是工资与生产力的关系的结果，低工资意味着低的生产力，而高工资意味着高的生产力。

第四，不同行业中企业的经营管理模式不同，高工资行业的企业实际是与工人分享了企业利润，能增强工人对企业的忠诚度，减少罢工。所以，效率工资的实行从不同方面提高了劳动生产效率、降低企业运行成本，进而造成了行业间的工资差距。

3.1.3.4 利益分享工资理论

20 世纪 60 年代后，西方经济世界出现了通货膨胀与失业共存的局面，面对这一前所未有的经济学难题，西方经济学界出现了各种学说，而美国经济学家马丁·魏茨曼于 1984 年提出的"分享理论"被认为是解决滞涨问题的一剂良药，在西方经济学界引起巨大反响。

（1）关于工资的决定。威茨曼首先分析了西方社会出现滞涨的原因，认为这一现象的根本原因在于传统的工资制度的缺陷。传统的工资制度是一种与企业的经营活动无关的报酬制度，不管企业的经营状况是盈利还是亏损，企业都要根据劳动合同支付工人一定数量的工资，工资具有黏性。市场景气时，企业盈利多，但工人工资不变，无法充分调动工人的生产积极性；市场不景气时，企业的决策是减少工人数量来调整产量，而维持价格和工资不变，造成大量失业，形成滞涨。而分享制度能解决这一问题。

分享制度是"工人的工资与某种能够恰当反映企业经营的指数（譬如厂商的收入或利润）相联系"的分配制度。它之所以受到西方经济学界的大量肯定，是因为它具有几个优点。分享制度有助于提高劳动生产效率。利润分享制度下，强调"团队精神"，能加强工人与管理者之间、工人之间的协作，增强彼此的归属感和认同感，降低离职率，积极支持、参与技术进步与革新，提高劳动生产效率。分享制度具有扩大生产、增加就业的倾向。企业收益和分享比例确定的情况下，工人数量的增加，分享工资就会下降，劳动的边际成本下降，必定低于劳动的平均成本，所以企业增加劳动的边际收益会大于边际成本，企业会有增加工人、扩大生产的倾向。分享制度具有较小的通货膨胀倾向。在分享制度中，产品价格的变动能影响要素价格的变动，当产品价格提高时，企业的收益增加，分享工资增加，企业的劳动成本增加，企业利用提高产品价格来提高利润的可能性小。分享制度具有自我调节、自动走向均衡的倾向。当经济偏离均衡时，工资会随着企业经营指标的变动而自行变动，对外界变动能迅速调整。

（2）关于工资差异的解释。工人工资的差异主要来自于分享工资的差异。在分享制度中，规定工人与企业在利润中各占多少比例，然后根据企业利润大小，建立分享基金作为工人分享工资的来源，最后根据工人数量最终确定每个工人分享工资的数量。所以，每个工人分享工资的大小取决于三个方面：分享工资的比例、企业利润的大小和工人的数量。

利润分享的比例往往通过工会与企业谈判的形式确定。在欧洲的许多国家，工会的影响很大，工会可以借助于组织集体罢工之类的威胁，迫使企业分享一部分利润，尤其是当企业拥有某种来自劳动投入特质的垄断租金或准租金时，工会的谈判筹码增加，租金分享的比例会增加。当工人的分享比例确定后，利润的大小影响分享基金的大小。利润上升、分享基金增加，工人数量不变时，每个工人的分享工资会提高，企业利润率越高，分享工资越高。而企业利润率的提高主要来自于需求旺盛的产品市场以及供给有保证的要素（劳动力）市场，为了维持高利润率，企业不会随意增加工人来扩大生产、增加供给、主动降低产品价格，工人的分享工资也就维持了较高的水平。

3.1.4 马克思主义的工资理论

19 世纪 30~40 年代，在工业革命的推动下，西方主要资本主义国家的大工业生产蓬勃发展，资产阶级和无产阶级的矛盾也日益尖锐。为了给无产阶级反对资产阶级的斗争提供强大的理论武器，马克思广泛阅读和收集文献资料，做了大量的研究摘录和笔记，于 1867 年正式出版了《资本论》第一卷，阐明了劳动的二重性问题，揭示了工资的本质。

（1）关于工资的决定。在论述工资理论之前，马克思深刻地阐述了什么是劳动力价值以及劳动力价值的决定因素。"劳动力的价值，就是维持劳动力占有者所必要的生产资料的价值"，劳动力的生产是需要一定的生活资料来维持的，生产劳动力所必要的劳动时间可以转化成生产劳动力所需的生活资料的劳动时间，劳动力价值也可以转化成这些生活资料的价值。工资是劳动力价值或价格的转化形式。古典政治经济学混淆了劳动力价值和劳动价值的区别，把劳动价值本身转化为劳动力价值，"在资产阶级社会的表面上，工人的工资表现为劳动的价格，表现为对一定量劳动支付的一定量货币。"而实际上，这种劳动的价格——工资只不过是劳动力价值和价格的不合理的货币表现形式，工资归根结底是由劳动力价值决定的。

工资也受到劳动力供求关系、竞争关系的影响，如同商品价格由价值决定，受到供求关系影响，价格围绕价值波动一样，工资也会以劳动力价值为中心上下波动。"劳动报酬忽而提高，忽而降低，是依供求关系为转移的，依购买劳动的资本家和出卖劳动的工人之间的竞争情形为转移的。"影响工资水平的竞争来自三个方面：劳动力之间的竞争，劳动力供给的加强势必导致工资水平的下降；雇主之间的竞争，劳动力需求的加强势必导致工资水平的上升；劳动力与雇主之间的竞争，劳动力供给与劳动力需求之间的势力对比及状态变化，引起工资水平的波动。

（2）关于工资差异的解释。单位时间内劳动力的劳动分成两个部分，一部分用来生产劳动力价值，另一部分用来生产剩余价值，劳动力价值的变化方向总是与剩余价值的变化方向相反，"剩余价值的增加或减少始终是劳动力价值相应的减少或增加的结果"。工资差异的形成，既有劳动力本身价值变化的影响，也有剩余价值（剥削程度）变化的影响。

首先，劳动力价值的不同导致的工资差异。"在比较国民工资时，必须考虑到决定劳动力的价值量的变化的一切因素：自然的和历史地发展起来的首要的生活必需品的价格和范围，工人的教育费用，妇女劳动和儿童劳动的作用，劳动生产率，劳动的外延量和内涵量。"即劳动力价值受到纯生理要素和社会历史要素的共同影响和制约，所以不同国家和地区在不同时期工资会有差异。一方面，"由于一个国家的气候和其他自然特点不同，食物、衣服、取暖、居住等等自然需要本身也就不同。"不同时期、不同地点的劳动力所必需的生活资料有差别，劳动力价值有差别。另一方面，"所谓必不可少的需要的范围，和满足这些需要的方式一样，本身是历史的产物，因此多半取决于一个国家的文化水平，其中主要取决于自由工人阶级是在什么条件下形成的，从而它有哪些习惯和生活要求。因此，和其他商品不同，劳动力的价值规定包含着一个历史的和道德的要素。"历史和道德的要素使得工资的变化具有较大的伸缩性。另外，劳动力的教育费用随着劳动力性质的复杂程度而不同，这也会导致出现工资差异。

其次，剩余价值（剥削程度）的不同导致的工资差异。马克思认为亚当·斯密对不同生产部门劳动剥削上的许多差别，已经作了详细的论证，但是它们会由于各种实际的或人们的偏见认可的补偿理由而得到平衡，因而，它们作为只是表面的暂时差别，在研究一般关系时不应加以考虑。而工资水平的差别，大部分是以简单劳动和复杂劳动的差别为基础的，这些差别虽然会使不同生产部门的工人工资有很大差异，但决不会影响这些部门的劳动剥削程度。而剥削程度取决于三个变量：工作日的长短，或劳动的外延量；正常的劳动强度，或劳动的内涵量；劳动生产力。通过这三个变量的不同组合，可以得到不同生产部门中，不同的劳动力价值与剩余价值的相对比例，工资差异也会由此形成。

3.2 劳动力价值与工资的辩证关系

从古典经济学到现代经济学的工资理论，是随着经济社会的发展，对不断出现的新工资分配形式进行的不同角度的理论解释，而马克思主义理论体系具有与时俱进的理论品格，能够吸收一切有利的理论成果来不断丰富和发展自己。各种工资理论对工资制度的解释，可以从马克思主义工资理论中找到相应的部分，也可以不断充实马克思主义对工资理论的论述。如，边际生产力工资理论对工资决定的分析，可以从马克思主义对劳动贡献的分析中得到体现；人力资本理论对工资决定的分析，可以从马克思主义对教育、培训费用的分析中得到体现；均衡工资理论、集体谈判工资理论、劳动力市场分割工资理论等对工资决定的分析，可以从马克思主义对劳动力市场波动的分析中得到体现；效率工资理论、利益分享工资理论对工资决定的分析，解释了工资的粘性，可以被马克思主义体系所吸收，解释劳动力市场工资围绕劳动力价值长期波动的原因。本书将根据新时期劳动价值的变化，分析新时期劳动力价值与工资的辩证关系，然后分析劳动力价值具体内容对工资的决定过程，以及劳动力市场的需求变化、供给变化、市场失灵对工资的影响过程，找出我国经济体制转型过程中不断扩大的行业工资差距的理论原因。

3.2.1 新时期劳动价值的新变化

马克思主义劳动价值理论有其特定的历史规定性，是以工业化早期时代的生产力发展特征及其要求为背景的。经历了工业化中期、工业化后期，进入到后工业化时期，信息化、知识化、网络化的大背景下，人类劳动创造价值的本质没有变化，但是劳动创造价值的方式和方法都发生了重大变化。而对劳动价值的重新认识是对劳动力价值的重新认识的基础，也就是重新认识工资决定和解释工资差异的起点。

3.2.1.1 劳动内涵的新变化

劳动既是永恒的，又是历史的。劳动在任何条件下都具有同一性，每一种具体劳动都是创造价值和财富的源泉。随着社会生产力的不断发展，在不同的生产方式下，劳动的具体形式又呈现出不同的特点，体现出历史性的一面。从具体的个别劳动中可以抽象出一般社会劳动，而社会分工的不断深化，劳动种类的不断细化，具体劳动的差异性越明显。在新的技术结构、分工结构、市场结构背景下，相对先进的工业部门、相对落后的农业部门、高新技术产业部门等部门中，劳动的内涵和外延都发生了深刻的变化，必须对劳动重新认识。

从商品生产与实现的整个过程来看，商品的生产过程包括了商品从生产者手中到达消费者手中经过的一系列劳动，具体可以分解成生产、运输、交易三个环节,每一个环节也都是物化劳动和活劳动的结合过程。生产劳动是把劳动对象改造成商品的活动,第一产业、第二产业的劳动基本上都属于生产性劳动;运输劳动是指商品的配送、仓储活动,如第三产业中的交通运输、仓储和邮政业等;交易劳动是指商品交换的活动,如第三产业中的批发和零售业等。

从商品生产与实现的每个环节来看,每个环节的劳动又可以分为三种:直接操作劳动、科学技术劳动、经营管理劳动。直接操作劳动是把劳动直接作用于劳动对象的劳动,能直接生产出某一具体的产品或劳务,如农业中的耕作、收割等,制造业中的产品加工、组装等,交通运输业中的产品搬运等;科学技术劳动是在生产过程中对各种生产规律进行认识和总结,并将它们运用到生产过程中的劳动,能创造出新工艺、新手段、新工具,提高劳动者的劳动效率,如第三产业中的科学研究、技术服务业就是从商品生产过程中游离出来并服务于生产过程的专门性行业;经营管理劳动是把生产过程中的各种生产要素合理、有序、有效配置,提高生产要素使用效率的劳动,如企业活动中的生产管理、技术管理、人力资源管理等。随着生产力水平的不断发展,虽然直接操作劳动在每个生产环节中仍占主导地位,但是科学技术劳动和经营管理劳动的作用越来越大,它们的有效运用能大大提高直接操作劳动的劳动效率。

随着社会生产力的不断提高,商品生产过程中的劳动呈现出以下趋势:商品生产过程的三个环节中,都是以体力劳动和脑力劳动的结合过程,但是随着知识、科学、技术的不断进步,体力劳动的比重明显下降,脑力劳动的比重逐步增大,知识化、智能化的趋势日益明显;商品生产过程的三个环节中,都是简单劳动和复杂劳动的结合过程,随着社会生产力的不均衡发展,简单劳动与复杂劳动的差异性越来越大,商品价值中的复杂劳动比重也越来越大;商品生产过程的三个环节中,都是物化劳动和活劳动的结合过程,而这种结合方式也发生了明显的两极分化,少量活劳动支配大量物化劳动与大量活劳动支配少量物化劳动并存。

3.2.1.2 劳动价值的新变化

商品价值是凝结在商品中的无差别的一般人类社会劳动,它体现着在物的外壳掩盖下人和人之间的社会关系，商品的价值创造、价值形成与价值实现是有机统一的过程。商品价值的形成过程是旧价值转移与新价值创造的统一过程，就是活劳动和物化劳动（生产资料）的结合过程，活劳动是创造价值的劳动，而物化劳动是活劳动赖以发挥作用的必要的物质条件，物化劳动和活劳动可以"看成是同一劳动过程的前后相继的不同阶段。"当商品价值还没有实现之前，商品价值形成和创造能否被社会认可还不确定，只有当商品价值实现飞跃时，个别劳动时间才转化为社会必要劳动时间，最终体现出人与人之间的社会关系。而创造商品价值的劳动就是贯穿于商品价值生产与实现整个过程的各种类型的劳动。社会生产能力的不断提高，社会生产方式的不断多样化，劳动的内容、形式发生了变化，必须根据劳动内涵的变化来重新认识劳动价值的变化。在商品的生产过程中，各种形式的具体劳动都参与了商品价值的形成。

从商品生产的三个环节来看，随着商品社会性的增强，生产环节中的活劳动创造价值，运输、交易环节中的活劳动也创造价值，而物化劳动的运用成为每个环节中活劳动创造新价值的重要手段。每个生产环节中的劳动工具是重要的物化劳动之一，劳动工具越先进，内含的知识、技术量越多，对原材料与能源等物化劳动的利用率越高，使得活劳动在单位时间内创造的新价值也越多，如计算机网络技术的运用，使得劳动力与劳动对象之间进行密切协调配合进行自动化生产，可以大大提高活劳动的劳动效率。在商品价值构成中，活劳动创造的新价值比重趋于上升，而物化劳动的旧价值转移比重趋于下降。

从商品生产的每个环节来看，操作性劳动依然居主导地位，但科学技术劳动、经营管理劳动在社会经济中的地位不断上升。农业、工业及传统服务业部门中依然存在大量的直接操作性劳动，劳动力比重十分巨大，在整个经济系统中居于主导地位。随着生产力系统的复杂化和社会化，科学技术劳动、经营管理劳动的内容日益丰富，通过技术人员的科学技术劳动对生产过程进行自动化、智能化控制，通过管理人员的经营管理劳动对生产过程中的各种资源进行优化组合，可以简化直接操作劳动，提高其劳动效率，与直接操作劳动相比，对科学技术劳动和经营管理劳动的劳动耗费补偿会更大。直接操作劳动是以体力劳动为主的，而科学技术劳动和经营管理劳动是以脑力劳动为主的，随着知识经济、信息革命的到来，在单位商品新创造的价值中，体力劳动创造的价值相对减少，脑力劳动创造的价值相对增加，脑力劳动日益成为价值创造的主要源泉。

为了适应不断发展变化的现代生产力和生产方式，劳动力也必须不断提高自身的技术水平，追求新知识、不断学习成为劳动力生存和发展的必要手段，所以，劳动力价值的内涵也发生了重大变化，劳动力价值水平不断提高。

3.2.2　劳动力价值对工资的决定

把劳动力也看作是一种商品，也有价值和使用价值。劳动力的使用价值是由生产从而再生产这种特殊物品的具体劳动决定的，表现为劳动力所有者的劳动能力；劳动力的价值是由生产从而再生产这种独特物品所需要的劳动时间来决定的，"就劳动力代表价值来说，它本身只代表在它身上对象化的一定量的社会平均劳动。"它包括三个方面的内容：

首先，劳动力的价值表现为维持劳动力自身生存所必要的生活资料的价值。劳动力作为劳动的承担者必须要存在，劳动力这个特殊商品的生产过程就是这个劳动力自身的生存过程，要维持这个劳动力的生存，就必须要有一定的生活资料，生产劳动力所必要的劳动时间，就是生产这些生活资料的劳动时间。劳动力今天进行了劳动，耗费了一定的体力和脑力，明天如果还要重复同样的劳动过程，就必须使得这些消耗得到补偿，精力才能得到恢复，生活资料的总和必须足以满足劳动力正常生活状态的需要。如果生活资料连最基本的生活都难以维持，说明劳动力没有得到他起码应得的劳动力价值，劳动力的数量会减少。

其次，劳动力的价值表现为维持劳动力后代生存所必要的生活资料的价值。每个劳动力都有生命周期和劳动周期，要使劳动力的供给源源不断，就必须不断地进行新劳动力的补充。如果劳动力的生活资料只够满足一个人的生存，而无法供养子女，那么劳动力市场的供给无法保证，货币转化成资本的前提消失，社会生产也会停止。因此，生产劳动力所必要的生活资料的总和，包括工人的补充者即工人子女的生活资料，只有这样，这种独特的劳动力商品才能有源源不断的供给来源，才能在商品市场上永远延续下去。

最后，劳动力的价值表现为劳动力的教育和培训费用。随着生产技术的进步，劳动力也必须获得一定的劳动技能和技巧，才能适应社会生产方式的变化，不具备一定劳动技能和技巧的劳动力容易被市场淘汰，退出劳动力市场。而要成为发达的和专门的劳动力，就必须接受一定的教育和培训，劳动的复杂程度不同，劳动力接受的教育和培训程度不同，当然，这种费用对于普通劳动力来说是少量的。

劳动力价值的三个方面，并不是一成不变的量，当这三个方面发生变化时，劳动力价值也随之改变。在一定的社会历史条件下，工人所需生活资料数量是相对稳定的，但是随着分工的深化，劳动生产效率不断提高，生产生活资料所需的单位劳动时间有下降的趋势，所以生产效率的提高会导致劳动力价值的下降。随着社会技术进步的不断发展，社会生产所需的劳动力质量也必须提高，花费在劳动力教育上的支出也增加，所以，教育费用的提高会导致劳动力价值的上升。

3.2.3 劳动力市场对工资的调整

工资就是劳动力的价格，是劳动力价值的货币表现形式，它不一定等于劳动力价值，工资可以高于劳动力价值，也可以低于劳动力价值，同商品价格以商品价值为中心上下波动一样，工资也是以劳动力价值为中心上下波动，劳动力这种特殊商品也要受到商品经济的基本规律——价值规律的调节。"劳动的市场价格，如同其他一切商品的市场价格一样，在长时期里会与它的价值相适应；因此，不论怎样涨跌，也不论工人如何行动，他所得到的，平均起来只会是自己劳动的价值。"工资市场定位理论阐明了劳动力价值范畴的市场形成机制，揭示了在资本主义经济中，市场运行的结果始终会将工资与劳动力价值水平保持一致，从而保证资本主义生产关系的确立。

3.2.3.1 资本构成不变时的工资调整过程

一定量的不变资本（生产资料）始终要与一定量的可变资本（劳动力）结合才能进行生产。假定资本的有机构成不变，资本的增长，必定要使不变资本与可变资本同时都增长，资本增长得越快，对劳动力的需求增长也就越快。"资本的积累需要，能够超过劳动力或工人人数的增加，对工人的需要，能够超过工人的供给，这样一来，工资就会提高。"所以，资本积累与工资之间呈现出同方向变化的趋势，"用数学上的术语来说：积累量是自变量，工资量是因变量，而不是相反。"积累量 I 与工资量 W 的关系可写为：$W = f(I)$，如图 3 - 1 所示，资本积累从 I_1 提高到 I_3，工资从 W_1 提高到 W_3。工资的提高，也就意味着有酬劳动的增加，无酬劳动的减少，但是这种工资的提高并不会妨碍资本积累的进展。在这种情况下，是资本的增长引起了可供剥削的劳动力的相对不足，并不是劳动力的绝对增长或相对增长的减缓引起资本的过剩。

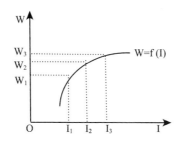

图 3 - 1　资本积累 I 与工资 W 的变化

资料来源：根据马克思《资本论》中的论述，用图形表示资本累积与工资变化之间的相互关系。

从另一方面来看，工资并不会无限地上涨，积累由于劳动力价格的提高而削弱，因为利润的刺激变得迟钝了，积累减少了。随着积累的减少，资本和可供剥削的劳动力之间重新达到平衡，"劳动价格重新降到适合资本增值需要的水平，而不管这个水平现在是低于、高于还是等于工资提高前的正常水平。"如图 3 - 1 中，资本积累从 I_3 下降到 I_2，工资水平会从 W_3 下降到 W_2。在这种情况下，是资本的减少引起了可供剥削的劳动力的相对过剩，并不是劳动力的绝对增长或相对增长的加速引起资本的不足。[①]

---

　　① 与白暴力、傅辉煌（2010）看法不同的是，他们认为另一方面，工资是自变量、积累是因变量，资本、积累与工资之间的相互运动使工资能接近于劳动力价值，而本书认为积累始终是自变量，工资始终是因变量，资本累积的绝对运动反映为可供剥削的劳动力数量的相对运动，进而影响工资的上下波动。

正是资本主义社会这种资本、积累同工资率之间的内在相互作用机制，能够使资本主义生产过程进行自我调节，自行排除它暂时造成的运行障碍。当资本积累增加时，增加了劳动力需求，提高了工资，而工资的提高削弱了资本积累，资本积累的减少，反过来又会影响劳动力需求，工资的上升运动受到反击。所以，工资的提高是有限的，生产劳动力价值的有酬劳动的增加、生产剩余价值的无酬劳动的减少永远也不会达到威胁资本主义制度本身的程度。"工资的提高被限制在这样的界限内，这个界限不仅使资本主义制度的基础不受侵犯，而且还保证资本主义制度的规模扩大的再生产。"

3.2.3.2　资本构成变化时的工资调整过程

资本有机构成不变只是资本主义生产过程中的一种特例。随着社会生产的发展，资本积累的增进，资本的有机构成会不断变化，可变资本的数量会相对减少。对劳动的需求，不是由总资本的数量决定的，而是由总资本中的可变资本数量决定的，可变资本的相对减少也就意味着劳动需求的相对减少。"对劳动的需求，同总资本量相比相对地减少，并且随着总资本量的增长以递增的速度减少。"所以，资本不断积累的结果是导致了劳动力的相对过剩，"资本主义积累不断地并且同它的能力和规模成比例地生产出相对的，即超过资本增值的平均需要的，因而是过剩的或追加的工人人口。"劳动力在生产过程中不断地生产出剩余价值，而资本的积累、日益扩大的生产规模也使得他们自身成为相对过剩人口的手段，这些过剩的人口形成了一支可供支配的产业后备军，他们不受人口实际增长的限制，随时为不断变化的资本增值需要创造出可供剥削的劳动。

"相对过剩人口是劳动供求规律借以运动的背景"，劳动力的工资是依靠相对过剩人口的竞争和补充进行调节的。如图 3 - 2 所示，假设开始的均衡工资水平为 D_1 和 S_1 所决定的 W_1，劳动均衡数量为 L_1，此时的工资与劳动力价值保持一致。当受到需求冲击，劳动需求曲线从 D_1 增加到 D_2 时，如果供给没有变化，则工资水平可以提高到 W_3，但是实际上 W_3 是不存在的，因为劳动需求的增加，可以通过两种方式随时对劳动供给调节：第一，可以在不增加劳动力数量的情况下，通过增加劳动力的内涵和外延的方式增加劳动数量，由于有产业后备军的存在，对在职工人可以形成竞争压力，迫使在职工人延长劳动时间、提高劳动强度、增加劳动供给；第二，如果在职工人增加的劳动供给还不足以满足劳动需求，则可以用产业后备军随时增加劳动力人数，补充劳动供给。不管是哪种方式都可以使供给曲线迅速向右边移动，工资上升的趋势受限。

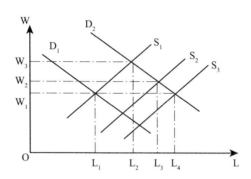

图 3 - 2 劳动力市场供求变化与工资调节

资料来源：根据马克思《资本论》中的论述，用图形表示产业后备军对工资的影响。

由于有了产业后备军的存在，劳动需求的任意变化，劳动供给都能随时进行调节，所以工资总是可以以劳动力价值水平为中心上下波动。只有当产业后备军的数量还不足以满足劳动需求时，工资才会上升，如供给曲线移到 S_2 时，工资水平 W_2 才会高于之前的 W_1，但是实际上发生这种情况的可能性比较小。因为产业后备军增加的速度非常快，一方面是因为在职工人的过度劳动，扩大了后备军的队伍；另一方面生产过程中的技术变革，使得资本有机构成的变化非常快，相对过剩人口的生产也会更为迅速，所以，大量产业后备军的存在，使得工资提高的可能性非常小。当然，如果劳动需求减少，产业后备军增加，但是劳动力的工资也不会大幅低于劳动力价值 W_1，为了维持劳动力的生产，劳动力维持自身生活、后代生活所必需的生活资料价值要得到保证。从长期来看，劳动力价值还会有上升的趋势，"使他们能够扩大自己的享受范围，有较多的衣服、家具等消费基金，并且积蓄一小笔货币准备金"，它包含一个历史的和道德的因素，但是工资与劳动力价值始终会趋于一致。

当资本有机构成不断变化，可变资本在总资本中的比例也不断变化时，工资也发生着变化，对工资在经济周期各个阶段中的调节，不是通过工人人口绝对数量的变动，不是工资增加会刺激人口增长，工资减少会刺激人口减少，而是通过产业后备军的增加和减少来调节的，工资增加产业后备军数量和比例增加，工资减少产业后备军数量和比例减少。决定工资变动的，"是工人阶级分为现役军和后备军的比例的变动，是过剩人口相对量的增减，是过剩人口时而被吸收、时而被游离的程度。"

3.3　行业工资的决定及影响因素

根据劳动力市场变化的新特点，把行业工资的决定与变动分为两类因素：第一类是某行业的劳动力价值的变化，从本质上改变该行业的工资水平。第二类是某行业中劳动力市场的变化，由于受到市场需求和供给冲击，导致市场不均衡；或者由于市场机制失灵，使工资偏离劳动力价值，使该行业的工资水平发生波动（见图3-3）。

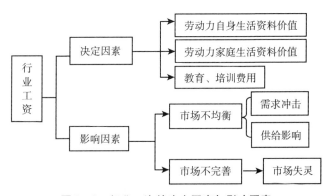

图3-3　行业工资的决定因素与影响因素

3.3.1　行业工资的决定因素——劳动力价值

行业工资的决定因素是该行业的劳动力价值水平，虽然劳动力与一般商品一样都受到价值规律的支配，但劳动力价值的决定从而工资水平的决定具有不同的特点，劳动力价值的决定受到生理要素和历史、社会道德要素两类要素的共同影响和制约，尤其是后者的变化具有不确定性，可能扩大，也可能缩小，使得劳动力价值的变化也具有较大的不确定性，"劳动的价值本身不是一个常数，而是一个变数，它甚至在其他一切商品的价值仍旧不变的条件下也是一个变数。"

首先，劳动力自身生活资料的价值对行业工资的决定。随着社会生产的发展、科学技术的进步，各行各业的劳动生产效率都得到了不同程度的提高，生产生活资料的部门亦是如此，生产生活资料的劳动时间都不同程度地缩短了，意味着各种生活资料的单位价值也下降了，但是这不意味着行业劳动力价值也下降。因为对于劳动力价值而言，是各种生活资料的价值总和，而不是生活资料的单位价值，当某行业的劳动强度大，所处的劳动环境恶劣时，加大了生理、心理和精神的紧张性和痛苦性，劳动力用于补偿劳动耗费所需要的生活资料总和必然也会增加，其工资水平也必然会高。所以，行业工资的大小由该行业劳动力自身所必需的生活资料的总价值来决定，而这个总价值与该行业的劳动强度、劳动特点、劳动环境有关。

其次，劳动力家属、子女生活资料的价值对行业工资的决定。决定劳动力价值的也是该行业家属、子女生活资料的价值总和，而不是生活资料的单位价值。生活资料的价值总和与该行业劳动力的家庭成员的数量有关，家庭成员数量越多，所需要的生活资料越多，而家庭成员的数量与婴儿出生率、预期寿命、生活福利状态有关，而这反过来又与家庭的预期收入水平有关。

最后，教育、培训费用对行业工资的决定。劳动力在劳动过程中，必须具备有一定的劳动能力和劳动技巧，不同行业的具体劳动有差别，对劳动力的技能要求也有差异，为此，劳动力在进入某行业之前，必须经过一定时间的教育和训练。劳动力在年幼时必须接受正规教育，要付出学费、生活费和学习精力，正规教育年限越长，费用越高，劳动力所获得的人力资本越多，预期工资水平也会越高；劳动力在正式进入生产领域时，会经过上岗前的培训，在生产过程中，劳动能力也得到提高，所谓"干中学"。另外，劳动力在职期间也能接受再培训，付出相应的培训费用和机会成本，人力资本提高，工资水平也会相应提高。所以，当某行业的教育、培训费用较高时（得到的人力资本肯定会越大），劳动力所从事的劳动也会相对较复杂，创造的价值相对较高，工资水平也会相对较高。

3.3.2 行业工资的影响因素——劳动力市场

假定劳动力是同质的，在市场完善的条件下，劳动力价值和劳动力价格——工资是一致的，一旦劳动力需求受到冲击，产业后备军的存在，可以迅速对劳动力供给进行调整，使劳动力市场实现均衡。但是，如果劳动力是异质的，劳动力市场不完善，则劳动力市场难以实现一般均衡，均衡工资也不能形成。劳动力市场的不完善是指劳动力市场内部没有发育完全，没有形成统一的劳动力市场，缺乏良好的市场机制，劳动力价格不能正确地反映供求矛盾。劳动力市场的不均衡是指劳动力市场受到外部冲击，使供求双方出现偏离，劳动力价格发生波动。具体包括三个方面的原因：劳动力市场需求的变化、劳动力市场供给的变化和劳动力市场失灵的发生。从理论上来说，工资与劳动力需求同方向变化，某行业的劳动力需求增加会提高工资水平；工资与劳动力供给反方向变化，某行业的劳动力供给增加会降低工资水平；劳动力市场失灵对行业工资的变化方向是不确定的。

3.3.2.1 劳动力市场需求变化对行业工资的影响

企业为了实现利润最大化，购买各种生产要素进行联合生产，而对劳动力的需求，一方面取决于企业的生产技术水平，即进行生产所需要的劳动力与资本之间的配备比例，另一方面取决于企业面临的产品市场需求，劳动力需求是引致需求，产品需求的变化会导致劳动力需求的变化。

（1）生产技术水平变化对各行业劳动力需求的影响。某行业的生产技术水平进步并广泛应用，对劳动力需求产生了两方面的影响：一方面，由于技术进步导致了劳动生产效率的提高，生产单位产品的劳动时间减少，对劳动力的需求也会减少；另一方面，技术进步降低了单位产品的生产成本，产品价格下降、需求增加，企业的生产规模扩大，从而会增加该行业的劳动力需求。生产技术水平变化对劳动力需求的影响大小和影响方向取决于这两方面力量的对比。

一方面，行业的技术进步通过改变劳动手段、提高管理效率来减少劳动力的需求，使得该行业的工资有向下的压力。现代生产中的机械化、自动化、信息化，彻底改变了传统的生产方式，先进生产工具的运用提高了生产效率，减少了单位产品的劳动量，在相同生产规模下，对劳动力的需求也会减少；技术进步为生产管理也提供了良好的技术支持，管理环境、管理模式的创新，能把生产过程中的各种要素有机地组织、协调起来，提高管理水平，提高要素的配置效率，也会减少劳动力需求。

另一方面，行业的技术进步通过降低产品价格、增加收入来增加产品需求，增加劳动力需求，使得该行业的工资有向上的动力。技术进步通过提高劳动生产效率来降低产品价格，而产品价格的下降能刺激产品需求的增加，社会产品需求的扩张，总能引起劳动力需求的增加；技术进步推动经济增长、收入水平提高，对各种产品的需求也会相应增加，而收入的增加也能提高储蓄水平，为投资需求提供充足的资金支持，增加劳动力需求。

（2）国内产品市场变化对各行业劳动力需求的影响。国内产品市场的变化就是各个产品市场兴衰的变化，表现为一国或地区产业（行业）结构的变化，实际上就是各种生产性资源在行业之间的配置变化，各行业的劳动力需求也会发生相应变化，表现为劳动力在不同行业之间的流动。

首先，一个国家或地区的产业结构从整体上影响劳动力的需求结构。在社会的经济发展过程中，产业结构会呈现出以下特点：工业化初期，第一产业比重最大；工业化时期，第二产业比重最大；后工业化时期，第三产业比重最大。产业结构的不断变化，使得劳动力也会由第一产业向第二产业然后向第三产业逐步转移，导致这种转移的原因就是各产业之间的工资差异。

其次，不同行业的特点对劳动力的需求不同。根据生产要素不同的配备比例，可以把行业分为劳动密集型、资本密集型、技术密集型行业。资本密集型和技术密集型行业对劳动力需求的数量相对较小，质量相对较高，劳动力的工资水平较高；而劳动密集型行业对劳动力需求的数量相对较大，质量相对较低，劳动力的工资水平较低。当然，行业的生产要素配备比例是可以变化的，劳动密集型行业可以向资本密集型或技术密集型行业转变，与此相适应的，对劳动力的数量需求、质量要求也会发生变化。

最后，不同行业在发展的不同时期对劳动力的需求不同。在一个新兴行业的发展初期，创新性的产品需求引发劳动力需求的迅速增加，劳动力的工资也较高；成长期，产品需求的全面扩大继续带动劳动力需求的增加，工资维持在较高水平；成熟期，产品需求逐渐相对萎缩，劳动力需求的增加乏力，工资有向下的压力；衰退期，产品需求减少，劳动力需求也减少，工资下降。

（3）国际产品市场变化对各行业劳动力需求的影响。国际产品市场变化表现为一国进出口结构发生变化，导致本国生产性资源在各进出口行业之间的配置也发生变化，进出口行业的劳动力需求发生变化。

首先，出口行业对劳动力需求增长有促进作用，但是不同行业的特点对劳动力需求的影响程度不同。出口导向型行业，面对的产品市场不仅有国内的也有国际的，产品市场的扩大，促使企业扩大生产规模，实现规模经济，增加该行业的劳动力需求。在出口导向型行业中，也有劳动密集型、资本密集型和技术密集型之分，根据 H－O 定理，各国应该根据本国的要素禀赋情况参与国际分工，专业生产并出口本国要素禀赋相对丰富的产品，该行业的国际需求的增加，必然带来劳动力需求的增加。

其次，进口行业对劳动力需求有双重影响。一方面，进口品如果是消费品，在国内需求总量一定的情况下，进口需求量越大，对本国产品需求量越小，国内同类产品的需求份额越小，导致该行业的劳动力需求也会缩减。另一方面，进口品如果是中间产品，进口的机器设备用于生产过程会不断替代劳动力，减少劳动力需求，但是，先进的机器设备能提高劳动生产效率，产量的提高，产品价格会下降，产品需求增加反过来又会增加劳动力需求。

3.3.2.2　劳动力市场供给变化对行业工资的影响

劳动力的供给主体是达到一定年龄、具有劳动能力并且愿意劳动的人，影响各行业的劳动供给规模的因素有两类：一是人口规模、人口结构的变化；二是劳动参与率的变化。

在人口结构不变的情况下，劳动力供给数量与人口规模成正比，人口规模的大小决定劳动力供给总量的大小，人口规模的增长速度决定了劳动力供给的增长速度。人口结构主要是指人口年龄结构和性别结构，劳动年龄人口比例与劳动力供给成正比，在人口规模不变的情况下，人口结构变化也会使劳动力供给呈现出不同状态。

劳动参与率是指劳动力在符合劳动年龄人口中的比率，反映了符合劳动条件的人口参与社会劳动的程度。在其他因素不变的条件下，劳动力参与率与劳动力供给量同方向变化，劳动参与率越高，愿意参与劳动的人口越多，劳动力供给量越大。一般来说，男性劳动参与率高于女性劳动参与率，中年人劳动参与率高于青年人、老年人劳动参与率。

3.3.2.3 劳动力市场失灵对行业工资的影响

劳动力市场失灵是指工资机制失效，有劳动力市场分割、产品市场垄断导致的劳动力市场垄断、人力资本外部性、劳动力市场信息不对称等几种形式。

（1）劳动力市场分割。在统一的劳动力市场中，劳动力是同质的，能实现充分竞争，工资具有上下弹性，但是由于（工会）组织、制度（政府管制、许可证制度）、社会习俗（性别、种族、阶级歧视）等因素的作用，导致劳动力市场被分割成两个或两个以上的独立市场。在分割的劳动力市场中，劳动力是不流动的，或者是有限流动。高工资行业会吸引大量劳动力想要流入，但是存在流入壁垒，这些行业明确规定的市场制度，对具有某一特征的劳动力（如性别特征、种族特征、阶级特征、是否为某一行业的工会成员等）排除在这些特定的受保护的高工资行业之外，高工资行业的劳动力流动受到限制，高工资也就能够继续维持。而这些被排除在高工资行业之外的劳动力，不得不进入其他低工资行业，而在其他低工资行业内部，这些劳动力可以自由流动。不同劳动力获得的劳动力市场信息、市场准入资格、进入市场渠道存在差异，导致劳动力就业的行业、部门、工资存在明显差异。所以，劳动力市场的分割，扭曲了劳动力市场结构，使得劳动力价格无法正确反映出劳动力价值。

（2）产品市场的垄断。某行业中资本进入存在障碍，造成现有企业的产品市场形成垄断，企业能获取高额的垄断利润，也会对劳动力的工资水平产生影响，使得产品市场上的垄断企业所支付的工资比竞争性企业所支付的工资要高。

垄断企业之所以会向工人支付高工资，有两个方面的考虑：一方面，由于垄断企业会受到政府管制，阻止它们利用自己的优势地位谋取垄断利润。为了避免成为政府眼中的"垄断者"而受到管制，垄断企业会提高工人工资，提高成本压缩利润空间，尽量"隐瞒"真实利润。另一方面，合法存在的垄断企业通常会受到政府的管制，政府对垄断利润的管制为垄断企业向工人支付高工资也提供了激励机制，通过高工资可以吸引优秀人才，企业可以雇佣到更有工作效率的工人，可以提高企业的生产效率，并且管制机构允许垄断企业将经营成本转嫁给消费者，所以这种提高了的企业成本可以通过转嫁的方式来保持利润。所以，即使在同等教育水平和工作经验的条件下，那些处于企业数量相对较少行业中的工人工资，比那些竞争性行业的工人工资要高。

（3）人力资本的外部性。人力资本的外部性是指劳动力人力资本的增加不仅能提高自身的生产效率，而且能够促进其他生产要素生产效率的提高，但是该人力资本所有者并没有因此而获得额外收益。这种人力资本的外部性主要是通过工作团队中的相互交流和学习产生的。

在劳动范围一定的情况下，劳动力之间合作性和竞争性的互动，能显著提高工作团队的工作效率。一方面，工作团队中的劳动力通过相互学习，分享知识、信息和技能，提高整个团队的人力资本和工作效率；另一方面，工作团队中的劳动力都不甘落后，潜在的竞争使劳动力都竞相抓住学习机会，提高自身人力资本。越是高人力资本的工作团队，其团队成员间的互动性越频繁，人力资本的外部性越显著。工资水平越高的行业越能吸引劳动力，但人力资本不同的劳动力，跨行业流动的能力不同，高人力资本的劳动力容易流动，也能使高人力资本的劳动力在某些行业聚集，形成"马太效应"，使得这些行业不仅整体上具有较高的人力资本，拥有密集的知识和能力，而且通过人际互动产生显著的人力资本外部性，使整个行业的劳动生产效率得到明显提高，因而工资也能维持在较高水平。

（4）劳动力市场信息不对称。劳动力市场信息不对称是指供求双方拥有的信息量不一致，在不完全清楚对方信息的情况下，双方都会选择有利于自身的策略，这种选择往往会导致"逆向选择"。对企业而言，要准确把握劳动力市场中的劳动力质量和数量是十分困难的，劳动力质量和数量的信息不完全，往往会造成工资无法正确反映劳动力价值。

企业没有完全掌握劳动力的质量信息会导致工资机制失效。在信息不对称的情况下，企业不知道每个劳动力的真实素质和劳动能力，往往会根据劳动力的平均劳动能力来决定工资待遇。这种平均劳动能力决定的平均工资，对于高素质劳动力来说偏低，他们不会接受工作，对于低素质劳动力来说偏高，他们会欣然接受工作，结果企业雇佣的劳动力往往素质较低，理性的企业观察到这一情况后，又会降低工资，那么企业能雇佣到高素质劳动力的可能性更小，形成恶性循环，工资便无法正确反映劳动力价值。

企业没有完全掌握劳动力的数量信息也会导致工资机制失效。劳动力市场中，劳动力可以通过直接面试、电话、电子邮件、信函等多种方式求职，为了加大录用概率，往往同时与多家企业进行联系，而企业并不知道这些劳动力同时向多少家企业投递了求职简历，他们可能收到了同一些人的简历，造成劳动力供给信息的扭曲，劳动力供给的虚拟数量超过真实数量，劳动力供给膨胀，而企业会用这些虚拟的市场信息作为决策的参考，尽量压低劳动力价格，所以这种扭曲了的劳动力数量信息会导致劳动力价值贬值。

3.4　本章小结

古典经济学中，亚当·斯密认为工资是劳动的货币价格，导致工资出现差异的原因是职业因素（工作难易程度、工作学习难易程度、工作稳定性、工作责任性、工作成功可能性）和政策因素（限制劳动力竞争、限制劳动力流动）。李嘉图认为劳动的自然价格取决于劳动者维持自身以及家庭生活的必需品价格，劳动的市场价格是受劳动力市场供求影响而实际支付给劳动力的价格，而劳动的自然价格存在着历史差异以及地区差异。穆勒的工资基金理论认为工资基金总额由资本总量以及劳动力和其他资本之间的比例决定，工资水平由工资基金总额和劳动力人数决定，工资差异产生的原因是自由竞争、垄断、性别等。

近代经济学中，克拉克提出了边际生产力分配理论，工资水平是由最后一单位劳动的产量来决定的，在没有经济摩擦的情况下，行业工资是不会出现差异的，而各种经济摩擦的存在，决定了工资的波动。马歇尔用均衡分析方法分析了工资的决定过程，均衡工资是由劳动力市场供求双方共同决定的，商品市场变化、工作条件、工作无常性、社会习惯等对工资差距产生影响。在集体谈判工资理论中，重视工会组织对工资的作用，工会组织与雇主协会通过集体谈判的方式确定工资范围，职业之间工资差异是劳动者的无知、职业转换费用、外部力量、剥削四个方面的原因造成的。

现代经济学中，舒尔茨、贝克尔等人提出了人力资本理论，他们认为人力资本通过教育和培训获得，人力资本存量的大小决定工资的高低，人力资本投资后的劳动效率提高以及"补偿效应"导致了工资差异。在劳动力市场分割的情况下，劳动力在市场之间无法正常流动，不同市场中的劳动力工资决定机制不同，每个市场具有独立的市场特征、不同的市场运行机制，工资差异也必定存在。效率工资理论认为为了提高工作效率、防止怠工行为、减少工作转率，企业愿意支付高于均衡水平的工资，由于劳动监督成本的不同、培训成本的不同、对人才需求的不同、经营管理模式的不同，造成了工资差距。魏茨曼提出的"分享理论"认为，工资制度应该是与企业的经营状况有关的报酬制度，工人工资的差异主要来自于分享工资的差异。

马克思主义的工资理论认为工资是劳动力价值的货币表现，工资受到劳动力市场供求关系、竞争关系的影响，会以劳动力价值为中心上下波动，工资差异产生的原因是劳动力价值差异和对劳动力的剥削程度不同。根据理论的适用性、开放性、解释力，马克思主义的工资理论可以成为分析我国行业工资差距的理论基础。

沿着马克思主义对工资理论的分析思路，把行业工资的决定分成了两个部分：劳动力价值因素和劳动力市场因素，前者是决定因素，后者是影响因素。劳动力价值变化是引起工资变化的根本性原因，劳动力价值由三部分构成：维持劳动力自身正常生活状况所必需的生活资料的价值；维持劳动力家属、子女所必需的生活资料的价值；劳动力的教育、培训费用。任意一部分的变化都可以引起工资的变化，并且随着经济社会的发展，劳动力价值有逐渐提高的趋势,工资也会随之上涨。劳动力市场变化会影响工资变化,劳动力需求变化(生产技术变化、国内产品市场变化、国际产品市场变化)可以引起工资同方向变化,劳动力供给变化可以引起工资反方向变化,而劳动力市场失灵(劳动力市场分割、产品市场的垄断、人力资本的外部性、劳动力市场信息不对称)对工资的变化方向不确定。

第 4 章

我国行业工资差距形成的原因分析

通过第 2 章的实践考察可知，我国行业工资差距逐步凸显是出现在经济体制转型的中期；通过第 3 章的论述可知，行业工资是由劳动力价值和劳动力市场共同决定的，行业工资的差异性也表现为这两个方面。本章的目的是在第 2、第 3 章的基础上，进一步从理论上分析，为什么行业工资差距的凸显会出现在经济体制转型的中期，经济体制转型中的哪些因素导致了不断拉大的行业工资差距；并进一步从实证上分析，这些因素对行业工资差距的贡献程度有多大。

4.1　行业工资差距形成的理论原因

根据行业工资的决定因素是劳动力价值，行业工资差距的决定因素可以归结为劳动特征差异和人力资本差异。行业工资受到劳动力市场的影响发生波动，行业工资差距的影响因素可以归结市场不完善和市场不均衡。图 4 - 1 给出了本书解释行业工资差距的基本框架。

4.1.1　劳动力价值差异形成的行业工资差距

由劳动力价值的具体内容来看，劳动力维持自身及家庭生活资料价值与行业的劳动特征有关，其实质是一种劳动补偿，而通过教育可以获得人力资本，提高劳动效率，其实质也是一种劳动补偿。所以，劳动力价值差异所形

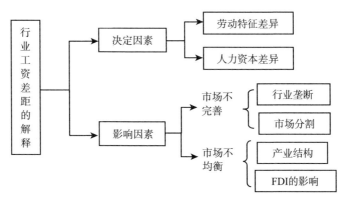

图 4 - 1　行业工资差距的解释框架

成的工资差距，也就是行业的劳动特征差异和人力资本差异所造成的。

4.1.1.1　行业劳动特征造成的工资差距

不同行业其具体劳动的复杂程度、紧张程度、有效程度和劳动条件不同，劳动过程所产生的产品不同，产品包含的劳动量不同，所以，行业间具体劳动特征的差别，造成行业间的劳动成果差别，行业工资必然出现差距。

（1）劳动的复杂程度。简单劳动是"每个没有任何专长的普通人的机体平均具有的简单劳动力的耗费"，而复杂劳动是"需要经过专门训练的具有一定技术专长的人从事的劳动"，"比较复杂的劳动只是自乘的或不如说多倍的简单劳动，因此，少量的复杂劳动等于多量的简单劳动。"在相同劳动时间甲，复杂劳动的劳动量可以换算成几倍的简单劳动的劳动量，行业的劳动复杂程度决定了所需劳动力的劳动技能的高低程度，也就决定了行业劳动量的大小，越是复杂的行业劳动，单位时间量所包含的劳动量越多，相应地给予劳动力的工资也会越高。所以，行业间的劳动复杂程度差异是产生行业工资差距的原因之一。

（2）行业的劳动强度。劳动强度是指劳动过程中劳动力的紧张程度和繁重程度，它表现为在一定时间内劳动力在创造物质产品和劳务中所消耗的劳动量。增加劳动强度就是在同一时间内增加劳动量，"在同样的时间内增加劳动消耗，提高劳动力的紧张程度，更紧密地填满劳动时间的空隙，也就是说，使劳动凝缩到只有缩短了的工作日中才能达到的程度。"劳动者加大作用于劳动对象的力度，体力劳动者加大劳动的繁重程度，脑力劳动者加大大脑的信号处理力度，劳动密度的增加，使劳动力的生理、心理的负担加重，劳动力用于弥补劳动耗费所需的生活资料价值必然增加。不同行业的劳动过程，表现为劳动者体力和脑力的不同消耗过程，不同的劳动强度创造的价值量不同。所以，行业间的劳动强度差异也是决定行业工资差距的因素之一。

（3）行业的劳动条件。劳动条件是劳动者所在的劳动场所的外部环境条件，对劳动者身心健康产生影响的各种因素，包括室内或露天，高空或地下，有无危险，毒害、噪声和粉尘。当其他因素不变，劳动条件不同时，在相同时间内，所需付出的劳动耗费量是不同的。一般来说，恶劣的劳动条件所需要付出的劳动量会更多，工作艰苦、危险性高、风险责任大、工作乐趣少，甚至对身体健康产生严重影响的行业，为了吸引劳动力就业，必然要求给予劳动力特殊的超过社会平均水平的工资，用以补偿劳动者所面临的恶劣的工作环境。工作中死亡危险率处于平均水平的行业的工人，与那些死亡危险率只有平均水平一半的行业的工人相比，工资高出 1.5% ~ 2%（Viscusi，1993）。因此，行业的劳动条件差异也是决定行业工资差距的因素之一。

不同行业中，行业的非货币性特征，即劳动复杂程度、劳动强度、工作条件不同，所造成的用于补偿不同劳动耗费的工资差距，不会引起劳动力向"高工资行业"的转移，工资率也不会趋于均等化。不同行业所具有的不同的非货币性特征存在系统性差别，必然也会造成长期的行业工资差距。

在我国现行的 19 个行业门类中，公认的劳动强度较大、劳动条件相对恶劣的前三个行业为采矿业、建筑业和地质勘查业。采矿业是对自然界的矿物的采掘活动，如固体中的煤和矿物、液体中的原油、气体中的天然气等。从 2004 年开始，采矿业的行业平均工资高于社会的平均工资，并且具有继续扩大的趋势，到 2014 年其行业平均工资高出社会平均工资 9% 左右。建筑业是专门从事土木工程、房屋建设和设备安装以及工程勘察设计工作的生产部门，其工作条件也十分艰苦。在改革开放初期，其工资水平高于社会平均工资，排名前三，但是从 2000 年开始，其平均工资低于社会平均工资 20% 以上，排名最后三位。地质勘查业是对一定地区内的岩石、地层构造、矿产、地下水、地貌等地质情况进行重点有所不同的调查研究工作。在改革开放初期，其工资水平处于高工资行业，超过社会平均工资 20% ~ 30%，从 20 世纪 90

年代初期开始，相对工资逐渐下降，但是，该行业仍然属于高于社会平均工资行业。这些行业都属于劳动强度大、户外劳动时间长、劳动环境的空气质量差、劳动危险性较大的行业，只有提供相对较高的工资才能吸引劳动力就业。而对于建筑业的劳动特征与工资水平的非正常表现，说明了劳动特征并不是决定行业工资的唯一因素，其他因素的力量超过了劳动特征对行业工资的影响，使得工资与劳动特征没有保持一致。

4.1.1.2 行业人力资本造成的工资差距

人力资本是体现在劳动者身上的资本，是凝结在劳动者身上的知识、技能、学识、健康等状况的总和，是一个具有价值的存量。当劳动力的人力资本存量较高时，拥有娴熟的劳动技能、较高的劳动素质，能够从事复杂劳动，生产某种商品的个别劳动时间低于社会必要劳动时间，在单位时间内创造的商品价值量必然较多。劳动力的人力资本是通过教育、培训等方式获得的，对人力资本的投资也需要进行价值补偿，如果得不到有效的补偿，劳动力就不会进行人力资本投资了。由于不同的行业，具体劳动方式不同，所需的人力资本存量不同，为了补偿不同存量的人力资本投资，工资差距必然存在。

现在假设有两个行业 A 和 B，B 行业的劳动力比 A 行业的劳动力付出了更多的人力资本投资费用，B 行业的工资就必须高于 A 行业的工资，用来补偿更多的人力资本投资的费用。如果 B 行业的工资低于 A 行业职业的工资，行业 B 就绝不会有充分的劳动力供给。

下面利用图 4-2 加以说明。纵轴为 B 行业与 A 行业的工资率之比 W_B/W_A，横轴为劳动力数量 L，D 为 B 行业的劳动力需求曲线，S 为 B 行业对 A 行业的相对劳动力供给曲线，需求曲线与供给曲线的交点 e，相对均衡工资 W_B/W_A 为 W_e，此时 W_e 必须大于 1，即 $W_B > W_A$，而如果相对均衡工资 $W_e < 1$，即 $W_B < W_A$，则 B 行业将得不到必要的劳动力供给，所以 $W_e > 1$ 是分析两个行业劳动力市场均衡的前提，两者之间的差距等于人力资本投资收益率的差异。

如果工资差距大于人力资本投资收益率的差异，相对工资 W_B/W_A 位于 W_1，$W_1 > W_e$，则 B 行业对 A 行业的相对劳动力供给曲线 S_1 会向右下方移动，A 行业的劳动力通过人力资本投资获得进入 B 行业的条件，B 行业的劳动力供给增加，A 行业的劳动力供给减少，随着 S_1 的移动，两个行业的相对工资会下降，直到相对工资达到 W_e，A 行业的劳动力才停止了向 B 行业的流动。如果两个行业间的工资差距小于人力资本投资收益率，则劳动力会发生方向相反的流动。通过劳动力在行业间的自由流动，实现行业间的相对均衡工资，而行业间的工资差距体现了人力资本投资收益率的差异。

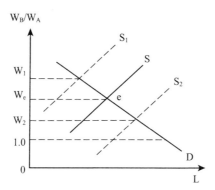

图 4 - 2   人力资本投资的补偿性工资差距

资料来源：根据《西方经济学》中劳动力市场的供求均衡模型，分析人力资本对工资的影响。

在我国现行的 19 个行业门类中，在 10 个平均工资超过社会平均工资的行业中，其平均受教育年限均超过社会平均受教育年限，而剩下的 9 个平均工资低于社会平均工资的行业中，有 5 个超过社会平均受教育年限，如表 4 - 1 所示。其中，劳动力的平均受教育年限最长的三个行业为：教育（14.2 年）、金融业（14.1 年）、科学研究和技术服务业（14.0 年），这三个行业的平均工资都高于社会平均工资，它们属于知识密集型行业，较高的行业人力资本，使得这些行业的劳动力有较高的工资。平均受教育年限最短的三个行业为：农、林、牧、渔业（7.4 年），建筑业（9.2 年），居民服务和其他服务业（9.6 年），这三个行业的平均工资都低于社会平均工资，它们属于劳动密集型行业，较低的行业人力资本与较低的行业工资是一致的。受教育年限最长的行业比受教育年限最短的行业多了 7 年左右，教育首先是从基础教育开始的，然后是中等教育、高等教育，在相同时间内，高等教育获得的人力资本比基础教育获得的人力资本要高，所以，受教育年限越长，教育的边际内容越是有利于提高工作效率。当然，人力资本并不是解释行业工资差距的唯一因素，因此，人力资本也只是部分地反映了行业工资差距。

表4-1

2015年各行业的人力资本差异与工资差距比较

行业	合计	农、林、牧、渔业	采矿业	制造业	电力、煤气及水的生产和供应业	建筑业	批发和零售业	交通运输、仓储和邮政业	住宿和餐饮业	信息传输、计算机服务和软件业
平均受教育年限（年）	9.8	7.4	10.5	10.1	12.0	9.2	10.5	10.3	9.6	13.8
工资差距 ln（w_i/w）	—	-66.4（19）	-4.3（13）	-11.4（14）	24.0（4）	-23.8（15）	-2.8（11）	10.4（8）	-41.9（18）	59.1（2）
行业	金融业	房地产业	租赁和商务服务业	科学研究和技术服务业	水利、环境和公共设施管理业	居民服务和其他服务业	教育	卫生、社会保障和社会福利业	文化、体育和娱乐业	公共管理和社会组织
平均受教育年限（年）	14.1	11.6	11.9	14.0	10.4	9.6	14.2	13.2	13.5	13.1
工资差距 ln（w_i/w）	61.5（1）	-2.9（12）	15.6（5）	36.6（3）	-35.4（17）	-32.5（16）	7.1（9）	14.5（7）	16.0（5）	0.5（10）

注：括号内数值为行业平均工资的高低排序。

资料来源：根据《中国劳动统计年鉴（2016）》的数据计算整理。

4.1.2 经济制度变迁中市场不完善形成的行业工资差距

我国的经济体制转型是一种渐进式的制度变迁，按照这一变迁方式，对国民经济中的各行业的经济活动进行不同步的市场化改革，对各行业的发展采用了不同的制度安排，使各行业面临的要素市场和产品市场具有不同的市场竞争状态，也逐渐拉大了各行业间的工资差距。

4.1.2.1 劳动力市场的行业分割

在健全、统一、开放的竞争性劳动力市场中，劳动力供求双方地位平等，各自拥有自主权，能通过双向选择实现劳动力就业，工资也由市场来调节。这样，市场机制就能够调节劳动力供给，通过劳动力的流动来扩大高工资行业的劳动力供给，促进高工资行业岗位的竞争，从而缩小行业间的工资差距，形成一种较为公平的收入分配格局。但是如果劳动力市场是分割的，劳动力不能通过流动来调节行业劳动力供给，那么工资差距是持续存在的。

假设有两个相互分割的行业 C 和 D，如图 4－3 所示，其行业的劳动力供给曲线分别为 S_C 和 S_D，S_D 比 S_C 拥有更多的劳动力供给，也可以认为是 S_C 中的劳动力比 S_D 中的劳动力拥有更多的人力资本，因为人力资本往往是稀缺性资源；行业的劳动力需求曲线分别为 D_C 和 D_D，D_C 比 D_D 拥有更多的劳动力需求，对人力资本较高的劳动力往往有较多的需求。C 行业的均衡工资 W_C 高于 D 行业的均衡工资 W_D，两者之间的差距反映了劳动力人力资本及其回报率的差异。如果劳动力市场是完善的，处于 D 行业的劳动力可以通过人力资本投资的方式获得进入 C 行业的机会，从而提高自己的工资水平。但是如果劳动力市场是分割的，劳动力进入特定行业存在非经济壁垒，一些正式或非正式的规则禁止劳动力自由进入，则工资差距就不一定反映人力资本及其回报率差异。比如，对于较高人力资本的某人，无法获得进入 C 行业的就业机会，只能在 D 行业就业，获得 W_F 的工资水平，而对于较低人力资本的某人，如果能获得在 C 行业的就业机会，就能得到高于 W_F 的 W_E

的工资水平，二者间的工资差距反映了劳动力市场分割的影响。在西方发达国家中造成市场分割的因素，一般为人力资本特征、企业特征、产业结构特征等市场性因素，而我国劳动力市场的行业分割，有市场性因素，但更重要的是一种体制性和制度性因素。在经济体制转型过程中，为了特定的经济目标而制定的特殊制度安排。在我国劳动力市场发育的起步阶段，各种制度对劳动力流动造成了主要障碍：一是城乡分割的户籍制度，把劳动力人为地分成了两部分，阻碍了劳动力的正常流动，农村劳动力无法向工资较高的城市部门转移，农村向城市迁移的劳动力中，大部分都进入了制造业、建筑业、批发和零售业、社会服务业等竞争力大、进入门槛低、工资水平低的行业；二是城市部门中的职工身份等级制度，企业职工中的干部和工人身份等级，正规部门和非正规部门中的职工身份等级，限制了劳动力在不同部门间的流动，阻碍劳动力市场的一体化发展；三是社会保障制度的社会化程度低，劳动力的转移不能使劳动保障同步转移，劳动保障只是企业或部门的内部保障，劳动力一旦离开原企业劳动保障也失效，这也是妨碍劳动力自由流动的制度因素。

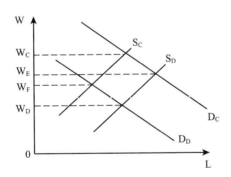

图4–3 劳动力市场行业分割下的工资差距

资料来源：根据《西方经济学》中劳动力市场的供求均衡模型，分析市场分割对工资的影响。

在制度的约束下，劳动力市场的行业分割，使得不同行业中的劳动力工资调节有很大区别。在开放性行业中，劳动力可以自由流动，不管是哪类企业的劳动力都是劳动力市场上平等竞争的劳动主体，劳动力市场的竞争加强，使得各类企业的职工工资有趋同的倾向。在非开放性行业中，劳动力缺乏必要的竞争性和流动性，千方百计设置壁垒，排斥外来劳动力的就业，内部劳动力的工资较高。由于行业分割造成了不同劳动力进入不同行业的机会差别，限制了劳动力流动的行业选择，企业和劳动力之间无法实现真正的双向选择，劳动力的工资便无法实现市场化，各行业的就业人数与社会真实需求量脱节，劳动力工资明显背离其劳动贡献，工资率平均化难以实现，行业间的工资差距拉大。

4.1.2.2 产品市场的行业垄断

产品市场的行业垄断通常可分为三种类型：自然垄断、市场垄断和行政垄断。自然垄断是由于生产技术、生产规模等方面的制约，行业中只能容纳一个或几个企业来生产经营。市场垄断是通过市场竞争中的优胜劣汰法则最终形成的企业垄断。行政垄断是依靠行政力量，限制外来竞争对手的进入，在某行业内形成的垄断经营。不管是哪种类型的行业垄断，都能通过分享企业的垄断利润，使得员工的工资处于较高的水平。分享工资是对企业的利润分享，也可以看作是分红工资，是工人的工资与某些经济效益指标挂钩、随经济效益的变化而变化的劳动报酬制度。工人与企业在劳动市场上不是签订规定固定工资的合同，而是达成工人与企业在总收入中分享比例的协议。分享工资导致行业工资差距，是因为不同行业中，市场竞争程度的不同会导致企业的总收入与利润率不同，企业与工人的利润分享比例不同，进而影响到不同行业工人工资水平的差异。具有垄断势力的企业获得超额利润时，参与产品生产和经营的企业管理层和普通工人根据协议，也能够分享一部分超额利润，所以产品市场的垄断能在一定程度上解释行业高工资现象。

我国产品市场中的行业垄断，有生产规模制约形成的自然垄断，更多的是国家行政权力形成的行政垄断，而通过市场竞争形成的市场垄断较少。市场经济体制建立以来，国家对各行业的发展分领域分步骤地放开，但是对一些重要行业实行了政策保护，严格控制了非国有资本的进入，通过行业立法或制定行政规章的形式，明确规定某个行业只能由国有企业经营，对非国有企业的经营范围也有限定。到 20 世纪 90 年代初期，各行业的发展形成了分化状态，形成了两大类行业：一是开放性行业，没有或较少进入限制条件的行业，国有和非国有企业都可以进入的行业；二是非开放性行业，对非国有企业有严格的进入限制条件，或者只有国有企业可以进入的行业。而进入 21 世纪后，随着市场经济体制的进一步完善，开放性行业越来越多，比重越来越大，行业垄断对行业工资差距的影响程度逐渐降低。

行业的开放程度可以由这个行业的国有经济与非国有经济之间的比例反映出来，也可以间接地通过劳动力在国有经济与非国有经济的就业比例反映出来，在国有经济占主导地位的行业中，国有单位职工的比重也会较大。2015 年，非农行业中国有单位人口比重超过 50% 的有 6 个行业，其中比重最大的三个行业分别为公共管理和社会组织 99.2%，教育 92.6%，卫生、社会保障和社会福利业 87.1%，加上金融业①，这 7 个行业基本上都属于非开放性行业，其中行业水利、环境和公共设施管理业的平均工资低于社会平均工资 35.4%，其余 6 个行业的平均工资都高于社会平均工资，如表 4 - 2 所示。其他 11 个非农行业的国有单位人口比重都在 50% 以下，其中最低的三个行业为制造业 3.6%，建筑业 6.9%，房地产业 7.9%，这些行业属于开放性行业，有 4 个行业的平均工资高于社会平均工资，其余 7 个行业的平均工资都低于社会平均工资。

由于在各行业分化发展的条件下，两类行业中的企业运行环境截然不同，劳动力工资的调节过程也大相径庭。开放性行业中市场竞争激烈，企业利润率的空间逐渐缩小，劳动力的工资也被同步压缩；而在国家保护的非开放性行业中，严格限制非国有资本的进入，保护了这些行业中的企业免受外来的竞争压力，可以维持高额利润，劳动力的工资也能同步提高，另外，部分国有垄断性企业仍然存在产权不清的状况，即使企业本身的经济效益不好甚至出现亏损，仍然可以通过侵蚀国有财产来保证职工的高工资。

---

① 产业的开放程度也可以由国有经济与非国有经济的资本比例、国有经济与非国有经济主体的单位数比例来衡量。金融业国有单位人口比重虽然有明显的下降趋势，2015 年为 24.2%，但是 3 个政策性银行和 5 个大型商业银行（国有及国有控股银行）的总资产占银行业金融机构总资产的 57.2%，属于非开放性行业。

表4－2　　　　2015年非农行业的国有单位人口比重与工资差距比较

行业	采矿业	制造业	电力、煤气及水的生产和供应业	建筑业	批发和零售业	交通运输、仓储和邮政业	住宿和餐饮业	信息传输、计算机服务和软件业	金融业
国有单位人口比重（%）	10.0	3.6	45.2	6.9	10.3	43.7	13.5	10.1	24.2
工资差距 $\ln(w_i/w)$	-4.3 (13)	-11.4 (14)	24.0 (4)	-23.8 (15)	-2.8 (11)	10.4 (8)	-41.9 (18)	59.1 (2)	61.5 (1)
行业	房地产业	租赁和商务服务业	科学研究和技术服务业	水利、环境和公共设施管理业	居民服务和其他服务业	教育	卫生、社会保障和社会福利业	文化、体育和娱乐业	公共管理和社会组织
国有单位人口比重（%）	7.9	25.4	51.9	77.1	29.3	92.6	87.1	70.0	99.2
工资差距 $\ln(w_i/w)$	-2.9 (12)	15.6 (6)	36.6 (3)	-35.4 (17)	-32.5 (16)	7.1 (9)	14.5 (7)	16.0 (5)	0.5 (10)

注：括号内数值为行业平均工资的高低排序。
资料来源：根据《中国劳动统计年鉴（2016）》的数据计算整理。

4.1.3 经济制度变迁中市场不均衡形成的行业工资差距

经济体制转型的过程就是市场经济不断发展的过程，各种市场不断从不均衡走向均衡，又从均衡走向不均衡的过程。而各行业的劳动力市场不均衡就会造成工资低于或高于劳动力价值，进而造成各行业间的工资差距。劳动力市场不均衡主要受三个因素的影响：产业结构的变化、工会的力量和外资的进入。

4.1.3.1 产业结构的变化

产业结构从微观角度而言就是各行业的产品和服务结构，对产品和服务的需求发生变化，对劳动力市场的供求也会发生相应变化，所以产业结构是通过影响劳动力的就业结构来影响劳动力市场均衡状态，进而影响各行业的工资变化，从产业结构调整的过程来看，行业工资差距的出现是产业结构不断变化、调整、升级的必然结果。

由于经济发展水平、生产技术水平、生产要素的禀赋、生产要素价格等因素的变化，三次产业在国民经济中的地位会发生变化。在经济发展的低水平时期，产业结构呈现出第一产业比重最大、第三产业比重最小的"金字塔形"结构，随着经济的不断发展，第二产业比重逐步上升为最大，产业结构呈现出橄榄型结构，经济的进一步发展，第三产业比重逐步上升为最大，产业结构呈现出"倒金字塔形"结构。而如果把产业按照生产要素集约程度进行分类，产业结构也会由以劳动密集型产业为主向以资本密集型产业为主，再向知识技术密集型产业为主的方向变化。在产业结构的变化中，各产业内部的劳动力供求发生变化，引起各产业间的工资差距，而这种工资差距又会引起劳动力的转移，劳动力会从第一产业向第二产业再向第三产业不断转移，与产业结构变化规律相适应的劳动力就业结构变化规律称之为"配第—克拉克定理"。

改革开放以来，我国的产业结构与就业结构之间的变化总趋势基本保持合理，但是二者的变化幅度不同步，存在着偏离，如果产业结构的调整得不到就业结构的相应支持，就会从宏观上对经济发展产生不利影响，从微观上使各行业工资产生差距。我国产业结构总的变化趋势为：第一产业比重下降、第二产业比重变动不大、第三产业比重上升；劳动密集型行业比重逐渐下降，但仍占主导地位，资本密集型和知识密集型行业比重逐渐上升，到 2015 年，三次产业的比重分别为 8.9%、40.9%、50.2%。而劳动力在三次产业中的就业趋势为：第一产业的从业人员比重下降，但仍集中了大量的劳动力，第二产业的从业人员比重略有增加，第三产业的从业人员增长速度快，比重上升，新增劳动力中有 50% 以上人员在第三产业就业，到 2015 年，三次产业的从业人员比例为 28.3%、29.3%、42.4%。

从第一产业的情况来看，2015 年，第一产业的从业人员为 21919 万人，如果将第一产业从业人员的比重降到发达国家的水平，只需要 1/10 左右，这意味着仍有 1 亿多人需要从第一产业转移出来，即使按照我国实际的劳动生产率来计算，根据中国社会科学院和中国农业科学院提出的农村剩余劳动力的估算方法，农业剩余劳动力人数 = 农业从业人员 − (农业增加值 ÷ 国内生产总值) × 社会就业人员总数，我国农村剩余劳动力还有 15026 万人需要转移[①]，由于第一产业中剩余劳动力没有及时向其他产业转移，集中了相对较多的劳动力，市场供给充足，内部竞争大，而创造的社会财富相对较少，第一产业的工资是最低的。

从第二产业的情况来看，建筑业的就业门槛低，就业比重明显高于产值比重，劳动力人数相对较多，行业工资位于社会平均水平以下，如表 4-3 所示。工业结构从 20 世纪 90 年代中后期开始出现了新一轮的重工业化趋势，重工业是资本、技术密集型的，对劳动力的吸纳能力明显比轻工业的小，尤其在占工业最大比重的制造业内部，重制造业的增长速度明显快于轻制造业的增长速度，对劳动力的需求相对减少，制造业行业工资低于社会平均水平。电力、煤气及水的生产和供应业的产值比重和就业比重基本保持一致，由于是受国家保护的行业，工资高于社会平均水平。

从第三产业的情况来看，现代服务业和传统服务业的发展方式差异导致对劳动力供求出现差异，形成行业间的工资增长率差距。现代服务业和传统服务业的差异在于行业的发展是否引入了新技术、新业态和新服务方式。传统服务业对劳动力素质要求低，如批发和零售业、住宿和餐饮业都集中了大

---

① 根据《中国劳动统计年鉴》(2016) 的农业从业人员数据计算出来的结果。

表 4 - 3　2015 年非农行业的产值比重、就业比重与工资差距比较

行业	采矿业	制造业	电力、煤气及水的生产和供应业	建筑业	批发和零售业	交通运输、仓储和邮政业	住宿和餐饮业	信息传输、计算机服务和软件业	金融业
产值比重（%）	2.8 (10)*	29.4 (1)	2.2 (13)	6.8 (5)	9.6 (2)	4.4 (7)	1.8 (16)	2.7 (11)	8.4 (4)
就业比重（%）	3.0 (9)**	28.1 (1)	2.2 (13)	15.5 (2)	4.9 (5)	4.7 (6)	1.5 (15)	1.9 (14)	3.4 (8)
工资差距 $\ln(w_i/w)$	-4.3 (13)***	-11.4 (14)	24.0 (4)	-23.8 (15)	-2.8 (11)	10.4 (8)	-41.9 (18)	59.1 (2)	61.5 (1)

行业	房地产业	租赁和商务服务业	科学研究和技术服务业	水利、环境和公共设施管理业	居民服务和其他服务业	教育	卫生、社会保障和社会福利业	文化、体育和娱乐业	公共管理和社会组织
产值比重（%）	6.1 (6)	2.5 (12)	2.0 (15)	0.6 (19)	1.6 (17)	3.5 (9)	2.2 (14)	0.7 (18)	3.9 (8)
就业比重（%）	2.3 (11)	2.6 (10)	2.3 (12)	1.5 (16)	0.4 (19)	9.6 (3)	4.7 (7)	0.8 (18)	9.1 (4)
工资差距 $\ln(w_i/w)$	-2.9 (12)	15.6 (6)	36.6 (3)	-35.4 (17)	-32.5 (16)	7.1 (9)	14.5 (7)	16.0 (5)	0.5 (10)

注：* 括号内数值为行业产值比重的高低排序，** 括号内数值为就业比重的高低排序，*** 括号内数值为行业平均工资的高低排序。
资料来源：根据《中国劳动统计年鉴（2016）》的数据计算整理。

量的低端劳动力，就业竞争大，工资相对较低。① 现代服务业对高端人才需求旺盛，而高端人才供给相对偏少，劳动力市场供求矛盾凸出，使财富分配向现代服务业倾斜，如信息传输、计算机服务和软件业的就业比重只有1.9%，产值比重却有2.7%，金融业就业比重只有3.4%，产值比重却有8.4%，就业比重明显低于产值比重，行业工资水平都较高。

4.1.3.2 不同行业中的工会力量差异

不同行业中，工会在工资决定中发挥的作用不同造成了行业工资差距。19世纪后期，随着工会组织的成长和壮大，工会作为一个重要的主体参与了工资的决定，由工会组织代表劳动者和资本家通过集体谈判的方式来确定工资的上下限范围，而不是一个均衡工资点。由于在工资谈判过程中，不同行业中工会的谈判技巧、谈判力量不同，谈判得到的工资上下限范围不同，造成了行业工资差距。同时，为了避免工会化，一些行业（一些厂商）会人为地提高工人的工资水平，所以在工会化的威胁较大的行业，工资水平较高，而在工会化的威胁较小的行业，工资水平较低。

这一理论观点得到了瑞典实际情况的支持。瑞典的行业工资差距在发达国家中是特殊的，一直处于较低的水平，其重要原因的在于工会力量在工资的决定中起到了很大的作用（Edin & Zetterberg，1992），瑞典90%的劳动者参加了工会组织，而宏观性的工会集中议价的原则"同工同酬"为各企业工资的决定提供了必须遵循的指导性原则，工会起到了缩小工人之间的工资差距的作用，所以行业之间的工资差距较小。但是美国的实际情况却没有支持这一观点（Krueger & Summers，1988），美国南部的企业在避免工会化方面具有法律和文化上的优势，按照工会影响模型，南部企业的工资水平受到工会的影响会小一些，但是，得到的实证结果却违反了工会威胁模型的预测，南部地区的行业工资结构与其他地区的行业工资结构是高度相似的，行业工资差距的存在不是工会现象。

在发达的市场经济国家，工会力量成为影响行业间工资差距的重要因素，

---

① 批发和零售业、住宿和餐饮业的就业比重虽然低于产值比重，但这两个行业中就业比重仅仅只是城镇单位的就业比重，并不包括私营企业、个体工商户和乡镇企业从业人员，而后者的数量巨大，如果计算进来，比重会大幅上升。

但是在我国的作用并不显著。我国现行的工会制度是在计划经济时期的国有企业工会制度基础之上建立起来的，最新的工会法是 2001 年 10 月 27 日通过的《中华人民共和国工会法（修正）》，规定了工会代表职工与企业以及实行企业化管理的事业单位进行平等协商，但是工会在工资、劳动安全等方面仅仅只是协助企业做好工人的福利事业，维护工人现有的合理福利，而不是起到工资谈判的作用，所以工会力量不是我国行业工资决定的因素之一，在我国的行业工资差距中，这一因素将不予考虑。

4.1.3.3 外商直接投资（FDI）在行业间不均衡发展的影响

外商直接投资从总量上来看，可以提供更多的经济发展资金，为社会提供更多的工作岗位，减少失业，有助于改善收入分配状态；但是从结构上来看，外商直接投资在东道国的不同行业中是不均衡发展的，对行业类型的选择，会直接影响该行业中劳动力的工资。外商直接投资主要通过技术外溢效应、竞争效应、示范效应等对东道国的劳动力市场的供求产生影响，从而导致行业工资差距。

首先，外商直接投资会改变东道国劳动力的市场需求，尤其是对高素质劳动力的需求。在外商直接投资的初期，某行业的跨国公司将先进的生产设备、加工技术、营销策略、管理经验等转移给设立在东道国的外资企业，使该行业对高素质劳动力的需求加强，在高素质劳动力供给一定的情况下，外资企业必然会用高工资来吸引高素质劳动力，使高素质劳动力由内资企业流向外资企业。但是，从长期来看，外资企业通过技术交流、技术扩散、生产协作等方式，对行业内的内资企业产生辐射作用，带动内资企业的发展，而内资企业的发展对高素质劳动力需求也会加强，为了留住高素质劳动力，内资企业也会提高工资。通过外商直接投资的技术外溢效应、人才竞争效应、工资示范效应，整个行业的工资水平都会得到提高。

其次，外商直接投资会改变东道国劳动力的市场供给结构，尤其是对高素质劳动力的行业供给结构。资本可以跨国流动，但劳动力的跨国流动非常困难，外资企业在引入先进生产技术的同时，也需要高素质的劳动力与之匹配，一方面可以通过竞争的方式用高工资吸引人才，另一方面可以通过员工技能培训的方式提高劳动力素质。从长期来看，随着外商直接投资的带动和影响，为内资企业劳动力的人力资本积累和技能培训提供了激励，内资企业的劳动力素质也可以得到提高。所以，外商直接投资能提高整个行业的劳动力素质，行业的生产能力提高，劳动力的高工资也能得以维持。

我国从20世纪80年代开始引入外资，由于我国拥有大量廉价的劳动力，外商直接投资大部分都流入了劳动密集型行业，如服装纺织业、电子元件、塑料制品等制造业，这些行业对劳动力素质要求不高，可以不经过专门的教育和培训就可以直接从事生产活动，解决了许多农村剩余劳动力和教育程度不高的城镇居民的就业问题，改善低工资行业的收入分配。90年代中后期以来，外商直接投资逐渐由劳动密集型行业向资本密集型、技术密集型行业转变。外商直接投资的行业结构变化也就意味着各行业的劳动力工资也会变化，会扩大更多使用高素质劳动力行业与更多使用低素质劳动力行业的工资差距。2002年3月新的《外商投资产业目录》颁布实行以后，外商直接投资的流向趋势就更加明显，2015年，第一产业所占的投资比重只有1.2%，制造业的投资比重从70%下降为31.3%，服务业的投资比重从25%上升到64.3%①。所以，外商直接投资的进入在促进我国各行业发展的同时，也在逐步扩大行业间的工资差距。

4.2　行业工资差距的价值判断

行业工资差距的形成是多种因素共同作用的结果，对行业工资差距的价值判断就是根据某种价值判断标准，对现有的行业工资差距状况进行分析，确定其状况是否合乎标准，确定工资差距中哪些部分属于合理的，哪些部分属于应该调节的。

4.2.1　行业工资差距的价值判断标准

工资差距的价值判断标准具有社会性和阶级性，作为工人阶级占主体地位的社会主义国家，能够被社会大多数人接受的价值判断标准，是马克思主

---

① 根据《中国统计年鉴（2016）》中的数据计算整理。

义的劳动价值观和劳动价值补偿原则，它体现了工人阶级的利益诉求，能充分调动工人阶级的劳动积极性和创造性。在劳动力市场完善且均衡条件下，各行业的工资正确反映了劳动力价值，劳动力之间的劳动差别有多大，体现劳动力价值的工资差距就应该有多大，工资差距要正确反映劳动差别。正确反映劳动力价值差异的工资差距是合理的工资差距，它不仅体现了不同行业劳动力的劳动数量和劳动质量的差异，也体现了不同行业劳动力的劳动贡献和劳动环境差异。但是，如果劳动力市场受到制度因素的制约不能自动形成市场均衡，或者是受到市场供给和需求的冲击偏离了均衡状态，那么各行业的工资偏离了劳动力价值，此时出现的行业工资差距就不仅仅是劳动力价值差异了，还有制度因素和市场因素导致的差异，这是需要调节的工资差距。

我国实行以按劳分配为主体的分配制度，工资收入是职工收入的主要来源。按劳分配是指有劳动能力的人为社会提供自己的劳动，社会以劳动数量和劳动质量作为分配个人消费品的尺度，等量劳动获得等量报酬，多劳多得，少劳少得。中共的十七大报告报告明确"要坚持和完善按劳分配为主体、多种分配方式并存的分配制度"，中共十八大报告提出"提高劳动报酬在初次分配中的比重"，"建立企业职工工资正常增长机制和支付保障机制"。根据马克思的劳动价值观，结合我国工资制度的实际运行情况，把我国行业工资差距分为两部分：合理部分与需要调节部分。

4.2.2 行业工资差距中的合理部分

合理的工资差距仅仅体现劳动差别，这里的劳动是指无差别的社会抽象劳动，包括劳动数量和劳动质量，劳动数量一般是指劳动力提供的劳动时间，劳动质量一般是指劳动力的知识、技能等在劳动过程中形成的劳动贡献。劳动差别导致的合理工资差距主要体现在几个方面：

4.2.2.1 行业具体劳动的特征差别导致的工资差距

市场经济中，即使所有行业都处于同一起跑线上，但是每个行业的劳动复杂程度、劳动强度、劳动环境不同，劳动力创造的价值量和使用价值量都不同，行业的劳动生产效率、产值增长率存在一定差异，各行业也不可能出现齐头并进的状态，行业工资分布不均，这属于合理的工资差距。比如，对于那些劳动强度大、复杂程度高、工作条件恶劣的环境中工作的劳动力，其脑力和体力的耗费量大，对劳动的补偿必然增多，给予该行业的工人较多的工资，使其超过了社会平均的工资水平，这是正常的劳动补偿。这类行业工资差距有利于鼓励劳动力进入该行业，但是如果这些劳动量大的行业没有给予劳动力较多的劳动补偿，则劳动力没有动力进入该行业，该行业的劳动力供给会减少，工资也会有向上的压力。采矿业的劳动消耗量大，从 2004 年开始，采矿业平均工资高于社会平均工资，并且具有继续扩大的趋势，该行业的劳动特征使其劳动补偿超过了社会平均水平，工资较高。

4.2.2.2 行业人力资本及其外部性差异导致的工资差距

不同行业中的人力资本存量有差异，人力资本存量大的劳动力在单位时间内创造的价值量大，具有技术创新、管理创新的能力，能够发明新技术、生产新产品、开拓新市场，使整个行业的劳动生产效率提高，创造的社会财富量大，行业内的工资水平高，这属于合理的工资差距。因为这种人力资本并不是与生俱来的，是通过人力资本投资得到的，如果不对人力资本投资进行价值补偿，则劳动力就不会进行人力资本投资了。这种工资差距能够充分调动劳动力的积极性和创造性，有利于全社会知识、技术的不断增进，促进社会生产效率的快速提高。比如，科学研究、技术服务和地质勘查业，其人力资本存量高、科学技术含量高，始终属于高工资行业。社会的财富分配开始向知识密集型行业倾斜应该予以肯定。

人力资本越高的行业，人力资本的外部性越强，这促使人力资本存量高的劳动力容易向某些行业集聚，这些行业也具有更高的生产率，行业内的工资水平高。由于人力资本外部性的存在，对于人力资本相同的劳动力，在不同行业得到的工资存在显著差异，这属于合理的工资差距。因为，人力资本外部性是正的外部性，不仅能提高自己的劳动效率，而且能够提高其他人的生产效率，也应该给予该劳动力适当的价值补偿。尤其对于基础研究、高科技产业，其人力资本外部性更加明显，不仅对行业内，而且对行业外，都能产生正的人力资本外部性，他们关系到国家的整体利益和长远发展，这些行业的高工资与人力资本密度大密切相关。

4.2.3 行业工资差距中的需要调节部分

在理想的市场经济中，行业之间的竞争使各行业的利润率趋于均等，行业间的工资差距反映出不同行业中劳动力的劳动差别。而实际上，由于制度约束、市场不均衡会导致平均利润率规律不能有效地发挥作用，平均利润率无法实现，行业工资差距中存在需要调节的部分，主要表现在以下几个方面。

4.2.3.1 行业垄断导致的工资差距

平均利润率的实现是在理想的完全竞争市场中，而现实经济中，各种形式的垄断的出现使某些行业能够利用垄断的地位得到垄断利润，这些垄断行业职工的工资明显高于社会平均工资。在我国的垄断行业中，行业的高工资并不是因为高生产效率、高社会贡献导致的，而是得益于不尽合理的行业政策产生的特权地位。某些行业即使在效益不好的情况下，职工仍然可以获得高工资，这种工资差距违背了按劳分配原则，既有损效率，也有损公平。例如，行政性垄断行业中，金融业平均工资超过社会平均工资65%的差距，虽然其行业人力资本存量较高，但垄断性特征也很明显。自然垄断行业中，电力、燃气及水的生产和供应业平均工资超过社会平均工资26.3%，垄断也是其主要因素。

4.2.3.2 市场分割导致的工资差距

在统一而完善的市场中，所有资源都可以不受任何限制地在各个行业间自由流动，竞争机制能实现资源的最优化配置。但是，如果市场被人为地分割成几个部分，各个行业获取资源的机会不均等、劳动力获得就业的机会不均等，这种制度性的市场分割造成的工资差距显然是需要调节的。农、林、牧、渔业的平均工资水平与社会平均工资一直有巨大的差距，劳动力市场的不完善是其重要原因，我国的二元劳动力市场既有市场因素也有制度因素，如果仅仅只是因为人力资本的不同造成的市场分割，这属于合理的市场因素，不同行业对人力资本的要求不同，农民与科研工作者的职业不能任意置换，必然造成就业市场的分割。但在我国特殊的历史时期，所执行的某些政策就人为地阻断了劳动力的自由流动，这种制度性的市场分割，到现在仍有影响，造成农、林、牧、渔业就业门槛低，就业人口多，竞争程度高，工资水平低。

4.2.3.3 产业结构变化导致的工资差距

产业结构的调整过程中，行业工资差距的出现是共生现象。产品市场的不断调整，劳动力市场也必须不断调整，当劳动力市场的调整滞后于产品市场的调整时，劳动力市场不均衡必然出现，行业工资差距也就必然出现，这是产业结构优化升级过程中的必经阶段，有利于社会整体的生产效率的提高。随着产业结构的不断调整，各行业的劳动力市场也随之调整，会形成新的劳动力市场均衡状态。比如，新型工业的技术附加值高、市场潜力大、经济效益好，对劳动力的需求旺盛，劳动力的工资高，而纺织、服装等传统制造业，技术附加值低、市场相对饱和、利润率低，对劳动力的需求相对减少，劳动力的工资低。

4.2.3.4 外商直接投资（FDI）的行业分布不均衡导致的工资差距

外商直接投资的进入，改变了我国国内原有的投资格局，对原有的劳动力市场均衡也产生了冲击。在外商直接投资大量进入的行业，对劳动力的需求增加，会打破原有的劳动力市场均衡状态，导致该行业的劳动力工资上涨。由于外商直接投资在行业间的分布不均衡，对各行业劳动力市场的影响程度不同，必然产生行业工资差距，但是，它也是对外开放过程中的必经阶段，随着劳动力在行业间的不断流动，可以使各行业的劳动力市场重新达到均衡状态。比如 2015 年通信设备、计算机及其他电子设备制造业的外商直接投资占制造业外商投资总额的比例高达 16%，由于外商直接投资的进入扩大了该行业的生产规模，对劳动力的需求大量增长，工资水平也上涨。

4.3 我国行业工资差距形成的实证分析

以下的实证分析考察我国行业工资差距的具体情况，将重点考察各种因素在行业工资差距中的贡献程度。

4.3.1 模型设定

根据前面的分析，将行业劳动生产率差异、行业人力资本差异、行业垄断水平差异、行业产业层次水平差异、行业对外开放程度差异作为解释变量纳入模型中，探讨这些因素对行业工资差距的影响，模型设定如下：

$$w_{it} = \alpha + \beta_1 l_{it} + \beta_2 r_{it} + \beta_3 m_{it} + \beta_4 c_{it} + \beta_5 o_{it} \qquad (4.1)$$

其中，$i = 1, 2, \cdots, 19$，$t = 2003, \cdots, 2015$[①]；w_{it} 行业工资差距，为被解释变量，l_{it} 行业劳动生产率差异、r_{it} 行业人力资本差异、m_{it} 行业垄断水平差异、c_{it} 行业产业层次水平差异、o_{it} 为行业对外开放程度差异（均做了对数化处理），β_1，β_2，β_3，β_4，β_5 分别表示为 w_{it} 对各个对应解释变量的弹性大小。

4.3.2 数据选取与变量说明

4.3.2.1 数据选取

本书使用的数据是我国 19 个行业在 2003～2015 年期间形成的面板数据。实证所需数据涉及城镇职工的平均工资，19 个行业中各行业的城镇职工平均工资、外商投资额、产业增加值、城镇职工从业人数、城镇国有单位职工人数、城镇职工中大专以上学历人员比重，以及 19 个行业总体的外商投资额、产业增加值、城镇职工从业人数、城镇国有单位职工人数、城镇职工中大专以上学历人员比重。数据来源于历年的《中国统计年鉴》《中国劳动统计年鉴》《中国人口与就业统计年鉴》。

4.3.2.2 变量说明

（1）行业工资差距 w_{it}。行业工资差距指标用各行业城镇职工平均工资与全国城镇职工平均工资的比值的对数来衡量，即用 Ln（各行业城镇职工平均工资/全国城镇职工平均工资）数据来代替。

（2）行业劳动生产率差异 l_{it}。行业的劳动复杂程度、劳动强度、劳动环境等非货币性特征是决定行业工资差距的重要因素，行业的劳动环境很难具体量化，而劳动复杂程度、劳动强度可以间接地用劳动生产效率来反映，越复杂的劳动、强度越大的劳动，在单位时间内生产的产品价值量越多，生产效率越高，

---

① i 的大小在本章中代表的对应于统计年鉴中 19 个行业各自的前后顺序。

所以，行业劳动生产率的差异可以间接地反映行业劳动复杂程度、劳动强度的差异。行业劳动生产率差异指标用各个行业对应的劳动生产率与19个行业总体劳动生产率的比值来反映，其中劳动生产率为行业产业增加值与行业从业人数之间的比值，最后所得数据也经过了对数化处理，以下其余指标也同样。

（3）行业人力资本差异 r_{it}。行业的人力资本是决定行业工资差距的另一重要因素，行业的人力资本水平越高，相应的职工工资水平也就越高，行业间人力资本差异会加大不同行业之间的工资水平差距。在以往文献中，人力资本水平大都是采用各行业的专业技术人员人数或者是各行业从业人员中大专以上学历人员数作为代理变量，由于本书采用的是面板数据，横截面是19个行业，而各行业的专业技术人员人数这一指标难以收集，缺失较多，因而用各行业中大专以上学历人员作为人力资本的代理变量，那么各行业之间的人力资本差异用各行业城镇单位大专以上学历从业人员比重与19个行业总体城镇单位大专以上学历从业人员比重的比值来替代。

（4）行业垄断水平差异 m_{it}①。行业的垄断水平高低是影响我国各行业职工工资的重要因素，行业垄断水平越高，行业的工资水平也就越高，反之亦然。相应地，行业之间垄断水平差异越大，行业间的职工工资差距越明显。由于我国的垄断基本上都是行政垄断或是自然垄断与行政垄断的结合，所以在此，用各个行业的国有化程度来表示，即用各个行业的城镇国有单位职工人数与城镇单位的职工人数总和的比值来表示。

（5）行业产业层次水平差异 c_{it}。产业结构的变化也是影响我国各行业职工工资的重要因素，产业结构的优化升级不仅包括三次产业的比重变化，也包括各产业层次水平的不断提高，而产业层次水平的变化更能细致地反映产业结构的调整方向和速度，产业层次水平越高，其行业技术含量越高、发展空间越广、发展速度越快，行业工资水平也会越高，行业产业层次水平差异越明显，工资差距也会拉大。所以，用各行业产业层次水平的差异代替产业

---

① 在影响行业工资差距的因素中，行业的市场分割也是重要的不合理因素之一。我国的行业市场分割形式主要是一种制度性分割，是在经济发展的特殊时期，所执行的产业发展政策造成的市场分割。国有资本比重越大的行业，其他资本进入的可能性越低。行业的市场分割与行业垄断水平差异这一因素相似，都是产业发展政策造成的两个方面的问题，分两个路径对行业工资差距产生影响，但是衡量这两个指标时，使用的数据相类似，为避免模型的内生性问题，故只采用一个指标。

结构变化给行业工资差距带来的影响。用各个行业的产值增加值的增长率与19 个行业总体产值增长率的比值作为行业产业层次水平差异的代理变量。

（6）行业开放程度差异 o_{it}。外商直接投资也是影响我国行业工资差距的重要因素之一，外商直接投资越多的行业，其对外开放程度越大，生产技术水平相对越高，劳动力工资水平也越高，外商直接投资的进入促进了某一行业的发展，也对行业间的工资差距产生了影响。用各行业的外商直接投资来衡量行业的对外开放程度，行业的外商直接投资差异为行业的对外开放程度差异，具体用各行业的外商直接投资占 19 个行业的总体投资额的比重来表示各行业的开放程度差异。

4.3.3 变量的单位根检验

为了避免伪回归，需要对面板模型中的被解释变量和解释变量进行单位根检验。通常来说，面板的单位根检验包括同质单位根检验和异质单位根检验两类。其中同质检验主要采用 LLC 检验方法，异质主要采用 IPS 检验方法。本书同时采用以上两种方法，结果见表 4 - 4。在 LLC 检验结果中，被检验的相关变量均在 1% 的统计水平上显著。在 IPS 检验结果中，被检验的相关变量在不同的水平上是显著的，其中 r_{it}、c_{it} 在 1% 的水平上统计显著，其余均在10% 的水平上统计显著。因此，上述变量符合实证模型估计的要求。

表 4 - 4　　　　　　　面板方程（4.1）中变量的平稳性检验

LLC 检验				IPS 检验			
w_{it}	（-7.256）***	l_{it}	（-7.220）***	w_{it}	（-1.576）*	l_{it}	（-1.579）*
r_{it}	（-7.008）***	m_{it}	（-10.173）***	r_{it}	（-2.931）***	m_{it}	（-1.667）*
c_{it}	（-12.152）***	o_{it}	（-10.579）***	c_{it}	（-2.716）***	o_{it}	（-2.046）**

注：*** 、** 、* 分别表示在 1%、5%、10% 的统计水平上拒绝有单位根的检验，其中 LLC 检验括号内是调整后的 t 值，检验是否存在相同单位根；IPS 检验括号内是 W［z-t-tilde-bar 值］，检验是否存在不同单位根，检验的估计方程含截距项、滞后项和时间趋势项。

资料来源：根据 2004 ~ 2016 年的《中国统计年鉴》《中国劳动统计年鉴》《中国人口与就业统计年鉴》中的数据，对模型（4.1）中各变量进行的平稳性检验结果。

4.3.4　实证分析

在对本书建立的面板模型（4.1）进行估计之前，要先判断是采用固定效应模型还是随机效应模型，因为这两种模型分别有不同的形式与估计方法。而判断是选择哪一类模型则是通过豪斯曼检验得出，本书采用软件 Stata 11 对模型（4.1）是选择固定效应模型还是随机效应模型进行检验，结果见表 4 - 5，豪斯曼检验结果是强烈拒绝其原假设，因此选用固定效应模型，而非随机效应模型。

表 4 - 5　　　　　　　　　　　固定效应模型的实证结果

变量	Coefficients		(b - B) Difference	sqrt (diag (V_b - V_R)) S. E.
	(b) FE	(B) RE		
l_{it}	0. 3176 ***	0. 2239 ***	0. 0937	0. 0235
r_{it}	0. 0235 *	0. 0827 ***	- 0. 0592	0. 0128
m_{it}	0. 0985 ***	0. 0991 ***	- 0. 0006	0. 0105
c_{it}	0. 0091 ***	0. 0127 *	- 0. 0036	0. 0010
o_{it}	0. 0195 ***	0. 0178 **	0. 0017	0. 0035
常数	0. 1145 ***	0. 0632	0. 0513	

chi2(6) = (b - B)′[(V_b - V_B) ^ (-1)] (b - B) = 26. 95
Prob > chi2 = 0. 0000
(V_b - V_B is not positive definite)

注：括号内的是参数的 t 值，***、**、* 分别表示 1%、5% 和 10% 的统计水平上显著。

资料来源：根据 2004 ~ 2016 年的《中国统计年鉴》《中国劳动统计年鉴》《中国人口与就业统计年鉴》中的数据，计算模型（4.1）的实证结果。

从表 4 - 5 可以看出，各个解释变量对行业工资差距的影响在不同的统计水平上显著，均是行业工资差距的重要影响因素，行业工资差距对各个解释变量的弹性大小分别为 0.3176、0.0235、0.0985、0.0091、0.0195，也就是意味着行业劳动生产率差异、行业人力资本差异、行业垄断水平差异、行业产业层次水平差异、为行业开放程度差异分别扩大 1%，将引起行业工资差距依次扩大 0.3176%、0.0235%、0.0985%、0.0091%、0.0195%。实证分析得到的结论与理论预期基本保持一致，各个解释变量的符号与理论预期的相同，并且各个解释变量对行业工资差距的影响程度不一样，合理部分对行业工资差距的总贡献（0.3411%）大于需要调节部分对行业工资差距的总贡献（0.1271%）。其中影响最大的是行业劳动生产率差异，这印证了劳动特征差异是行业工资差距的决定性因素；其次是行业垄断水平差异，说明我国制度差异导致的行业工资差距较大，高工资行业是受到政策保护的垄断性行业，其内部劳动力市场流动性小、工资高；再次是行业人力资本差异和行业开放程度差异，随着知识经济的到来，对外开放的领域扩大，人力资本、外商直接投资在行业工资决定中的作用逐渐加强；影响最小的是行业产业层次水平差异，由于行业的产业层次水平的提高是循序渐进的，在较短的时间内（本书中的数据是 13 年）的变化是细微的，对行业工资差距的影响也会相对较小。

同时，为了考察不同行业的个体效应有什么不同，在模型（4.1）的基础上，引入行业虚拟变量 d_j，$j = 2, 3, \cdots, 19$[①]，模型变为如下形式：

$$w_{it} = \alpha + \sum_{j=2}^{19} \alpha_j d_j + \beta_1 l_{it} + \beta_2 r_{it} + \beta_3 m_{it} + \beta_4 c_{it} + \beta_5 o_{it} \qquad (4.2)$$

α、$\alpha + \alpha_j$，$j = 2, 3, \cdots, 19$ 表示的是排除了模型中上述解释变量对行业工资差距的影响之后，在其他因素保持不变的情况下，这 19 个行业由于劳动力所处行业的不同所引起的行业工资差距。对模型（4.2）进行了估计，结果见表 4-6。从实证结果中可以看出，模型中各解释变量对行业工资差距的影响仍然是显著的，且影响系数大小变化并不是很大，在此就不再多加说明。除此之外，还可以得知：所有的行业虚拟变量均在 1% 的统计水平上显著，显然 19 个行业均存在很明显的个体效应，这也说明了混合回归方法用于估计模型（4.2）不合适，采用固定效应模型是合理的。实证结果表明，在 2003～2015 年间，劳动力所处行业的不同其工资水平会有差异，行业本身引起的工资差距分别为 -1.0082、0.2094、-0.0967、0.1848、0.0748、

---

① 本书也考察了固定效应模型的时间效应，即双向固定效应，但是结果显示只存在个体效应，时间效应检验并未通过，所以只考虑 19 个行业的个体效应。

0.154、0.4296、-0.1726、-0.2984、0.6239、0.1998、0.2789、0.6069、-0.2992、-0.4067、0.5138、0.5008、0.3678、0.4478[①]。农、林、牧、渔业、制造业、批发和零售业、住宿和餐饮业、水利、环境和公共设施管理业、居民服务和其他服务业6个行业的平均工资低于社会平均工资，其中平均工资最低的农、林、牧、渔业对行业工资差距的影响最小，剩下13个行业的工资高于社会平均工资，其中平均工资最高的金融业对行业工资差距的影响最大。

表 4 – 6　　　　　　　　　含个体效应的固定效应模型的实证结果

常数项	-1.0082 (-7.25)***	α_2	1.2176 (8.24)***	α_8	0.8356 (7.15)***	α_{14}	0.709 (4.71)***
l_{it}	0.3167 (4.58)***	α_3	0.9115 (5.58)***	α_9	0.7098 (6.91)***	α_{15}	0.6015 (8.37)***
r_{it}	0.0428 (2.43)**	α_4	1.193 (8.39)***	α_{10}	1.6321 (9.09)***	α_{16}	1.522 (5.41)***
m_{it}	0.0912 (2.31)**	α_5	1.083 (6.58)***	α_{11}	1.208 (5.34)***	α_{17}	1.509 (6.07)***
c_{it}	0.0107 (2.71)**	α_6	1.1622 (9.05)***	α_{12}	1.2871 (7.03)***	α_{18}	1.376 (6.82)***
o_{it}	0.0221 (2.59)**	α_7	1.4378 (10.08)***	α_{13}	1.6151 (7.26)***	α_{19}	1.456 (5.76)***

注：括号内的是参数的 t 值，***、**、*分别表示1%、5%和10%的统计水平上显著。

资料来源：根据2004~2016年的《中国统计年鉴》《中国劳动统计年鉴》《中国人口与就业统计年鉴》中的数据，计算模型（4.2）的实证结果。

行业工资差距的个体效应表明，在行业工资差距决定中，除了以上考虑到的因素以外，还存在其他影响因素，以"行业变量"的形式进入到工资差距决定中。如，行业中的未观测到的劳动力质量差异，不同行业中，劳动技能不同，个人发挥的劳动潜力不同，而在工资决定的过程中，没有控制足够

---

① 通过前面模型构建可以得知，对这些数取指数后再乘以整体城镇职工的平均工资，能够反映出各个行业偏离整体城镇职工平均工资的情况，负数表示该行业职工的平均工资低于城镇职工的平均工资，正数表示该行业职工的平均工资高于城镇居民的平均工资。

多的行业劳动特征，实证结果中的解释变量不足以解释行业工资的全部差异，未观测到的劳动力质量的差异被行业变量所吸纳，以行业间工资差距的形式表现出来，但是未观测到的劳动力质量差异这种变量难以量化，难以作为解释变量进入模型。再如，行业工资的粘性程度差异，根据以往的经验表明，个体的当前状况不是突变而形成的，往往受到过去所处状态的影响，当期的工资水平不仅由当期的劳动力价值等因素决定，还受到过去工资水平的影响，工资的粘性也能使行业之间出现持续性的工资差距。为了使研究得到进一步深入，考察行业工资差距在受到上述各解释变量影响之外，在多大程度上受到过去所处状况的影响，在模型（4.1）中加入行业工资差距变量的滞后一项，模型变为：

$$w_{it} = \alpha + \gamma w_{it-1} + \beta_1 l_{it} + \beta_2 r_{it} + \beta_3 m_{it} + \beta_4 c_{it} + \beta_5 o_{it} \qquad (4.3)$$

在加入行业工资差距滞后项之后，从计量分析的角度来看，模型（4.3）为动态面板数据模型。很显然解释变量中存在内生性的问题，除此之外，解释变量之间可能存在相互决定彼此的双向因果关系，如劳动生产率差异与行业产业层次水平差异等变量之间，由此产生的联立内生性问题，也必须要考虑。同时，误差项中可能还含有与被解释变量相关的其余不可观测变量，这些不可观测变量也有可能与解释变量之间存在内生性问题。基于此，使用阿尔拉诺和博韦尔（Aerllano & Bover，1995）以及布伦德尔和鲍德（Blundell & Bond，1997）提出的系统广义矩阵（System – GMM）方法，以控制动态面板模型（4.3）产生的内生性问题，而且将产业层次水平差异设定为内生变量来对模型（4.3）进行估计，结果见表 4 – 7。

表 4 –7　　　　　　　　　　动态面板模型的实证结果

常数项	0.0061 (2.31) **	m_{it}	0.0742 (2.01) **
y_{it-1}	0.5193 (10.24) ***	c_{it}	0.0096 (2.09) **
l_{it}	0.319 (6.56) ***	o_{it}	0.0153 (2.33) **

常数项	0.0061 (2.31)**	m_{it}	0.0742 (2.01)**
r_{it}	0.0175 (1.95)**		

注：(1) 采用的方法是二步系统广义矩阵 (two-step GMM-system) 方法；

(2) 括号内的是参数的 z 值，***、**、* 分别表示1%、5%和10%的统计水平上显著；

(3) 行业工资差距滞后一期的工具变量为行业工资差距滞后二期和滞后一期行业开放程度差异、行业垄断水平差异、行业劳动生产率差异、行业人力资本差异、行业产业层次水平差异，并假定内生变量为 c_{it}，其工具变量是变量本身相应的滞后一期和二期和模型中其余解释变量。

资料来源：根据2004~2016年的《中国统计年鉴》《中国劳动统计年鉴》《中国人口与就业统计年鉴》中的数据，计算模型 (4.3) 的实证结果。

从实证结果我们看出，各解释变量对行业工资差距的影响都很显著，除滞后项外，各个解释变量的影响系数变动不是很大，就不再叙述。行业工资差距的滞后一项影响系数高达 0.5193，这说明我国各行业工资差距在很大程度上受到过去各行业工资所处状态的影响，在其余影响因素保持不变的前提下，前期行业工资差距扩大了 1%，当期的行业工资差距会相应的扩大0.5193%，这也印证了我国的行业工资确实存在黏性。在大国经济中，许多方向不同、强度不同的因素影响着各行业劳动力市场的需求和供给，通过市场机制协调工资，使其迅速回复到均衡状态存在着难以克服的困难。

4.4 本章小结

从理论上来看，劳动力价值的三部分所造成的工资差距，可以具体分为行业劳动特征（劳动复杂程度、劳动强度、劳动条件）和行业人力资本两类因素。市场不完善造成的工资差距，可以具体分为劳动力市场分割、产品市场垄断两类因素。市场不均衡造成的工资差距，可以具体分为产业结构的变化、行业工会力量差异、外商直接投资（FDI）在行业间的不均衡发展三类因素。根据马克思主义的劳动价值观和劳动价值补偿原则，凡能反映劳动力价值差异的行业工资差距都属于合理部分，由市场不完善和市场不均衡造成的行业工资差距是属于需要调节的部分。

  对我国行业工资差距的实证分析，首先采用固定效应模型进行了估计，发现合理部分对行业工资差距的总贡献大于需要调节部分对行业工资差距的总贡献，其中行业劳动生产率的贡献最大，行业产业层次水平的贡献最小。然后采用含个体效应的固定效应模型，发现 19 个行业存在显著的个体效应，行业本身也是影响行业工资差距的重要因素，而"行业变量"所吸纳的其他变量包括未观测到的劳动力质量差别、行业工资的粘性等。前者难以量化，对于后者，本书最后采用了动态面板模型，发现我国的行业工资确实存在黏性，前期行业工资差距的出现是导致当期的行业工资差距出现的重要原因。

| 第5章 |

收入分配制度变迁与行业工资差距的形成

通过第4章对行业工资差距的原因分析可知，我国行业工资差距主要由行业劳动力价值、市场不完善和市场不均衡共同造成的。本章的目的是从制度变迁的角度，介绍我国具体收入分配制度的演变，通过对制度变迁的需求和供给分析，引出制度变迁的一般过程，分析在此过程中行业工资差距的形成与强化。

5.1 经济体制转型中的收入分配制度演变

改革开放以来，随着经济发展形势的变化、人们生活水平的客观实际，对收入分配的指导思想的不断进行调整，出台了适应不同变化的收入分配制度，产生了不同的实际效果。

5.1.1 经济体制转型初期（1978～1992年）的收入分配制度

经济体制转型初期，在邓小平关于中国特色社会主义实现公平分配以协调利益关系的主要思想的指导下，对工资制度实施全面改革，将企业职工和国家机关、事业单位工作人员分别纳入两个不同的分配轨道，个人收入分配制度具体表现在国有企业的工效挂钩制，国家机关、事业单位的结构工资制，在农村主要实施家庭联产承包责任制，并鼓励乡镇企业的发展。

5.1.1.1 收入分配的指导思想

1978 年 12 月中共十一届三中全会召开，标志着我国进入改革开放的历史新时期，大会决定以农村经济改革为突破口，提出"公社各级经济组织必须认真执行按劳分配的社会主义原则，按照劳动的数量和质量计算报酬，克服平均主义。"1978 年 12 月邓小平在中央工作会议上提出："在经济政策上，我认为要允许一部分地区、一部分企业、一部分工人农民，由于辛勤努力成绩大而收入先多一些，生活先好起来"。

1984 年 10 月中共十二届三中全会通过的《中共中央关于经济体制改革的决定》，提出社会主义经济是公有制基础上有计划的商品经济，商品经济的充分发展是社会主义经济发展不可逾越的阶段，该阶段改革的中心环节就是解决好国家与企业、企业与职工的分配关系，强调"平均主义思想是贯彻按劳分配原则的一个严重障碍，平均主义的泛滥必然破坏社会生产力"，要根据劳动数量和质量制定不同的工资标准，充分体现按劳分配原则，尤其是改变以前的脑力劳动获得的报酬偏低等情况。

1987 年 10 月中共十三大指出"社会主义有计划商品经济的体制，应该是计划与市场内在统一的体制"，社会主义初级阶段的分配方式"必须坚持的原则是，以按劳分配为主体，资本、经营收入等其他分配方式为补充"，合法的劳动收入和股份分红、风险收入、利息等非劳动收入，都应该被允许。"既要有利于善于经营的企业和诚实劳动的个人先富起来，合理拉开收入差距，又要防止贫富悬殊，坚持共同富裕的方向，在促进效率提高的前提下体现社会公平"。这一分配原则打破了过去长期以来的平均分配制度，将"先富"与"共富"统一起来，既重视效率，又重视公平。

1992 年 10 月中共十四大明确提出建立社会主义市场经济体制的改革目标，分配制度上坚持以按劳分配为主体，其他分配方式为补充的原则，并根据现实经济情况的变化，提出"兼顾效率与公平。要促进效率，鼓励先进，同时也要重视公平问题，运用包括市场在内的各种调节手段，防止两极分化，逐步实现共同富裕。"

1978 ~ 1992 年这一时期收入分配改革的主要目标主要是针对计划经济时代"吃大锅饭"的平均主义思想和分配原则，"坚持走社会主义道路，根本目标是实现共同富裕，然而平均发展是不可能的。过去搞平均主义，吃'大锅饭'，实际上是共同落后，共同贫穷，我们就是吃了这个亏。改革首先要打破平均主义，打破大锅饭"。允许拉开收入分配差距，激活人民群众的积极性、主动性和创造性，把公平和效率置于同等重要的位置。

5.1.1.2　收入分配制度的变化

（1）农村收入分配制度的变化。

农村推行的家庭联产承包责任制是中国经济改革的第一步，引起农村经济社会、收入分配状态的巨大变化，农业生产持续增产、农民收入迅速提高。1978年中共十一届三中全会以后，随着中央对农村经济政策的逐渐放宽，从投资、价格、税收、信贷和农副产品收购等方面对农业发展做出了调整，"包产到户"在农村开始悄然兴起。1979年9月中共十一届四中全会对《关于加快发展农业若干问题的决议（草案）》作了必要修改，为农业生产责任制的全面实施提供了政策支持。1982年1月中央1号文件《全国农村工作会议纪要》指出"目前实行的各种责任制，包括小的包工定额计酬，专业承包联产计酬，联产到劳，包产到户、到组，包干到户、到组等等，都是社会主义集体经济的生产责任制。"要坚持两个长期不变，土地生产资料公有制长期不变，生产责任制长期不变。严格禁止农户承包土地的买卖、出租和转让。1983年1月中共中央1号文件《当前农村经济政策的若干问题》，认为联产承包责任制"是马克思主义农业合作化理论在我国实践中的新发展"。至此，农村家庭联产承包责任制有了正式的政策依据，从而使这种自下而上的自发制度演变得到了自上而下的确认。从收入分配形式来看，家庭联产承包责任制的特点在于：一是承包者的收入水平与劳动成果直接挂钩，经济责任、经济权利与经济利益紧密结合在一起；二是实行符合现阶段农村生产力水平的家庭劳动方式，集体劳动不复存在，克服了人民公社经营形式中劳动管理混乱、成本过高的弊病；三是取消直接的集体统一分配，只对承包部分的劳动产品进行间接的统一分配，消除了原有经营形式中平均分配主义的弊端。1983年初，实行以"包工到组""包产到户""包干到户"等形式的家庭联产承包责任制的生产队占全国生产队总数的93%，这意味着中国农业在继续保持土地公有制的条件下，通过"承包"的方式使农民由过去的人民公社体制下毫无自主权的劳动者，转变为自主经营、自负盈亏的商品生产者，从根本上改变了农民的经济地位。这个过程中，家庭联产承包责任制又推广到国营农场，形成了以家庭农场为主体的农场管理体制，林业、牧业、渔业、副业等农村经济都逐渐实行了这种责任制，极大地解放和发展了农业生产力，生产效率大幅度提高。1985 年之后国家逐渐放开了承包户的土地自主经营权，承包户不必接受指令性生产计划安排，能够在承包地上自主决定"生产什么""生产多少"，逐渐享有承包地的自主经营权、部分收益权以及有限的流转权。

1985 年国家全面改革农产品的统购统销制度，实行价格双轨制，对粮食、棉花、油料等重要农产品实行合同定购，按"倒三七"比例计价，定购外粮食可以在市场上自由流通，价格由市场调节，其他农产品实行价格放开。1991 年实行"购销同价"的改革，上调了统购价格和统销价格，使两者基本持平，促进了农业生产的发展，农业的基础地位得到一定的加强。

随着农村家庭联产承包责任制的实行，农村生产力得到了较快的发展，农业生产效率的提高，使得农村剩余劳动力逐渐出现，在户籍制度的限制下，剩余农村劳动力不能进城务工，只能就地解决。1979 年 9 月中共十一届四中全会通过的《中共中央关于加快农业发展若干问题的决定》，放宽了社队企业经营范围，"凡是符合经济的原则，宜于农村加工的农副产品，要逐步由社队企业加工，城市工厂要把一部分宜于在农村加工的产品和零件，有计划地扩散给队企业经营，支援设备，指导技术"，"国家对社队企业，分别不同的情况，实行低税或免税政策"。1984 年国家对农村企业再一次做出了扶持的决定，《中共中央、国务院转发农牧渔业部（关于开创社队企业新局面的报告）的通知》中，对社队企业的积极作用作了充分的肯定，要求各级党委和政府对"乡镇企业要和国营企业一样，一视同仁，给予必要的扶持"。

乡镇企业虽然是集体所有制经济，但其产权归属是很明确的，决策者是企业的出资者和号召者，执行者是企业的参与者，利益关系简单，权利和责任对称。乡镇企业都以市场为依托，以利益最大化为核心。企业的需求以市场为导向，接受市场的竞争和检验。企业的生产要素均来自于市场，原材料的采购、设备的购买、厂房的租赁、劳动用工的聘用、技术人员的招聘都是通过市场的方式。乡镇企业由于天生具有市场经济的色彩，具有较大的收入分配自主权和灵活的收入分配方式。在企业内部建立起一套以经济利益驱动为基础的激励和监督机制。择优录用，竞争上岗，优者进，劣者出，有功者奖，有过者罚，收入分配上实行多劳多得。农民除了乡镇企业可以获得工资外，乡镇企业中的股份制、股份合作制企业可以提供红利，租赁和承包企业可以提供租赁承包收入等，都可以增加农民收入，农民内部拉开了收入差距。

（2）城镇收入分配制度的变化。

1979～1984年间，国民经济处于经济体制改革的起步阶段，国家对工资制度进行一些局部的、有限的调整，各地区、各部门和企业也对工资制度进行不少改革的尝试，创造出一些新办法。1984年10月《中共中央关于经济体制改革的决定》中提出以城市为重点进行经济制度改革，首次提出发展有计划的商品经济，初步建立能够体现按劳分配原则、便于管理和调节的新工资制度，使企业职工的工资和奖金同企业的经济效益挂钩，使国家机关、事业单位职工工资和其劳动责任、劳动绩效挂钩。从此，企业与国家机关、事业单位在工资制度的改革上出现了不同的演进方向。

①国家机关、事业单位工资制度的变化。1985年6月中共中央和国务院发出《关于国家机关和事业单位工作人员工资制度改革问题的通知》，并批准《国家机关和事业单位工作人员工资制度改革方案》，此次工资制度改革使一直占据统治地位的等级工资制成为历史，贯彻按劳分配原则，实行结构工资制，建立起正常的晋级增资制度，逐步提高机关、事业单位工作人员的实际工资水平。其主要内容有：第一，国家机关行政人员、专业技术人员均以职务（职称）工资为主，按照工资的不同职能，分为基础工资、职务工资、工龄津贴、奖励工资四个组成部分。第二，事业单位行政人员和专业技术人员的工资制度，允许根据各行各业的特点因行业制宜。可以实行以职务工资为主要内容的结构工资制，也可以实行以职务工资为主要内容的其他工资制度。实行结构工资制的，可以有不同的结构因素。第三，国家机关、事业单位的工人，可以实行以岗位（技术）工资为主要内容的结构工资制，也可以实行其他工资制度。

此次工资改革实行分级管理的办法，按照实际职务确定职务工资，建立正常的晋级增资制度，简化了工资标准，统一了工资制度，初步理顺了工资关系，使工资总额与国民经济发展水平基本相适应。但是，工资改革后的工资制度过于简单，出现了严重的工资平摊，只提出了建立正常晋级增资机制的建议，但未明确具体实施办法。

②国营企业的工资制度变化。1985 年 1 月国务院发出了《关于国有企业工资改革问题的通知》，决定改变过去高度集中的工资管理体制，在国有大中型企业中实行工资总额同企业经济效益按比例浮动的办法。国家对企业的工资实行分级管理的体制，不再统一安排企业职工的工资改革和工资调整，企业之间因经济效益不同工资水平也可以不同。根据国务院文件的精神，劳动人事部、财政部等部委共同制定并印发了《国营企业工资改革试行办法》，对企业工效挂钩如何实施的问题做出了具体规定。国家只对企业的工资总额进行调控，原则上实行增人不增工资总额，减人不减工资总额的办法，企业职工工资的增长只能依靠本企业经济效益的提高，可以根据本企业的情况选择适合自己特点的工资形式和分配办法。工效挂钩主要有两个方面，一是工资与企业效益挂钩，即把职工和经营者的工资与企业的经济效益高低、本人贡献大小进行挂钩，保证了工资增长同国民经济发展和劳动生产率提高保持必要的比例。二是奖金与企业效益挂钩，即把职工和经营者的奖金与企业的经济效益高低进行挂钩。企业根据经营状况自行决定企业职工奖金，国家只对企业适当征收超限额奖金税。1983 年利改税后，陆续降低了奖金税的税率，实行奖金随企业经济效益的高低浮动，使企业之间的奖金水平逐步拉开了差距。

这次工资制度改革缓和了长期以来的工资矛盾，更好的落实了企业的按劳分配的原则，调动了企业经营者和全体职工的生产积极性，促进了国有企业经营管理水平和经济效益的提高。但是这一制度也存在一定的缺陷，带有用行政手段干预企业经营的性质，工效挂钩的办法也存在不尽合理之处。

1986 年为了进一步放开企业，搞活经济，国有企业推行承包责任制，允许企业内部实行计件工资、岗位工资、定额工资、结构工资等多种收入分配形式共存。国企承包制，是指所有者将自己的财产交给承包人经营，双方达成协议，保证所有者得到固定数额的收益，超额部分归承包者所有，或按比例在双方之间分配。由于承包者取得了产品生产和投资的权利，增强了其生产的自主性，也取得了企业剩余控制权和产品剩余索取权，承包者可以利用剩余控制权在提取企业利润之前，将一部分产品剩余以非固定工资、奖金、福利等形式进行分配，在承包制企业内部出现乱发奖金、补贴和实物的现象，致使企业的利润下降。国有企业承包制度本质上仍然是国有产权制度，正是由于这种企业产权界定模糊，导致了各方的利益冲突加剧，20 世纪 90 年代初就被逐渐否定。

③其他所有制企业工资制度的变化。1978 年中国实行改革开放以后，出现了一些外资企业、民营企业等非公有制经济，大部分非公有制经济中都实行劳动合同制。劳动合同制，是指用工单位和劳动者在平等互利、协商一致的基础上签订劳动合同，有条件地建立劳动关系，明确双方的责、权、利，根据劳动合同规定，按劳动的数量和质量领取劳动报酬。实行劳动合同制，企业可以根据生产需要自主决定用工形式，有利于加强劳动管理；劳动者可以根据个人爱好和特长选择职业，充分发挥个人的聪明才智。但是，当时双方签订的劳动合同缺乏法律保障，发生劳动争议无法进行有效的调节和仲裁；受到户籍制度的限制，合同制劳动者流动困难；缺少失业、养老、医疗等必要的社会保障制度。

5.1.1.3 收入分配制度对各行业工资的实践效果

从实践情况看，这个阶段农村推行"家庭联产承包责任制"，城市试行"放权让利"政策，以及由此推进的收入分配制度改革，提高了经济效率，促进了社会财富的积累，使得各行业、各地区居民收入的大幅度增长，并且相对地缩小了居民收入差距。

从第一产业的实际情况来看，以家庭联产承包经营为主的统分结合的双层经营体制，解放了农业生产力，改革工分制的分配方式，打破了农村的平均主义分配方式，极大地调动了农民发展生产的积极性。通过提高农副产品价格和降低农用生产资料价格以及减少征购，增加了农民收入在国民经济中的比重。1978 ~ 1992 年，第一产业平均工资增速 16.8%，低于社会平均工资 30% 左右，与行业最高工资水平之间的差距相对缩小，1988 年最高行业工资水平仅比第一产业高出 0.58 倍，1985 ~ 1987 年还摆脱了最低工资行业的地位[1]，但是 1991 年购销同价后，农产品的定购价格大大低于

---

[1] 根据《中国统计年鉴》的数据，1985 ~ 1987 年的最低工资行业为社会服务业（行业门类），而表 2 - 1 是《中国劳动统计年鉴》的行业大类数据。

市场价格，而农业生产资料价格大幅增加，农民收入增长后劲不足。第一产业内部农业比重逐渐下降，林、牧、渔业的比重逐渐增加，改变了以往单一的以农业为主的产业结构，1978~1992 年期间林、牧、渔业的平均工资分别高于农业平均工资 13.6%、2.7%、38.8%。

从第二产业的实际情况来看，以国有企业为主体的第二产业，实行工效挂钩的工资改革，使得各行业的工资差距逐渐出现。对于采掘业、建筑业、地质普查和勘探业这三类行业，其工作条件恶劣，劳动繁重、艰苦，甚至于损害健康，实行特殊的津贴政策，其工资上涨速度较快，1978~1992 年期间三个行业平均工资分别高于社会平均工资 19.6%、18.4%、19.1%。1989 年3 月国务院通过《国务院关于当前产业政策要点的决定》，公布了产业发展序列，轻工、纺织业等制造业是重点发展的产业，也是逐渐引入市场机制、放开价格的行业，工资水平逐渐增加，从 20 世纪 80 年代低于社会平均工资变为 90 年代高于社会平均工资。

从第三产业的实际情况来看，由于第三产业内的行业众多，企业所有制形式、工资制度改革方式各不相同，行业工资差距表现得最为明显。根据 20世纪 90 年代国家颁布的产业发展序列，交通运输仓储和邮电通信业是 90 年代重点扶持行业，企业的盈利水平高，职工工资水平超过社会平均水平11.6%。进入门槛低、工资标准低、竞争程度相对较高的行业受到市场放开的鼓励，行业工资增长速度很快，如批发零售贸易和餐饮业、房地产业、社会服务业的平均工资虽然低于社会平均工资水平，但是它们的工资增长速度非常快，增速分别达到 17.2%、21.8%、26.0%，社会服务业逐步摆脱了最低工资行业。1985 年 5 月的第二次全国性工资改革，国家机关、事业单位工作人员改为结构工资制，机关、事业单位的工资上涨速度较慢，卫生体育和社会福利业，教育、文化艺术和广播电影电视业，国家机关、政党机关和社会团体这三个行业的工资水平都稍微低于社会平均工资。由于基础工资无论职级完全一样，工龄工资按照工作年限发放，职务工资拉不开档次，奖金形式多样化，所以行业内部的工资差距相对缩小。科学研究和综合技术服务业虽然大多数也是事业单位，但它是 90 年代产业发展序列中的国家扶持发展的重点产业，所以其工资水平较高，超出社会平均工资 10.6%。金融、保险业是实行企业化管理的特殊经济体，工资政策要求参照机关事业单位的进行调整，管理体制的不合理导致 90 年代以前的金融、保险业都属于低工资行业。

5.1.2　经济体制转型中期（1993～2002 年）的收入分配制度

经济体制转型中期，在建立中国特色社会主义市场经济体制的主要思想的指导下，逐步建立起与市场经济体制和所有制结构相适应的收入分配制度。将国家机关与事业单位工作人员分别纳入不同的分配轨道，企业实行多种收入分配方式，在农村继续完善承包责任制。

5.1.2.1　收入分配的指导思想

为适应经济的快速发展，协调各利益主体关系，实现社会和谐和政治稳定，中央政府根据现实情况对我国的收入分配制度实施了一系列改革。1993年中共十四届三中全会通过《中共中央关于建立社会主义市场经济体制若干问题的决定》，指出"个人收入分配要坚持以按劳分配为主体、多种分配方式并存的制度"，把多种分配方式作为与按劳分配方式长期并存的制度确定了下来，并且"允许属于个人的资本等生产要素参与收益分配"。中央政府针对效率与公平的选择问题，第一次突破了以前二者并重的提法，在收入分配制度中明确提出"效率优先、兼顾公平"的原则。

1997 年 9 月中共的十五大对分配原则和分配方式进行了新的表述，提出"坚持按劳分配为主体，多种分配方式并存的制度，把按劳分配和按生产要素分配结合起来"，这是第一次把"其他分配方式"科学地总结为"按生产要素分配"，并且与"按劳分配"的地位等同起来。继续"坚持效率优先、兼顾公平"，"允许和鼓励资本、技术等生产要素参与收益分配"，这比以前的"允许属于个人的资本等生产要素参与收益分配"的提法更加明确，是对生产要素可以参与收入分配合理与合法性的肯定，对分配领域中一些争论不清的问题有了定论。

2002 年 11 月中共十六大报告关于收入分配制度的新表述，构建了这一阶段收入分配的政策体系。坚持"完善按劳分配为主体、多种分配方式并存的分配制度，确立劳动、资本、技术和管理等生产要素按贡献参与分配的原则"，肯定了在合法的范围内获得的劳动收入和非劳动收入都应该受到保护，明确指出了各种生产要素根据对社会贡献多寡来参与分配。针对公平与效率问题提出了更高和更具体的要求，坚持"效率优先、兼顾公平"的原则，"初次分配注重效率，挥发市场的作用"，"再次分配注重公平，加强政府对收入分配的调节职能。"

5.1.2.2 收入分配制度的变化

（1）农村收入分配制度的变化。

1993 年 11 月发布《关于当前农业和农村经济发展的若干政策措施》，第一条规定继续稳定和完善家庭联产承包为主的责任制和统分结合的双层经营体制。稳定和完善土地承包制，鼓励承包方增加投入，提高土地利用率，在不改变土地用途的前提下，经发包方同意，允许土地的使用权依法有偿转让。稳定和完善按劳分配制度，通过土地承包合同，明确发包方和承包方的权利和义务，承包方因地制宜耕种土地，上交国家定购和集体的提留部分，剩下部分在国家政策范围内自主销售，多劳多得。1995 年《关于稳定和完善土地承包关系的意见的通知》明确了延长农地承包权的期限和"增人不增地，减人不减地"政策的具体做法。2002 年《中华人民共和国农村土地承包法》明确提出农地承包期限为 30 年，农户享有农地的自主经营权、农地的经营流转权等各项权益，稳定了农地承包权制度。

1993 年《关于加快粮食流通体制改革的通知》在全国范围内实行粮食的"购销同价"，大幅度提高粮食收购价格，1994 年粮食合同定购价格提高 44%，零售价格提高 37.3%。1996～1998 年，实行粮食流通体制的进一步改革，实现粮食定购价格与市场价格并轨，农产品价格基本放开，由市场自由调节。1998～2001 年，推行"粮食保护价"的农产品价格支持制度，但是这一以保护农民利益为出发点的农业补贴政策，在实施过程中遇到一定的困难，没有达到预期的政策效果，国营粮食企业垄断粮食收购，农民没有增收。

（2）城镇收入分配制度的变化。

1993 年 11 月中共十四届三中全会以后，收入分配制度改革取得重大进展，根据企业、行政机关和事业单位各自的性质和特点，分别建立合理的工资制度与正常的工资增长机制。

①国家机关单位工资制度的变化。根据1993年11月《关于建立社会主义市场经济体制若干问题的决定》，结合机构改革和公务员制度的推行，改革机关和事业单位现行工资制度，行政机关人员实行职务级别工资制度。工资按不同职能分为职务工资、级别工资、基础工资和工龄工资4个部分，其中主要由职务和级别两个因素来体现按劳分配原则、确定工资水平。根据不同地区的自然环境、物价水平及经济发展等因素，并参照企业平均工资水平确立和调整行政机关人员工资，形成正常的晋级和工资增长机制。结合对现行地区工资补贴的调整，建立地区津贴制度，同时改革奖金制度和机关工人工资制度。

②事业单位工资制度的变化。建立符合事业单位不同类型、不同行业特点的工资制度。根据事业单位特点的不同，工资构成比例按经费预算分全额拨款、差额拨款、自收自支3种不同类型分别确定并实施管理。其专业技术人员根据具体工作性质和特点的不同，分别实行专业技术职务等级工资制、专业技术职务岗位工资制、艺术结构工资制、体育津贴和奖金制、行员等级工资制等5种不同类型的工资制度。在工资结构上分为固定部分和活的部分两大块，固定部分主要体现工作人员的学历、资历以及水平高低、责任大小，活的部分主要体现工作人员实际工作量的多少、效益大小和岗位差别，建立符合事业单位不同类型、不同行业特点的津贴、奖励制度。建立正常增加工资的机制，使工作人员的工资水平随着国民经济的发展有计划地增长，并与企业相当人员的工资水平大体持平。

③国有企业工资制度的变化。按照1993年《关于建立社会主义市场经济体制时期劳动体制改革总体设想》，国有企业实行以岗位技能工资制为主要内容的工资制度改革。按照按劳分配的原则实行的岗位技能工资制，是以劳动技能、劳动责任、劳动强度和劳动条件四大劳动要素的评价和计量为基础，测定劳动中的岗位与技能差异，进一步确定工资水平，主要由岗位工资和技能工资两大部分构成。岗位工资与劳动责任、劳动强度、劳动条件三要素相对应，依据三要素评价的总分数，划分几类岗位工资的标准，并设置相应档次。技能工资与劳动技能要素相对应，依据岗位、职务对劳动技能的要求和雇员个人所具备的劳动技能水平，划分为初、中、高三大工资类别，每类又分为不同的等级。1999年9月中共十五届四中全会上通

过的《关于国有企业改革和发展若干重大问题的决定》，进一步提出了国有企业工资分配的方向。建立与现代企业制度相适应的收入分配制度，在国家政策指导下，实行董事会、经理层等成员按照各自职责和贡献取得报酬的办法，企业职工工资水平由企业根据当地社会平均工资和本企业经济效益决定。

根据收入分配指导思想的变化，按劳分配与按要素分配结合起来，出现了经营者与职工持股、年薪制、技术入股等多种分配方式。1992~2002 年期间，职工持股制度出现试点、规范、禁止又规范的不断反复过程。1992 年中央政府颁布《股份有限责任公司规范意见》《股份制试点办法》，使职工持股有了制度保障，但由于试点过程中出现的混乱局面，1993 年 7 月颁布《关于清理定向募集股份有限公司内部职工持股不规范作法的通知》，1994 年 6 月《关于立即停止审批定向募集股份有限公司并重申停止审批和发行内部职工股的通知》，立即停止审批和发行内部职工股。1994 年 7 月《公司法》的实施促进了股份制公司的发展，1995 年以来规范职工持股的地方性法规纷纷出台，上海、北京、深圳等十几个省市的《关于组建职工持股会的试行办法》，规定职工可组建职工持股会，以职工持股会向企业投资，实现职工持股。1999 年 9 月中共十五届四中全会提出在企业改革中允许进行股权分配方式的探索，职工持股涉及了各地、各行业、各种规模的企业。1999 年，国务院颁布《关于加强技术创新，发展高科技，实现产业化的决定》，允许和鼓励技术、管理等生产要素参与收益分配。技术要素通过一次性奖励、人才特殊津贴、利润提成、技术入股等形式参与收益分配，管理要素主要是通过经营者年薪制和持股两种形式参与收益分配。

1992 年国家有关部门颁发了《企业经营者年薪制试行办法》，在上海、深圳、东南沿海等城市 100 多家国有企业开展年薪制试点。1994 年《国有企业经营者年薪制实行办法》出台，福建、湖北、河南、辽宁等省纷纷进行年薪制试点模式探索。年薪制主要采取薪酬总额与经济效益、国有资产保增值挂钩的方式，一般是"基本年薪 + 灵活年薪（奖励年薪、效益年薪、风险年薪等）"的模式。但是，年薪制在试行过程中出现一些问题，1998 年 1 月全面叫停了企业年薪制。1999 年 9 月《中共中央关于国有企业改革和发展若干重大问题的决定》，再次提出"少数企业试行经理（厂长）年薪制、持有股权等分配方式，规范经营管理者的报酬，增加透明度"。2001 年《国民经济社会发展"十五"计划纲要报告》提出"对于上市公司负责人及技术骨干，可以试行年薪制和期权制"。

④其他企业工资制度的变化。1992 年中共十四大明确鼓励非公有制经济的发展，个体经济、私（民）营经济和外资经济等发展迅速，除个体经济外一般遵循按生产要素分配的原则，体现了劳动力市场的市场特点。各类型职工的收入除了取决于劳动力市场的供求关系外，资本、科技、管理等生产要素都在收入分配中占有重要份额，收入形式复杂化、收入来源多样化，提高了生产要素的使用效率。

5.1.2.3 收入分配制度对各行业工资的实践效果

1992 年正式确立的市场经济体制改革的目标，使得各行业的市场化改革步伐加快，为适应市场化改革推行的收入分配制度改革，进一步提高了经济效率，促进了各行业工资水平的大幅度增长，但也拉大了行业工资差距。

从第一产业的实际情况来看，1992 年《中国农业发展纲要》明确规定要延长耕地的承包期，稳定并完善以家庭联产承包为主的责任制和统分结合的双层经营体制，合理调整第一产业的结构，逐年增加对第一产业的投资，1993～2002 年期间第一产业产值以 11.5% 的速度增长。但是，第一产业平均工资增长速度只有 14.0%，低于社会平均工资增长速度 15.9%，整个期间低于社会平均工资 52% 左右，与行业最高工资水平之间的差距逐渐扩大，2002年最高行业工资水平比第一产业高出 1.99 倍。第一产业的发展缺乏足够动力、地位十分薄弱，行业工资增长乏力。第一产业内部农业比重继续下降（2002 年农业占第一产业比重 55.2%），牧、渔业的比重继续增加，1993～2002 期间林、牧、渔、农林牧渔服务业的平均工资分别高于农业平均工资 4.9%、7.0%、44.4%、38.6%。

从第二产业的实际情况来看，第二产业仍然是以国有企业为主体的行业，实行工效挂钩的工资改革，使得各行业的工资差距逐渐拉大。采掘业、建筑业这两类行业虽然是工作条件艰苦的行业，但是从 1998 年开始从高工资行业转变为低工资行业，2002 年分别低于社会平均工资 12.0%，18.9%。制造业中行业大类众多，劳动密集型的制造业，如农副食品加工业，纺织业，木材加工及木、竹、藤、棕、草制品业，造纸及纸制品业等，劳动力工资偏低，资本密集型或技术密集型制造业，石油加工、炼焦及核燃料加工业，通信设备、计算机及其他电子设备制造业等，劳动力工资较高，整个制造业以劳动密集型为主，所以制造业的行业工资水平低于社会平均工资水平。电力、煤气及水的生产和供应业由于其特殊的自然垄断的地位，行业利润率一直较高，1993～2002年间行业工资水平超过社会平均工资32.1%。

从第三产业的实际情况来看，随着企业、国家机关和事业单位的工资改革，各行业市场化改革的推进，行业工资差距分化更加明显。交通运输仓储和邮电通信业虽然人均行业增加值不高，但由于受到国家政策的扶持，行业继续保持较高的工资水平，超过社会平均工资水平25.6%。批发零售贸易和餐饮业的就业门槛低，从第一产业中转移出来的剩余劳动力容易进入该行业，人均行业增加值低，是第三产业中唯一一个低于社会平均工资的行业门类，1993～2002年间低于社会平均工资26.5%。1993年以后银行、保险不再参考国家机关与事业单位工资制度，根据金融工作特点实行具有灵活性的等级工资制，工资分为等级工资和责任目标津贴。由于行业人均增加值的增长速度快，2002年人均增加值达到175052元，行业生产效率高，行业工资水平的增长速度也很快，从前一阶段的低工资行业转变为最高工资行业（门类），2002年平均工资超过社会平均工资43.2%。1993年12月第三次全国性工资改革，国家机关与事业单位工资制度相互脱钩，实行职务级别工资制，工资上涨速度较前一阶段快，超过了社会平均工资增长速度。其中，科学研究和综合技术服务业仍然受到国家产业政策的扶持，行业工资水平是排名第二的行业门类，社会服务业，卫生体育和社会福利业工资水平略高于国家机关、政党机关和社会团体的工资水平，教育、文化艺术和广播电影电视业逐渐从低于社会平均工资转变为超过社会平均工资。

5.1.3 经济体制转型深化期（2003～2015年）的收入分配制度

经济体制转型深化期，在深化社会主义市场经济体制改革的主要思想的指导下，逐步完善按劳分配和按要素分配的具体制度，在农村进一步激发生产活力，完善农地产权制度。

5.1.3.1 收入分配的指导思想

2003 年 10 月中共十六届三中全会到 2006 年中共十六届六中全会，随着收入分配状态的变化，对收入分配制度不断提出了新的要求。按劳分配为主体、多种分配方式并存的分配制度不断巩固，生产要素按贡献参与分配的机制逐步深入，"确立劳动、资本、技术和管理等生产要素按贡献参与分配的原则"，解决了其他要素能不能和怎么样参与分配的问题。"效率优先、兼顾公平"的收入分配指导原则沿用了十年，随着改革的进一步深化，社会成员之间收入分配差距出现扩大趋势，形成了严重的社会问题，中共十六届四中全会以后，在分配政策上强调要更加"注重社会公平"。要"更加注重社会公平，加大调节收入分配的力度，努力缓解地区之间和部分成员收入分配差距扩大的趋势。"明确提出了逐步解决收入分配差距过大的原则和政策，重视收入分配过程的公平和就业机会，强调进行规范化的个人收入分配，创造公平的就业机会，加强政府和社会对个人收入分配结果的监管力度等。"着力提高低收入者收入水平，逐步扩大中等收入者比重，有效调节过高收入，坚决取缔非法收入，促进共同富裕"，这是对实现收入分配公平的具体化。"更加注重社会公平"不是基本分配制度和基本分配原则的变化，属于政策性调整，并不意味着在牺牲效率和发展的基础上实现社会公平。

2007 年 11 月中共十七大报告进一步强调深化收入分配制度的改革，"坚持和完善按劳分配为主体、多种分配方式并存的分配制度，健全劳动、资本、技术、管理等生产要素按贡献参与分配的制度，初次分配和再分配都要处理好效率和公平的关系，再分配更加注重公平"，这是对我国收入分配制度的重大补充和完善。它要求我们在收入分配上，从过去对效率与公平的分割发展转变为注重效率与公平的优化组合，首次提出不仅要重视再分配的公平，而且要重视初次分配的公平。把按生产要素的贡献进行分配放在重要的位置上，体现了我国以按劳分配为主的收入分配制度特点。调整国民收入分配格局，首次提出"逐步提高居民收入在国民收入分配中的比重，提高劳动报酬在初次分配中的比重"，理顺国家、企业和个人三者之间的利益关系，不仅要重视宏观分配格局的调整，而且要重视微观制度的建立。

2012 年 11 月中共十八大报告强调千方百计增加居民收入，必须深化收入分配制度改革。继续"坚持按劳分配为主体、多种分配方式并存的分配制度，继续完善劳动、资本、技术、管理等要素按贡献参与分配的初次分配机制"，对此提出了具体的改革要求。"初次分配和再分配都要兼顾效率和公平，再分配更加注重公平"，在初次分配和再分配的具体政策中更加体现公平性。"努力实现居民收入增长和经济发展同步、劳动报酬增长和劳动生产率提高同步，提高居民收入在国民收入分配中的比重，提高劳动报酬在初次分配中的比重"。"多渠道增加居民财产性收入"，比十七大报告中的"创造条件让更多群众拥有财产性收入"又往前推进一步。2013 年 2 月国务院批转《关于深化收入分配制度改革的若干意见》，分七个方面对收入分配制度改革的总体目标、实现路径和政策措施等进行了详细的规划和阐述。

5.1.3.2 收入分配制度的变化

（1）农村收入分配制度变化。

2002 年颁布《中华人民共和国农村土地承包法》，稳定和完善了以家庭承包经营为基础、统分结合的双层经营体制，保障农民长期的土地使用权，维护农民承包土地的合法权益。2004 年国务院出台《关于深化改革严格土地管理的决定》，允许农村集体建设用地使用权可以依法流转。2005 年《农村土地承包经营权流转管理办法》规定了土地承包经营权的流转主体、方式、管理等内容。2013 年中央农村工作会议要求探索农村集体土地所有制的有效实现形式，探索集体所有权、农户承包权、土地经营权"三权分置"的管理办法。2015 年《深化农村改革综合性实施方案》，提出要坚守农地产权制度改革的"三条底线"，对承包地的产权、承包权、经营权有了更加明确的规定。

2003 年开始在全国农村推广税费改革，逐步取消牲畜屠宰税和除烟草以外的农业特产税，2004 年《关于促进农民增加收入若干政策的意见》中要求，5 年内全面取消农业税，完全取消屠宰税，除烟草之外，取消其他农业特产税。2006 年 1 月 1 日起废止《农业税条例》，全面取消农业税。

按照 2004 年《关于促进农民增加收入若干政策意见》的要求，粮食直接补贴、良种补贴和农机购置补贴"三补贴"政策在全国范围内推广，后又扩展为由粮食直接补贴、农资综合补贴、良种补贴和农机购置补贴组成的

"四补贴"政策。2015～2016年,"四补贴"政策全面升级,直接补贴、农资综合直补、良种补贴"三补合一",农机购置补贴操作方式也进一步优化,其他各类农业补贴政策不断完善升级。

(2)城镇收入分配制度的变化。

①公务员工资制度。按照《中华人民共和国公务员法》的规定深化公务员工资制度改革,形成适应经济体制和干部管理体制要求的公务员工资管理体制,2006年7月1日开始实行新的公务员工资制度。调整工资结构,基本工资由职务工资和级别工资两项构成,取消作为"自动调节器"的基础工资和工龄工资,职务工资改为一个职务对应一个工资标准,领导职务和非领导职务对应不同的工资标准,级别由现行15个改为27个。确定基本工资中的地区附加津贴与岗位津贴制度。实行年终一次性奖金,对年度考核称职合格及以上的工作人员,按本人当年12月份的基本工资发放年终一次性奖金。工资增资方面,确立了职级晋升增资与国家调控增资制度,职级晋升按照"五年晋级,二年晋档"的工资晋升办法实行年度考核,工资待遇与职务级别相挂钩。工资调整方面,按照相类似企业的工资水平、经济发展水平以及物价指数的变动来相应的调整公务员的工资水平。公务员工资分类方面,按照岗位的不同性质将公务员划分为综合管理类、专业技术类和行政执法类,但工资没有进行相应的分类。

②事业单位的工资制度。事业单位的工资制度从1993年工资制度实施延续至2006年6月,期间经历了五次全国性的提高工资标准的调整、六次大年度的正常工资档次晋升,以及各地区津贴补贴的提高。通过《关于印发事业单位工作人员收入分配制度改革方案的通知》和《事业单位工作人员收入分配制度改革实施办法》等文件,事业单位收入分配制度继续深化改革,实行岗位绩效工资制度。岗位绩效工资由岗位工资、薪级工资、绩效工资和津贴补贴四部分组成,其中岗位工资和薪级工资为基本工资。岗位工资体现工作人员所聘岗位的职责和要求,分为专业技术岗位(13个等级)、管理岗位(10个等级)和工勤技能岗位(技术工岗位5个等级,普通工岗位不分级)。薪级工资体现工作人员的工作表现和资历,专业技术人员和管理人员设置65个薪级,对工人设置40个薪级。绩效工资体现工作人员的实绩和贡献,在核定的绩效工资总量内,按照规范的程序和要求,自主分配。津贴补贴

分为艰苦边远地区津贴和特殊岗位津贴补贴。工资增资方面，对年度考核合格及以上的工作人员每年正常增加一级薪级工资，岗位变动后按新聘岗位执行相应的工资标准。工资调整方面，国家根据经济发展、财政状况、企业相当人员工资水平和物价变动等因素，适时调整工作人员基本工资标准。完善高层次人才分配激励机制，继续实行政府特殊津贴制度，采取一次性重奖以及协议工资等灵活多样的分配形式和办法。逐步建立事业单位主要领导的分配激励约束机制，探索多种分配形式，规范分配程序，合理确定收入水平。

③企业工资制度。2006 年开始在各类企业中推行以工资集体协商为主要内容的制度改革。2006 年劳动部发布《关于开展区域性行业性集体协商工作的意见》，在全国范围启动区域性和行业性集体协商，"要将职工工资水平、工作时间以及与此直接相关的劳动定额、计件单价等劳动标准作为区域性行业性集体协商的重点，通过集体协商妥善处理各方的利益分配关系，推动企业建立正常的工资决定机制"。2008 年《劳动合同法》第五章第一节对集体协商制度做出法律规范，明确企业劳资双方可订立工资专项集体合同。2012年中共十八大报告首次明确提出"推行企业工资集体协商制度，保护劳动所得"，2013 年中共十八届三中全会进一步提出"健全工资决定和正常增长机制，完善企业工资集体协商制度"。

工资集体协商制度是职工代表与企业代表依法就企业内部工资分配制度、工资分配形式、工资收入水平等事项进行平等协商，在协商一致的基础上签订工资协议。协商内容包括：工资协议的期限，工资分配制度、工资标准和工资分配形式，职工年度平均工资水平及其调整幅度、奖金、津贴、补贴等分配办法，工资支付办法，变更、解除工资协议的程序，工资协议的终止条件，工资协议的违约责任等。协商确定职工年度工资水平应符合国家有关工资分配的宏观调控政策，并综合参考以下因素，地区、行业、企业的人工成本水平，地区、行业的职工平均工资水平，当地政府发布的工资指导线、劳动力市场工资指导价位，本地区城镇居民消费价格指数，企业劳动生产率和经济效益，国有资产保值增值，上年度企业职工工资总额和职工平均工资水平等。

根据按劳分配与按要素分配相结合的指导思想，进一步完善经营者、职工持股制度。2005 年《公司法》第一次允许公司回购股份用于奖励职工，证监会颁布《上市公司股权激励办法》对股权激励做出相关的细节规定，股权激励成为职工持股的主要形式，得到了迅速发展。2008 年中央下发《关于规范国有企业职工持股、投资的意见》，对职工的持股范围、股金来源等做出详细规定，使职工持股逐渐步入规范化、体系化的新的发展阶段。2010 年《关于规范金融企业内部职工持股的通知》，对金融企业的持股方式、股权转让作出规定。

2003 年中央出台《中共中央国务院关于进一步加强人才工作的决定》，在分类指导、分步实施的基础上，进一步完善国有企业经营者年薪制。2004 年国资委出台《中央企业负责人薪酬管理暂行办法》，规定中央企业负责人的薪酬由基本薪金、绩效薪金和中长期激励构成。2009 年《关于进一步规范中央企业负责人薪酬管理的指导意见》出台，规定企业主要负责人的基本年薪与上年度在岗职工平均工资挂钩，绩效年薪根据本年度经营业绩确定。各地根据实际情况纷纷出台文件对年薪制作出规定，形成了武汉模式、四川模式、深圳模式、北京模式、江苏模式等。

5.1.3.3 收入分配制度对各行业工资的实践效果

从实践情况看，农村继续推行"家庭联产承包责任制"，取消农业税，加大农业补贴，根据城市经济发展水平和前期积累的问题，对机关、事业单位人员进一步改革工资制度，在企业推行工资协商制度，使得各行业、各地区居民收入的不同步增长，2008 年达到最大的工资差距，此后缓慢降低了工资差距。

从第一产业的实际情况来看，2004 年开始对种粮农民进行直接补贴，2004~2015 年的种粮直接补贴、农资综合补贴、良种补贴的资金总和由 145 亿元增长到 1415 亿元，农机购置补贴由 7000 万元增长到 237.55 亿元。但是由于粮食、油料、棉花等农产品价格上涨速度相对偏慢，并且农业经营规模相对偏小，无法得到规模经济的好处，农业补贴效果也被弱化，人均补贴额较少，从事农产品生产的直接收入相对较低。2003~2015 年期间第一产业平均工资增速 13.7%，低于社会平均工资 75% 左右，与行业最高工资水平之间的差距越来越大，2015 年最高行业工资水平比第一产业高出 2.6 倍。第一产业内部行业结构相对稳定，农业比重 50% ～54%，林、牧、渔业的平均工资分别高于农业平均工资 1.4%、0.1%、33.78%。

从第二产业的实际情况来看，各类企业都推行工资集体协商制度改革，逐步实现劳动报酬增长与劳动生产率提高同步，但同时也进一步拉大了行业工资差距，到 2008 年达到顶峰状态。2003～2014 年采矿业的工资增长速度 14.9%，略高于社会平均工资的增长速度 13.5%，从第二阶段的低工资行业又逐步调整为高工资行业，但 2015 年又回到了低工资行业。劳动密集型的制造业，继续保持较低的工资增长速度，而资本密集型或技术密集型制造业继续保持较高的工资增长速度，两者之间的差距越来越大，整个制造业仍然属于以劳动密集型为主的低工资行业，2003～2015 年期间低于社会平均工资 13.2%。电力、热力、燃气及水生产和供应业凭借自然垄断地位，继续保持高工资状态，2003～2015 年期间高于社会平均工资 27.2%。建筑业是农村剩余劳动力进入城市就业的主要行业之一，就业门槛低，劳动力素质相对偏低，虽然工作性质辛苦，但行业工资水平仍然较低，2003～2015 年期间低于社会平均工资 25.3%。

从第三产业的实际情况来看，随着企业、国家机关和事业单位的工资制度改革的进一步推进，各行业生产效率的不同步发展，到 2008 年各行业的工资差距达到最大。互联网经济的迅猛发展，信息网络设施的健全，信息网络普及率的提高，使得相关产业的发展态势良好，交通运输、仓储和邮政业一直保持着较高的工资水平，超过社会平均工资 11.8%，信息传输、软件和信息技术服务业对高端人才的需求更加旺盛，从 21 世纪初开始行业工资就迅速上涨，超过社会平均工资 63.8%。金融业由于其特殊的行业垄断地位，获取了巨大的垄断利润，以及行业内的高人力资本投资，使得该行业继续保持较高的工资增长水平（2008 年以后工资增长速度有所下降），行业平均工资超过社会平均工资 58.1%。批发和零售业，住宿和餐饮业，居民服务、修理和其他服务业是农村剩余劳动力向城市转移过程中，最容易进入的行业，对劳动力技能要求低，就业形式灵活，但是工资水平低，2003～2015 年期间分别低于社会平均工资的 10.3%、36.6%、22.4%。房地产业逐渐从高工资行业逐步转变为低工资行业，从 2003 年高于社会平均工资 20.1% 到 2015 年低于社会平均工资 2.9%，在以机关和事业单位为主的行业中，通过对机关和事业单位的工资制度改革，保障了工资水平的增长速度能与社会平均工资增长速度基本一致（水利、环境和公共设施管理业工资增长速度稍低）。2003 ~ 2015 年期间科学研究和技术服务业，教育、卫生和社会工作，文化、体育和娱乐业，公共管理、社会保障和社会组织都超过了社会平均工资水平，其中知识密集型行业科学研究和技术服务业的平均工资超过社会平均工资40.9%。只有水利、环境和公共设施管理业是低工资行业，低于社会平均工资30.9%。

5.1.4　收入分配制度的演变过程总结

改革开放以来，我国经济体制改革的演进过程如表 5 - 1 所示。1978 ~ 1992 年是我国从计划经济到市场经济转变的适应时期，开始逐步探索建立社会主义市场经济体制，1978 年从农村的家庭联产承包责任制开始，到 1984 年在城市重点对国有企业实行企业制度改革。1992 年年底我国正式确立了市场经济的主体地位，1993 ~ 2015 年是我国理性推进市场经济体制改革阶段，在建立新体制框架的基础上，不断完善各种经济制度，建立并不断完善现代企业制度。

表 5 - 1　　　　　　　　　　　中国经济体制改革的阶段变化

	时期	1978 ~ 1992 年		1993 ~ 2015 年	
大阶段	特征	感性发展阶段：试验性、探索性、破坏旧体制		理性推进阶段：系统性、主动性、制度创新	
小阶段	时期	1978 ~ 1984 年	1984 ~ 1992 年	1993 ~ 2002 年	2003 ~ 2015 年
	特征	农村改革为重点	城镇改革为重点	建立新体制框架	完善新经济体制
	主要制度变化	家庭联产承包责任制	国有企业制度改革	现代企业制度的建立	完善现代企业制度

资料来源：根据我国经济体制改革资料整理。

与经济体制改革相适应的收入分配制度也不断演变，其演变过程如表 5 - 2 所示。由单一的按劳分配逐渐演变为按劳分配为主、多种分配方式并存，到现在按劳分配与按要素分配相结合的方式，经历了克服平均主义，坚持效率优先、兼顾公平，到初次分配注重效率、再分配注重公平，再到初次分配和再次分配都要处理好效率和公平的过程。为适应经济体制的不断变革，在农村地区和城镇地区适时进行了工资制度的改革。从1978年开始首先对农村地区进行改革，不断完善农地承包权制度（家庭联产承包责任制），使农民逐渐享有承包地的自主经营权、收益权、流转权，逐步激发农业生产活力，增加农业收入。从1984年开始对城镇地区进行改革，根据国家机关、事业单位、企业的不同运行特点，对各类经济主体进行分类指导、规范运行、逐步完善工资制度，使全体公民共享经济发展成果，各行业、各地区收入稳步增加，针对过大的收入差距适时进行调整。

表 5 - 2　　　　　　　　　　收入分配制度的演变过程

时期	指导思想	分配原则	具体收入分配制度
经济体制转型初期（1978~1992年）	按劳分配（1978~1984年）按劳分配为主体，其他分配方式为补充（1985~1992年）	克服平均主义（1978~1984年）促进效率提高，体现社会公平（1985~1992年）	农村：家庭联产承包责任制，1984年前限制土地流转，之后享有土地的自主经营权、有限的流转权。1985年农产品流通实行合同定购与市场收购两种方式，即价格双轨制城镇：工资等级制，只进行局部的、有限的调整（1978~1984）。（1）政府机关、事业单位：结构工资制；（2）国有企业：工效工资制（承包制企业：多种分配制度）；（3）其他企业：劳动合同制
经济体制转型中期（1993~2002年）	按劳分配与按要素分配相结合	效率优先，兼顾公平	农村：农地承包权制度，逐渐享有承包地的使用权、经营权、收益权、流转权。1993年农产品购销走出双轨制，进入全面市场化阶段，1998年开始推行农产品价格支持制度城镇：（1）国家机关：职务级别工资制；（2）事业单位：专业技术职等级工资制、专业技术职务岗位工资制、艺术结构工资制、体育津贴和奖金制、行员等级工资制等5种不同类型的工资制度；（3）国有企业：岗位技能工资制、职工持股、年薪制、技术入股等多种分配方式；（4）其他企业：收入形式多样化
经济体制转型深化期（2003~2015年）	按劳分配与按要素分配（贡献）相结合	初次分配注重效率，再次分配注重公平初次分配和再次分配都要处理好效率和公平（2012年以后）	农村：农地承包权制度，强化农地承包权的物权保护，2014年明确农地承包权与经营权分离政策。2003年农村推广税费改革，进一步完善农业补贴政策城镇：（1）国家机关：公务员分类工资制度；（2）事业单位：岗位绩效工资制度；（3）企业：工资集体协商制度、职工持股、年薪制、技术入股等多种分配方式

资料来源：根据表5-1中各时期的收入分配制度的文件整理。

5.2 收入分配制度变迁对行业
工资差距形成的作用

5.2.1 收入分配制度变迁的一般要素

经济学中"制度"的使用频率很高，但对"制度"还没有形成统一的认识和看法。在众多的经济学流派中，从最一般意义上讨论过制度含义的主要是旧制度经济学家凡勃伦、康芒斯和新制度经济学家舒尔茨、诺思等。凡勃伦最早给制度下过一般定义，"制度实质上就是个人或社会对有关的某些关系或某些作用的一般思想习惯"，是指导个人行为的各种非正式约束。康芒斯"把制度解释为集体行动控制个体行动"的一系列行为准则或规则。舒尔茨、诺思等继承了康芒斯的观点。舒尔茨"将一种制度定义为一种行为规则，这些规则涉及社会、政治及经济行为。"诺思给制度下过多种定义，在《经济史中的结构与变迁》中说"制度是一系列被制定出来的规则、守法秩序和行为道德、伦理规范，它旨在约束主体福利或效应最大化利益的个人行为"。在《制度、制度变迁与经济绩效》中说"制度是一个社会的游戏规则，更规范地说，它们是为决定人们的相互关系而人为设定的一些制约。"在制度经济学家看来，制度就是约束和规范个人行为的各种规则和约束。

5.2.1.1 制度安排

一项制度安排是指在特定领域内约束人们行为模式和关系的一套行为规则，是"支配经济单位之间可能合作与竞争的方式的一种安排"，界定并限制了人们的选择集合。制度安排可以有多种多样的形式，可以是正式的制度安排，形成法律、政策、规章、合同等，也可以是非正式的制度安排，体现在人们的观念意识或行为习惯中；可以是由政府来做出强制性的制度安排，也可以是个人或团体之间的自愿约定。制度环境是一系列用来建立生产、交换与分配基础的基本的政治、社会和法律规则。制度安排一定要适应制度环境的变化。

收入分配是指一个国家（地区）在一定时间内劳动者创造出的社会总价值按照什么样的原则在各个参与价值创造的主体间进行分配。收入分配制度是指收入分配交易规则的总和，是以规则和条文体现出来的各个分配主体之间的权力与利益的关系。我国自改革开放以来，根据基本经济制度（制度环境）的不断变化，收入分配制度（基本制度）大致也经历了三个阶段：1978～1984 年"按劳分配"，1985～1992 年"按劳分配为主体，其他分配方式为补充"的收入分配制度；1993～2002 年"按劳分配与按要素分配相结合"的收入分配制度；2003～2015 年"按劳分配与按要素（贡献）分配相结合"的收入分配制度。从不同的经济活动类型出发，收入分配制度在各个领域表现出具体不同的内容，农村和城镇之间、不同经济单位之间、不同所有制企业之间都有着不同的具体分配规则（派生制度），形成了一定的制度结构。

5.2.1.2 制度结构

制度结构是"正式规则、非正式约束以及它们的实施特征的结合"。正式规则是人们有意识创造的一系列政策法则，包括政治规则、经济规则和契约，以及由这一系列的规则构成的一种等级结构。非正式约束是人们在长期社会交往中逐渐形成的，并得到社会认可的约定成俗、共同恪守的行为准则，包括价值信念、伦理规范、道德观念、风俗习性、意识形态等。制度的实施机制本身就是正式规则与非正式约束的一个构件，任何制度（尤其是正式制度）离开了实施机制就形同虚设，检验一个国家的制度实施机制是否有效，主要是看违约成本的高低，强有力的实施机制将使违约成本变得极高。

制度结构的层次性要求各项制度安排从总体上看构成一个层级系统，有基本制度和派生制度。基本制度往往是一些抽象原则，不加阐释直接实施的操作性不强；派生制度由基本制度衍生而来，是对基本制度内涵的具体规定和具体实施措施，具有较强的可操作性。在制度环境的不同时期，通过具体的派生制度，使得基本制度能够得到有效贯彻。我国收入分配的基本制度发生了渐进式的变化，表 5-2 中就列出了不同时期各经济单位所实行的不同的工资制度，在不同指导原则下，各经济单位的具体工资制度也发生了变化，形成了不同的制度结构。相对稳定的基本制度有助于事先避免和事后消除为适应条件变化而需要经常变动的不同派生制度之间的相互冲突。当我国经济体制发生变化时，要求收入分配制度也发生相应变化，在保持"按劳分配"这个基本制度稳定的同时，逐渐认可其他生产要素在生产过程中的作用，承认其他生产要素获得相应报酬的合法性，逐步改变不同经济单位的具体分配形成，使得派生制度适应基本制度的变化，在收入分配制度系统中各项制度安排之间相互协调和匹配，使整个制度系统能够发挥最大的制度效率。

5.2.1.3 制度效率

制度的静态效率分为单项制度安排的静态效率和制度结构的静态效率两个方面。前者是指单项制度安排的成本和收益的比较分析，制度成本（即交易费用）主要包括制度变革过程中的界定、设计、组织等成本和制度运行过程中的组织、维持、实施等费用；制度收益则指制度通过降低交易成本、减少外部性和不确定性等给经济人提供的激励和约束的程度。后者是指制度系统内部出现的制度结合状态，即制度耦合、制度冲突和制度真空三种不同的效率状态。制度的动态效率是指制度在时间进程中的效率。从制度的动态效率来看，制度的效率具有递减的趋势。同任何事物的发展过程一样，制度本身也存在着一个产生、发展、完善以及被替代的过程。某一特定的制度只能存在于一个特定的时期，有着它自己的生命周期。

例如，1978年开始在我国农村实行家庭联产承包责任制，这种制度突破了原有的集体所有、集体生产的经济体制，土地承包给农户家庭经营，适应了当时中国农村的生产技术特点，强调了农民的投入与产出之间的直接联系，极大激发了农民的投入热情，农村经济进入了增长路径，体现了制度的静态效率。1983~1984年这种制度基本上在全国推行完毕，农村经济到1984年达到增长峰值，之后农村经济增长失去了一个主要推动力，由增长转向停滞。随着市场经济的快速发展，承包制制约农村经济实行规模经营的缺陷逐渐暴露出来。一方面，为激励农民进行长期投资，必须保证土地承包的稳定性；另一方面，农村人口的变化和产业化的发展要求土地具有流动性。承包制不能解决这一矛盾，难以提供更高的激励水平，因而农村经济一度出现徘徊局面，出现了制度动态效率的递减。

5.2.1.4 行动团体

制度的产生、运行、退出都由行动团体来执行。行动团体"包括政治团体（政党、参议院、行政机构），经济团体（厂商、工会、家庭农场、合作社）、社会团体（教堂、俱乐部、协会）以及教育团体（学校、大学、职业培训中心），这些都是为达成某些目标并受共同目的约束的个人团体"。"初级行动团体，是一个决策单位，它们决策支配了安排创新的进程，正是行动团体认识到存在一些收入（这些收入是他们的成员现在不能获得的），只要它们能改变安排的结构，这些收入就可能增加"。"次级行动团体，也是一个决策单位，是用于帮助初级行动团体获取收入所进行的一些制度安排变迁。次级行动团体做出一些能获取收入的策略性决定，但是它不能使所有的追加收入自然增长。"制度与行动团体之间的交互作用决定了制度变迁的方向。制度与其他约束条件结合在一起，决定了社会中的获利机会，为了抓住这些机会行动团体运用而生，行动团体的演化又会改变制度。"作为结果的制度变迁路径取决于：第一，由制度和从制度的激励结构中演化出来的组织之间的共生关系而产生的锁入效应；第二，由人类对机会集合变化的感知和反应所组成的回馈过程。"

我国收入分配制度变迁的行动团体，是指有意识地推动分配制度变迁或对分配制度变迁施加影响的组织或利益集团。初级行动团体是制度变迁的策划者和推动者，根据收入分配制度变迁过程中初级行动团体的构成和作用，有以下几种形式。一是以村为基本单位的自发团体，我国收入分配差距的重要体现之一在于农村居民与城市居民之间的收入差距，村组织可以收集在农业生产过程中的各种影响农村居民收入增长的限制条件，包括土地制度、农产品的生产和流通、农产品价格等问题，向政府部门提出相应的建议。二是各行业的行业协会，我国收入分配差距的重要体现之二在于垄断行业与非垄断行业之间的收入差距，非垄断行业的行业协会可以成立专门的调查机构，收集行业收入水平、行业补贴等材料，向政府部门提出限制垄断促进公平竞争、提高本行业收入水平的利益诉求。三是企业工会组织，我国收入分配差距的重要体现之三在于企业高管与普通职工之间的收入差距，工会组织开展调查研究，向政府部门提出一般职工收入合理增长、与企业高管收入保持合理差距的建议，同时对职工的个人所得税、奖金、津贴等导致的收入差距问题向政府部门提出建议。次级行动团体是在制度变迁中辅助初级行动团体行动的个人或组织，根据收入分配制度变迁过程中次级行动团体的构成和作用，有以下几种形式。一是调查研究部门，包括统计部门、高等院校、研究机构等，提供收入分配差距、收入分配制度安排等客观数据、研究报告等。二是法律组织，包括各种律师事务所、法律咨询和研究机构等，提供给初级行动团体行动时，所需要参考的法律依据和法律工具。次级行动团体的辅助行动可以有效减少收入分配制度变迁中的交易费用，提高制度变迁效率，其自身也可以从中获得一定的收入。

5.2.2 收入分配制度变迁的基本动力和诱因

5.2.2.1 收入分配制度变迁的需求分析

制度变迁是一种新的、效益更高的制度对另一种旧的、效益低的制度的替代过程，制度变迁需求就是对效益更高的新制度的需求。

（1）制度变迁需求的形成。人们出于对自身利益不断增进的要求，会不断寻求能够带来更高利益的制度安排，这成为制度变迁的基本动力。"正是获利能力无法在现存的安排结构内实现，才导致了一种新的制度安排（或变更旧的制度安排）的形成"，对制度框架的边际改变将使某些潜在利益变成现实利益，潜在利益主要来源于以下四个方面。

①规模经济。规模经济是一种技术现象，最有效（单位成本最低）的产出可能需要企业的规模很大，相对于规模小的企业而言，规模大的企业由于具有规模经济优势，单位成本低，利润高。要形成规模大的企业需要较大的资本量，而企业可得资本量在很大程度上取决于企业自身的组织形式（制度）。从业主制企业、合伙制企业走向现代企业的制度创新降低了对获取资本的难度，创新者可以获得内含于规模经济中的潜在利润。规模经济推动了企业组织形式的创新，形成新的企业制度。

②外部性的内部化。外部性是指经济单位的某些成本或收益由外部因素决定，外部成本或外部收益的存在，使得市场无法产生最有效的结果。在交易费用为零，产权界定清晰的情况下，交易双方的自愿交易就可以将外部性内部化。但是，在交易费用大于零的情况下，交易双方不可能通过自愿的交易将外部性内部化，需要政府运用税收、罚款或者补贴、奖励等措施，使私人收益接近社会收益，私人成本接近社会成本。某种程度上，制度创新的过

程实质上是外部性内部化的过程，它可能增加社会的总收益。

③克服风险，降低不确定性。经济环境的复杂性和多变性，使得经济单位做决策时，充满了不确定性，增加经济过程中的交易费用。经济越发展，经济关系越复杂，不确定因素越多。制度作为经过多次博弈而达成的一系列的契约总和，为经济单位之间的相互作用提供了一个基本活动框架，减少了不确定性，总利润就可以增加。"制度的存在是为了降低人们互动中的不确定性而存在的"，这些不确定性之所以产生，是所要解决的问题的复杂性以及个人所拥有的解决问题的能力不足的结果。

④不完全市场的存在。真实的经济世界，完全的市场是不存在的，信息成本不仅存在，而且是报酬递增的。由于市场信息的不充分、不对称，交易过程并非没有摩擦，交易双方需要寻找、谈判、履约，有时甚至诉诸法律，所有这些都要付出一定的交易费用。如果能够提供有效的信息或缓解交易双方的信息不对称就能降低交易费用，许多制度安排的出现就是为了节省交易费用，从而使人们能从降低信息成本中获得潜在利润。

当在现存制度结构下，由于规模经济、外部性、风险和不确定性、不完全市场引起的潜在利益不能内在化时，一种新制度的产生可能允许获取这些潜在利益，于是行动团体共同推动了制度变迁。

（2）制度变迁需求的影响因素。制度变迁是一种新的、效率高的制度对另一种旧的、效率低的制度的替代过程，其需求的形成主要有以下的影响因素。

①要素和产品的相对价格的变动。人类社会发展历史中，多次产权制度的变迁是由于要素和产品相对价格的变动引起的。当某种要素或产品因为某种原因变得稀缺，其相对价格上升时，稀缺性要素或产品的所有者就可以从中获得更多的收益，当所有者从保护该种产品或要素的专有权的收益大于成本时，产权制度的需求运用而生。

②技术进步。技术进步通过影响生产过程，产生了规模经济问题，大工厂制度取代家庭作坊获取了潜在利益，促使了复杂的组织形式的建立。技术进步通过创新劳动工具影响生产监督管理过程，降低了劳动监管费用，改变了要素所有者之间的劳动关系，最终改变了要素所有者之间的收入分配形式。

③市场规模的变化。市场规模的变化能够改变特定制度安排的成本和收益。如市场中的信息成本并不随交易量的增长而同比例增长，反而能体现成本的递减特性。市场规模一扩大，固定成本可以通过很多的交易、而不是相对很少的几笔交易收回，固定成本就成为制度安排创新的一个较小的障碍了。

④群体偏好变化。群体偏好是指某一集团共同的喜好、价值观念等，一个民族或国家的文化传统、社会习俗等意识形态都决定性地影响着集团偏好。由于偏好影响人们的效用函数，效用函数决定人们的需求函数，影响人们的利益判断。当偏好发生变化时，通过"偏好—效用—收益"这一路径改变人们对预期利益的判断，推动新制度的产生。

⑤其他制度安排的变迁。由于"某个制度结构中制度安排的实施是彼此依存的，某个特定制度安排的变迁，可能引起对其他制度安排的服务需求"。"一旦制度开始变迁，它们会以一种自动强制实施的方式发生变迁。老的信念和制度在变化，新的信念和制度彼此之间，以及新的信念和制度与相同方向上的未来变迁之间都逐渐变得调和一致。"

（3）中国收入分配制度变迁的需求分析。根据以上分析可知，如果改变现有的制度安排，人们能够获得在原有制度安排下得不到的外部利益，就会产生对新制度的需求。同样，人们对收入分配制度变迁的需求也源于对旧的收入分配制度下得不到的外部效益的追求。中国收入分配制度的变迁，对旧的收入分配制度下的潜在外部利益进行了内在化。

①收入分配制度变迁的外部利润。首先，激励机制带来外部收益。良好的收入分配制度应该具有良性的激励机制来激发经济主体寻求更高效率的生产、管理和经营过程的欲望，提高经济活动的效率。改革开放前，"大锅饭"似的平均主义没有体现出劳动者在能力和贡献上的差距，是一种既违反公平也损失效率的分配制度，工效工资、结构工资的推行克服了平均主义，劳动效率与工资挂钩，体现了多劳多得，产生了外部激励。而收入差距过大，其外部收益的边际增量减少，良好的收入分配制度应保持合理的收入差距，能产生激励效应，促使社会财富和收入的增长。其次，社会稳定降低外部成本。良好的收入分配制度应具有稳定社会结构、降低社会外部成本的功能。严重的收入分配不公将引起一系列社会问题，容易引发弱势群体对社会制度的不

满，激起社会矛盾，造成社会形势的动荡不安，社会治安成本加大。改革开放后，我国的收入分配差距逐渐拉大，对于制度不完善、市场不均衡造成的收入差距容易引起人们的反感，妨碍激励机制发挥作用，为调整收入分配差距，对初次分配制度和再次分配制度都提出了处理好效率和公平的要求。

②生产资料所有制的变化导致收入分配制度的变化。在一定的制度结构中，制度安排的实施是彼此依存的，制度之间有一定的匹配度，当制度环境变化时，其他制度安排也随之变化。改革开放前我国生产资料所有制实行单一的公有制形式，与此相适应的收入分配制度就是单一的按劳分配制度。改革开放后生产资料所有制逐步转变为以公有制为主体、多种所有制并存的形式，而单一的按劳分配制度无法满足不同所有制企业的分配要求，收入分配制度必须调整为与不同所有制形式的特点相适应，实行"按劳分配和按生产要素分配结合起来""按劳分配和按生产要素贡献分配结合起来"的收入分配制度，根据所有制不同、城乡不同、行业不同、职位不同，实行不同的收入分配方式。

③群体偏好的变化导致收入分配制度的变化。群体偏好的变化是基于意识形态的变化，由于历史文化传统、社会习俗、道德准则、行为规范等意识形态是长期缓慢变化的，群体偏好也在潜移默化中发生变化，而群体偏好的变化将影响制度环境和制度选择的集合空间，最终推动制度安排的变迁。改革开放前，我国实行高度平均的收入分配制度，其原因是我国之前所经历的阶级压迫、高度的贫富两极分化和不平等，使人们形成了对平等和平均的追求，在这种根深蒂固的思想影响下，新中国成立后，实行了高度的平均主义，无论在城镇还是在农村，收入分配制度都具有很强的平均主义倾向。但是这种高度的平均主义既违背了公平的真义，也损害了效率，改革开放后，对收入分配制度的改革，就是要打破绝对的公平主义，使人们逐渐认识到平均主义不是社会主义的本质。知识的进步、交流的扩大、教育的普及等使人们的学习能力不断提高，知识存量不断增加，社会价值观、世界观、意识形态都会逐渐发生变化。而改革开放的逐步推进，行业、地区、城乡之间的收入分配差距逐渐拉大，人们逐渐意识到公平与效率之间的矛盾又发生了转变，人们的公平观和效率观随之变化，为了缓和两者之间的矛盾，逐步推动了收入分配制度的边际调整。

5.2.2.2 收入分配制度变迁的供给分析

制度变迁供给是指一种新制度的供给主体在制度变迁收益大于成本的情况下，设计和推动制度变迁的活动，它是制度变迁的供给主体供给愿望和供给能力的统一。

（1）制度变迁的成本与收益。实际中，制度变迁的成本与收益，有些是可以计量的，有些是无法计量的；有些现在可以计量，有些到未来才可以计量；有些是公开的，有些是隐蔽的，所以制度变迁的成本与收益分析比较复杂。

①制度变迁的成本。第一，新制度的规划和设计成本。制度变迁是用新规则代替旧规则，需要对新规则及代替旧规则的过程进行规划和设计。收入分配制度的变迁关系到政府、企业组织、个人三类主体，其设计成本主要包括组织调查费用、聘请专家的设计费用、各类主体间的协商费用等。第二，清除旧制度的成本。新制度的建立需要清理旧制度的痕迹，开通制度变迁通道，对旧制度的拆除和清理需要一定的费用。清除现有收入分配制度中不合理的部分，必须由政府主导的强制性制度变迁来实现，运用法律手段、行政手段清除旧制度的障碍。第三，消除制度变迁阻力的成本。制度变迁往往会改变权利和财富的分配状态，如果制度变迁使一部分人利益增加，一部分人利益受损，则利益受损者会反对制度变迁，如果制度变迁的利益分配不均，也会引起成员间的反对。对反对者实行诱导措施和强制措施，必须花费一定的成本。收入分配制度的革新，会遇到既得利益集团的反对，形成阻力，政府通过法律规范、指导协调和谈判监督的方式，逐渐清除制度变迁的阻力。第四，新制度的实施成本。新制度必须按照一定的程序组织实施，使之获得正式通过、建立、运行，这是一个立规矩的过程。收入分配制度的实施成本主要包括新制度的宣传费用、组织人员学习和培训的费用、试点应用的费用、贯彻执行的办公费用等。

②制度变迁的收益。制度变迁的收益就是新制度潜在的外部收益，这种收益也不能用数字进行准确度量。收入分配制度变迁所带来的收益主要有增加低收入阶层和弱势群体的收入的外部收益，维护社会稳定带来的外部收益，激励效应带来的外部收益，避免经济发展损失的外部效益等。

③不同行动主体的成本与收益。第一,个体的成本与收益。从家庭、企业或某个利益团体的角度来看,个体收益表现为该项制度给他们带来更多的近期或远期收益,个人成本表现为为此付出的相应代价。只有在收益大于成本的条件下,个体才会推动制度变迁。收入分配制度变迁对个体而言,几乎无须支付成本,而绝大多数个人和家庭能从制度变迁中获得额外的收益,所以,绝大多数个人和家庭都会支持收入分配制度变迁。第二,社会的成本与收益。从社会整体层面来看,社会收益表现为国民收入的增加和收入分配的公平化,社会成本包括实施成本和摩擦成本,摩擦成本是由新制度的实施引起的人与人之间的利益冲突所导致的损失。摩擦成本源于制度变迁的"非帕累托改进"性质,在制度变迁中失去既得利益或相对收入增加缓慢的一方会阻碍制度变迁,阻力越大,摩擦成本越高。收入分配制度变迁对社会整体而言,全体社会成员可以获得经济稳定增长、社会安定繁荣所带来的社会效益,但是也要付出利益分配状态改变带来的实施成本和摩擦成本。第三,政治的成本与收益。从权力中心的角度来看,政治收益表现为社会总产出的增加,有利于增加财政收入、获得人们的政治支持、加强在国际政治经济中的地位。政治成本表现为由利益关系调整引发的社会不稳定因素产生的费用。收入分配制度变迁对政府而言,制度变迁所带来的财政收入持续增长、社会和谐、政治稳定、国防安全等巨大的政治收益,远远大于为调整各利益主体之间相互关系、维护社会稳定发展的政治成本。

(2)制度变迁供给的影响因素。制度变迁的供给主要取决于各利益集团之间的力量对比,当行动主体所在集团处于有利地位时,就可能发生满足行动主体的意愿和能力的制度变迁。制度变迁的供给受到以下几方面因素的影响。

①宪法秩序和规范性行为准则。宪法秩序规定了其他制度变迁的方向和形式,影响建立新制度的立法基础的难易度,如果在现有宪法秩序下行动主体无法承受进入政治体系的成本或者既有利益格局对新的制度安排阻力过大,都会阻碍新制度的供给。规范性行为准则影响社会文化传统和意识形态,制度安排与文化准则相适应,人们对新制度的认识、理解、接受越快,可以降低制度变迁的成本。

②制度设计成本和预期实施成本。制度设计成本主要取决于设计新制度

的人力资源和其他资源的要素价格。新制度从潜在安排转变为现实安排,其关键在于制度实施中预期成本的大小。制度设计成本和预期实施成本越高,新制度的供给就越难。

③社会科学知识的进步。当社会科学知识和有关商业、计划、法律和社会服务专业的知识进步时,通过成功先例的逐渐积累,降低制度发展的试错成本,制度变迁的供给曲线也会右移。社会科学知识的研究,一方面能够加速制度变迁领域的新知识的产生,另一方面能够应用新的知识以使制度变迁的目标与实际实施的制度变迁之间保持更为准确的联系,提高资源配置的效率。

④上层决策者的净收益。上层决策者的净收益对制度变迁供给的影响比较复杂,首先取决于一个国家或地区的集权程度,在一个高度集权的国家或地区,上层决策者的净收益对制度变迁供给起着决定性作用,而上层决策者的净收益并不等于社会净收益,社会净收益的存在并不一定导致制度供给。只有当上层决策者觉察到制度变迁能够获得潜在净收益,找到低成本、有效的制度变革途径,制度变迁就有了内在动机,形成现实的制度供给。

(3)我国收入分配制度变迁的供给分析。以上分析可以看出,宪法秩序和规范性行为准则、制度设计成本和实施成本、社会科学知识的进步、上层决策者的净收益等四个方面影响制度变迁供给,我国的收入分配制度在社会主义市场经济的基本框架内,克服长期以来制度锁定的障碍,调整各阶层的利益格局,朝着利益主体多元化、效率与公平兼顾的方向发展。

①《中华人民共和国宪法》《中华人民共和国劳动法》等法律准则推动我国收入分配制度的改革。《中华人民共和国宪法》规定我国实行社会主义市场经济,"坚持按劳分配为主体、多种分配方式并存的分配制度",从最高法律层面,规定了我国收入分配的基本制度。《中华人民共和国劳动法》也规定"工资分配应当遵循按劳分配原则,实行同工同酬",从专门法律层面,具体规定收入分配的基本原则。我国的收入分配制度变迁按照宪法秩序所倡导的收入分配方向发展,对效率与公平的取舍随着经济形势的变化而相应变化。

②收入分配制度设计成本和预期实施成本的影响。我国收入分配关系非常复杂,制度的试错成本大,制度设计要考虑的方面很多,但是我国的理论

研究人员多，研究成果丰富，人力资源和物质资源的丰裕有利于降低制度设计成本，推动收入分配制度的变迁。收入分配制度变迁是对各种利益群体之间利益的重新调整，我国的收入分配格局呈现固化的状态，为新制度清除旧制度的障碍需要付出极大的成本。新制度的出台必然会触及既得利益集团的利益，会受到既得利益集团的阻挠，阻力越大，预期实施成本也会越大。

③社会科学知识的进步对收入分配制度的影响。我国社会科学知识的持续进步，以马克思主义为指导思想、具有中国特色的社会主义市场经济的思想体系逐渐成熟，与此为中心的各种经济理论逐渐完善，能够为我国收入分配制度变迁提供强大的理论动力。市场经济思想已经深入人心，人们参与市场经济活动的自由度越来越大，对收入分配形式的认识也越来越深，有利于进一步推动收入分配制度变迁。

④意识形态对收入分配制度的影响。政府的意识形态是要构建富强民主文明和谐美丽的社会主义现代化强国，使全体成员都共享社会主义的经济发展成果，提倡效率与公平兼顾的收入分配理念，以此决定我国收入分配制度变迁的方向。广大普通公众的主流意识形态也是要提倡公开、公平、公正，包括收入分配的起点公平、过程公平、结果公平、代际公平。政府与公众的意识形态具有高度一致性，能够形成新的收入分配制度的理论基础。

综上所述，在制度需求和制度供给的共同影响下，推动了收入分配制度的变迁。我国收入分配制度变迁是一种自上而下的强制性的制度变迁，政府作为制度变迁的主体具有推动制度变迁的能力，在比较了制度变迁的预期成本和预期收益后，由法律和政府行政命令来主导和实现，而社会主义主流意识形态为制度变迁提供了可靠的保证。

5.2.3 收入分配制度变迁的过程分析

从历史的长河来看，各种制度总是在不断发展变化的。一般情况下，制度变迁是一个渐进性的连续的演变过程，是通过制度在边际上的不断调整而实现的。突发性的剧烈的制度变革是制度变迁的一种特殊情形，只发生在正式制度领域。制度变迁的主体是参与经济活动的个人、组织和国家（政府）。制度变迁的内在机制是制度变迁的需求与供给的博弈，相对价格的变化是制度变迁的动力。

5.2.3.1 收入分配制度变迁的一般过程

一般情况下,制度变迁是对构成制度总和的各种规则、准则和实施所作出的边际调整(除了战争、革命、入侵和自然灾害等导致突发性的制度变迁)。不断出现的潜在外部利润使现行制度安排的净收益小于另一种可供选择的制度安排的净收益,也就使人们对现存制度不满意或不满足,从而导致制度供给与制度需求不一致(即制度不均衡),进而引发制度变迁的动机。按照戴维斯和诺思(1971)的制度变迁理论模型,制度变迁具体过程如下:第一,形成初级行动团体。由于相对价格变化、市场规模变化、技术进步等因素,个人或团体从制度不均衡中预见到潜在利润的存在,形成制度变迁的初级行动团体。初级行动团体是一个决策单位,它们的决策决定了制度安排创新的进程,一旦发现制度变迁的预期收益大于制度变迁的预期成本,他们就会竭力推动制度变迁。第二,初级行动团体提出制度变迁方案。新方案首先应该得到基本制度结构或制度环境的许可,否则必须首先推动制度环境的变革,以消除现行制度环境对新方案构成的障碍。新方案可能来自于其他经济体系在类似活动方面的制度安排,也可能来自社会科学研究已经取得的新发明,还可能来自局部实践和探索所取得的经验。第三,选择制度变迁方案。在有了若干可供选择的制度变迁方案后,初级行动团体对预期纯收益为正值的几种制度变迁方案进行比较和选择,选择的标准就是利润最大化原则,即选出一种能满足个人或团体利益最大化的制度变迁方案。第四,形成次级行动团体,次级行动团体是指制度变迁过程中,为帮助初级行动团体获得预期利润而形成的决策单位。初级行动团体可以通过选举、贿赂、收买等手段建立次级行动团体,或在现有的制度结构中自动产生次级行动团体,或利用专门提供制度变迁服务以牟利的社会经济团体。第五,初级行动团体和次级行动团体共同努力,使制度变迁得以实现。初级行动团体和次级行动团体一起努力使新方案得以通过并付诸实施后,初级行动团体和次级行动团体之间可能就制度变迁的利润进行再分配。制度变迁的过程就是制度非均衡趋向制度均衡、实现制度安排利润最大化的过程。经过上述过程实现制度变迁后,就会出现暂时的制度均衡状态,即外界已不存在可以通过制度变迁获得潜在利润的机会，也就没有了制度变迁的可能性。直到出现以下情形产生新的潜在利润：一是生产技术的变化；二是制度的新发明，产生了新的组织形式和经营管理方式等；三是社会政治环境发生变化。

我国收入分配制度的演进也遵循制度变迁的一般过程规律。从改革开放开始，随着经济社会的全面发展，城市和农村地区根据各自发展面临的经济环境和制度环境，自发形成行动团体，行动团体通过自身的行动将社会收入分配中利益受损失者的利益诉求表达出来，传达给政府主导的社会收入分配偏好加总机制，由政府根据多数原则制定收入分配制度的具体制度安排，并通过自上而下的强制性制度变迁来推行。农村地区中，农村家庭联产承包责任制最初是在基层农民中自发产生的，农民（组织）形成了一个初级行动团体，在既有制度框架的边际上做出一些改变，使他们的境况得到改善，这种可获利的自发行动得到了地方政府（充当了次级行动团体的角色）的许可和支持，并且将这种局部的、非正式的制度安排逐步推行，演变成全国性的、正式的制度安排。初级行动团体和次级行动团体之间的共同推动，使得这项制度安排成为农村经济中主要的收入分配形式。城市地区中，城镇单位的收入分配制度改革也是从试点单位（初级行动团体）开始，经过统计部门、研究院所（充当了次级行动团体的角色）的调查研究，把试点单位的成功经验逐步推广到其他单位，由政府颁布正式的政策文件，最后形成城镇单位的收入分配制度，这就是制度和组织之间的锁入效应。随着经济形势的进一步发展，制度效率的逐渐递减，行动团体对可获利机会的变化形成新的感知和反应，信息回馈机制将推动收入分配制度进一步演化，形成了收入分配制度的历史演变过程。

（1）我国收入分配制度改革是一种渐进式的制度变迁。渐进式制度变迁是一种制度变迁的过程相对平稳、没有引起较大的社会震荡、新旧制度之间的轨迹平滑、衔接较好的制度变迁。由于个人和组织的信息和知识存量都是有限的，不可能预先设计好终极制度的模型，只能采取需求累增与阶段性突破的方式，逐步推动制度升级并向终极制度靠拢。这种制度变迁方式的特征决定了从启动变迁到完成变迁通常需要相对较长的时间。我国收入分配制度的改革，通常是在旧制度安排的边缘以试点方式发展新的制度安排，在保持制度稳定的基础上做出一定的、局部的突破，由体制外向体制内逐渐渗透。在农村地区实行的家庭联产承包责任制，不是对土地所有制做出彻底的一次性的改革，而只是对土地使用权的一种让渡，农民不具有土地的所有权，但是随着农村经济的发展，这种制度制约了农业现代化对大规模生产的要求，于是在原有制度基础上，逐渐使农民享有土地的经营权、收益权、流转权，农地承包权制度进一步强化了农地承包权的物权保护。在城镇地区实行的按劳分配制度取代了平均主义分配，在不同组织机构中实行了差别化的工资制度，工资差距重点体现劳动差异，但是随着城镇经济的发展，经济主体的多元化、生产方式的多样化、生产过程的复杂化，并没有直接否定按劳分配，而是提出按劳分配与按要素分配（贡献）相结合的方式，积极处理好效率与公平的问题。

（2）我国的收入分配制度是一种诱致性的制度变迁。诱致性制度变迁是指现行制度的变更、替代或者新制度的创造，是由个人或组织在响应获利机会时自发倡导、组织和实行。这种制度变迁通常以市场微观主体为制度变迁的主体，通过微观主体的内生制度需求，即发现潜在外部利润的存在，对制度变迁产生自发反应，逐步推动制度自上而下、从局部到整体进行调整。我国家庭联产承包责任制的确立过程是一个诱致性制度变迁过程。最初农村家庭联产承包责任制是1978年底安徽省凤阳小岗村的农民中自发产生的，但是即使在小岗村获得丰收的1979年，"包产到户"的做法也受到大量的质疑和批评。因此，这种自发的诱致性制度变迁的大规模发生还必须得到政府的许可和支持，否则不可能从非正式的、局部的制度安排变为正式的、全国性的制度安排。1991年《中共中央关于进一步加强农业和农村工作的决定》，才正式提出把以家庭联产承包为主的责任制作为我国乡村集体经济组织的一项基本制度长期稳定下来，并不断充实完善。从制度变迁成本与收益来看，自发性的制度变迁有了政府的支持，降低了制度变迁的成本，有利于制度变迁的实现。

5.2.3.2　收入分配制度变迁中的主要现象

在收入分配制度变迁过程中，主要存在着时滞和路径依赖两种现象。

（1）收入分配制度变迁中的时滞。制度变迁中的时滞是指从发现潜在外部利润到通过制度变迁实际取得外部潜在利润之间存在一个较长的时期和过程。按照戴维斯和诺思（1971）的观点，主要由四个部分构成。一是认知和组织时滞。从发现潜在外部利润的存在到组织初级行动团体所需要的时间，这个时间的长短主要取决于：潜在外部利润的大小、组成行动团体的成员数量多少、成员间沟通条件的好坏等。二是发明时滞。行动团体组织起来以后，要对行动方案进行发明和论证，这主要取决于：可以借鉴的创新方案、法律和政治环境的稳定性、经济环境对可选方案的限制条件等。三是菜单选择时滞。行动团体从若干种可选方案选择一个能满足其利润最大化的制度安排所需要花费的时间，这主要取决于：可选方案的多少、行动团体的认知水平等。四是启动时滞。行动团体选择最佳的制度变迁方案和实际进行的制度变迁之间的时间间隔，这主要取决于：行动团体的规模、成员间一致性意见的达成速度、潜在利润分配的公平性等。

影响时滞的主要因素有：第一，现在法律和制度安排的状态。不管什么时候，现存法律限制着新制度安排的演化范围。不仅影响制度创新的形态，而且还影响制度创新需要酝酿的时间。尽管法律也是可以变化的，但至少在短期内，它制约了新制度安排的选择。第二，新制度发明的难易程度。如果新制度的发明没有可以借鉴的经验，只能"摸着石头过河"，那么，新制度的供给时滞会很长。第三，潜在利润的分配问题。新制度的发明是为了获取潜在外部利润，也涉及潜在利润的分配问题，当各成员不是增加等量的利润时，需要协调成员间的利润分配，这需要一个长期而又艰巨的过程。第四，行动团体的认知水平。行动团体中的个人都是有限理性的经济人，对新制度的发明受到自身认知水平的约束。

我国的收入分配制度变迁过程也存在着时滞现象。第一，现有制度的残存价值阻碍收入分配制度变迁。收入分配制度变迁是对收入分配格局的重新调整，会影响既得利益集团的利益，既得利益集团会利用残存价值阻碍制度变迁。例如，改革开放前，所实行的平均主义分配制度，个人的平均主义思想根深蒂固，当引入劳动效率进行收入分配改革时，会受到部分习惯于"搭便车"的人的抵制。第二，没有可以借鉴的成功的制度安排。我国是社会主义市场经济国家，人口基数大，经济体系的内部结构复杂，世界经济历史中没有可以借鉴的成功的制度经验，我国特殊的国情决定了必须建立全新的收入分配制度。由于制度的轻微的边际变动，都会牵涉到广大的个人，这种创新也只能在摸索中逐渐进行，通过不断的试错，协调各利益主体的关系，所以新的收入分配制度运行存在的时滞在短时间内是无法迅速消除的。例如，我国城镇单位的工资制度改革，都是在试点单位先行试行，总结其中经验，再逐步推广到其他单位，根据城镇单位的不同所有制性质，实行差异化的工资制度，制度演进过程中必然存在一定的制度滞后性。第三，收入分配制度的供给者政府也具有有限理性。由个人组成的政府也是具有有限理性的，政府自身的认知水平和认知能力会影响收入分配制度变迁的进程。政府必须在实践中不断总结和归纳，制定出适宜的制度安排，缓解各利益主体的矛盾，必要时候采取行政和法律等刚性措施缓解制度变迁的阻力。例如，各级政府之间对同一收入分配问题的认识也会存在不同的见解，收入分配制度的改革目标和方向、实施步骤、具体手段等需要讨论、论证，经过不断的相互博弈，一致同意中也包括有妥协和折衷。

（2）收入分配制度变迁中的路径依赖。制度变迁中的路径依赖是指现在的选择要受到从过去积累而成的制度传统的约束。路径依赖类似于物理学中的"惯性"，一旦进入某一路径，就可能在以后的发展中得到自我强化，对这种路径产生依赖。"更全面的理解路径依赖含义的一个步骤是认识到积累而成的制度产生了一些组织，它们能否持续下去依赖于那些制度的持久力，因此这些组织会动用资源来组织那些威胁它们生存的变革。"所以，制度一旦进入锁定状态，要改变就比较困难，往往需要借助于外部效应，引入外生变量或依靠政府权力的介入。

按照诺思（1990）的观点，制度变迁的路径依赖主要有两种力量起作用。第一，制度的报酬递增性质。制度矩阵的相互依赖性会产生巨大的报酬递增，使之成为阻碍制度变迁的主要力量。制度的自我增强的四个机制使得制度的报酬递增成为可能。创立新制度需要的大量初始成本和追加成本，但随着该制度的推行，单位成本会逐渐下降。随着新制度的推广，各种组织和行为主体对制度的学习效应产生了适应过程，会不断降低制度运行成本。新制度的实施会产生一些与此制度相适应的正式和非正式制度安排，形成新的制度连接体，相互间的协调效应，最终形成统一的、具有互补性的制度体系。随着某一制度不断居于支配地位，人们对制度会持续下去的预期普遍化，减少不确定性，反过来会强化对制度的预期。第二，由显著的交易费用所确定的不完全市场。不完全市场是指信息不完全、竞争不充分的市场。在不完全市场中，个人受主观意志、个人偏好、意识形态的影响，不可能掌握准确而全面的市场信息，当事人根据不完全信息所设计的制度变迁并不一定符合其利润最大化原则，而要改变制度变迁的方向，显著的交易费用会成为其主要障碍，交易费用是使大量无效制度变迁陷入锁定状态而长期存在的一个因素。而如果市场是竞争性的，交易费用接近于零，报酬递增造成的低效率的制度路径依赖，也是容易得到市场矫正的。

我国的收入分配制度变迁过程也存在着路径依赖现象。第一，我国收入分配制度改革的初始选择，会提供强化现存制度的刺激和惯性，为以后的改革划定了范围。我国收入分配制度改革1978年在农村地区实行以家庭为单位的联产承包责任制，1984年在城镇地区实行以国有企业为单位的工效工资制，这种以提高效率为前提、承认劳动差别的收入分配制度改革对集体思想和平均主义产生了重要影响，对收入分配关系产生重大冲击，近40年来的改革和发展实践表明，虽然总趋势是按照改革初期提出的目标发展的，但是制度变迁过程中的不确定性和复杂性，使得收入分配的差距也非常明显。第二，制度变迁中利益集团的形成，会强化现存制度。一种制度一旦形成之后，会形成与现存体制共存共荣的组织与利益集团，他们对这种制度有着强烈的需求，使它沿着既定轨道持续下去。在经济体制改革过程中，国家对各行业的发展有计划分领域地逐步放开，但是对一些重要行业和重要企业实行了政策保护，形成了具有垄断利润的利益集团，其工资水平远高于非垄断性行业，这种利益集团对既定的路径依赖有着强烈的偏好，总是努力去维持和强化现存的分配制度。第三，人们学习过程的特点，使得旧制度的影响难以根除。学习过程是人们根据自己的知识和经验背景，对外部信息进行选择、加工、处理，对自己的知识体系进行调整和改变。这种学习的特点，使人们在设计和实施新制度的过程中很难以摆脱旧制度的影响。改革开放前的平均主义道德观点、地方保护主义思想等对收入分配制度影响深刻，使收入分配制度的初始演进轨迹打上了平均主义的烙印，随着改革开放的推进，效率优先的思想逐渐占主导地位，使得制度变迁的路径更具有"效率"特征。

5.2.4 制度变迁中行业工资差距的形成过程

5.2.4.1 制度变迁收益与成本的不对称形成的行业工资差距

从理论上来说，任何制度变迁都有其相应的成本与收益，从实践操作来看，这种收益与成本是难以精确计算的，并且每一个经济主体在制度变迁中，承担的成本和获得的收益也是不同的。计划经济到市场经济转变的中心问题是产品和要素的定价方式改革，从以前的政府定价转变到市场定价，由此产生一系列满足市场定价的制度。这种制度变迁人们付出了一定的成本和代价，给所有产业的发展都带来了收益，所有行业的工资水平都显著提高，但是当人们都为制度变迁付出代价之后，并没有平等地获得制度变迁的收益，有获得的收益多少以及获得的时间先后之别，有成本与收益是否对称的问题。在这一过程中，那些初始条件好的优势群体主导着制度变迁的方向，使制度沿着有利于这些优势群体的路径演变，制度变迁的收益向优势群体集中，而制度变迁的成本却更多的由劣势群体承担。正是由于这种制度变迁在成本与收益上的不对称性，导致了行业工资差距。

首先，从农业与非农产业来看，两者从制度变迁中获得的收益存在明显差异。农村地区的土地承包制度不断进行改革，解决了农副产品生产的激励问题，也不断适应了农业现代化的要求，农副产品的产量大幅度增加，但是农副产品的价格问题并没有得到很好的解决。从新中国成立初期所实行的产业发展政策，导致的工农价格剪刀差一直存在。1978 年改革开放以后，农副产品的收购价格稳步提高了，到 1987 年工农价格剪刀差达到最小值，20 世纪 90 年代经济改革重点转向城市以及粮食流通体制改革等，使得工农价格剪刀差又进一步扩大，21 世纪以来国家开始实施以工补农、推进社会主义新农村建设的战略，出台了一系列有利于农业发展的制度，但是并没有改变工农价格剪刀差的局面，农副产品的价格相对偏低导致农业收入增长受到抑制。市场化的制度变迁并没有给予农业和非农产业平等的市场机遇，使得农业的收入增长慢于非农产业的收入增长，两者之间的差距显著的持续存在。

其次，从垄断行业与开放性行业来看，垄断行业在制度变迁中享有优势地位，获取了较多的制度变迁收益。渐进式的市场化制度改革，对产业的发展实行了逐步放开、有序竞争的战略，这种引入竞争的时间先后顺序上的差异，导致各行业在市场中的地位有差异。对关系到国计民生的行业提供国家政策保护，逐渐形成了垄断行业，垄断行业利用其市场地位获取了高额的垄断利润，其内部职工的工资水平也远高于社会平均水平。2008 年开始实行的《中华人民共和国反垄断法》（以下简称《反垄断法》），虽然对电力、电信、银行、保险、证券等行业形成了一定的有效监管，但对石油、天然气、烟草等行业的监管问题一直受到诟病，这些行业长期以来形成的高工资与社会平均工资形成鲜明对比。渐进式的制度变迁并没有给予垄断行业和开放性行业平等的市场地位，使得垄断行业的收入增长快于开放性行业的收入增长，两者之间的差距显著的持续存在。

5.2.4.2　制度变迁中的时滞所形成的行业工资差距

制度变迁中的利益摩擦和阻碍因素产生制度变迁中的时滞。由于我国收入分配制度变迁也是在"摸着石头过河"，而制度供给者政府具有有限理性，各利益主体的利益协调需要一个长期而又艰巨的过程。在此过程中，制度变迁的时滞主要表现为制度缺失和制度不完善，进而造成行业工资差距。

制度缺失一方面表现为社会结构变化中，旧制度已经被废除但是新制度还没有建立起来，出现制度交替的真空，另一方面表现为制度虚设，虽然有制度，但是由于各种原因执行不力，制度名存实无。我国行业工资差距产生的一个重要原因是劳动力市场的行业分割，改革开放以后并及时没有建立完善的法律体系和政策来保证公平、开放的竞争市场秩序，反而有些制度阻碍了全国统一市场的形成，生产要素和劳动力资源不能自由流动，价格机制失效。如户籍制度变迁的相对滞后，人为的形成两个不同的劳动力市场，使农业、建筑业、住宿和餐饮等行业集中了大量的劳动力，劳动力就业竞争大，工资上涨受到抑制。而另外一些受到国家政府保护的行业，利用不平等的价格、垄断地位和政府支持，通过不合理的手段获得巨额的超额利润，最后转变成行业高收入，而这些行业的劳动力流动十分困难，工资也不能根据供求关系自动调节。即使 2008 年开始国家颁布实施了《反垄断法》，但是《反垄断法》的适用条件、监管范围、可操作性等问题，并没有改变一些行业的特殊地位造成的高工资水平。

制度不完善是指制度虽然存在，但是由于各种原因，制度设计存在一些漏洞。城镇经济发展中，虽然对每一行业的经济主体都规定了分配原则和具体分配制度，但是收入分配制度的不尽完善，总有经济主体能利用制度漏洞，获得相对较高的收入。例如，国有企业中缺乏企业高管高工资的有效约束机制，公务员工资标准不够规范，制度外的津贴补助名目繁多，事业单位工资改革相对滞后，收入分配随意性较大。农村经济发展中，1978 年以来粮食流通体制改革大致经历了粮食统购统销、粮食收购双轨制、粮食购销市场化三个阶段，其改革的初衷都是为了稳定农业生产、提高农民收入，但由于制度设计存在一定问题，使得实际结果并没有到达预定目标，农民的收入增长相对缓慢，在某些年份中反而有相对降低的情况，扩大了农业与其他行业的收入差距。另外，我国的再次分配制度不够完善。税收制度调节收入差距的作用有限，个人所得税的征管技术落后、税源监控困难等多方面原因导致该制度存在很多漏洞，财产税、遗产税的缺失，导致高收入者有更多的财产积累，进一步加剧了收入差距。

5.2.4.3　制度变迁中的路径依赖所形成的行业工资差距

制度变迁的路径依赖性决定了某一制度一旦确立便会形成自我强化机制，使得这一制度的变迁沿着既定路径发展。我国渐进式的制度变迁决定了收入分配制度的改革都是对原有制度进行的边际调整，原有制度所规定的制度实施范式对制度变迁的方向与速度具有锁定作用。初始改革路径选择上的细微差别，都将在后来的发展中按其本身的逻辑逐渐放大，有可能偏离既定的政策目标，必须对制度不断进行边际调整。收入分配制度变迁中一旦形成了收入差距，会由于制度变迁的路径依赖，扩大并强化这种收入差距，直到下一次出现新的分配制度对分配格局重新进行调整。

从农村收入分配制度来看，农村土地承包制度、农产品流通和价格制度的变迁，决定了农村收入分配的变化。改革开放前的集体统一经营首先向家庭联产承包经营制度变迁，产生了极大的制度绩效，这种制度变迁的路径依赖决定了此后的生产方式是分散化的小规模经营，但是随着农业现代化的推进，又制约了农业经济发展，为了满足农业技术进步要求，农地承包制度不断进行了边际创新，农民逐渐享有了承包地的使用权、经营权、收益权、流转权，实现了农地承包权的稳定性，也满足了农业现代化对农地经营权流转的需要。改革开放前的农产品统购统销制度首先向农产品流通的双轨制变迁，然后逐步向市场化方向改革，对农产品价格实行保护制度。每一时期的改革都是市场主体自发寻求新路径、提高生产效率与流通效率的过程，国家作为农产品流通制度的供给者，通过颁布各项政策保障每一阶段的制度变迁平稳而迅速的实现。制度变迁的路径依赖能够使农村各项经济制度顺利的推进，保证农村经济发展的稳定性，同时也是由于制度变迁的路径依赖使农业发展没有脱离原有的产业发展格局，并没有改变农业在国民经济发展中的脆弱地位，农业相比于其他行业还是最低工资行业。

从城镇收入分配制度来看，首先，改革开放前的平均主义分配向单一的按劳分配制度变迁，打破了原有分配的"大锅饭"，工资差异体现劳动差别，但是"大锅饭"的长期盛行，对平均主义分配制度起到了加强作用，各行业的工资差距并不明显。然后，单一的按劳分配再向按劳分配为主体、多种分配形式并存的分配制度变迁，各行业的分配具体方式多样化，各种合法的资本收入、经营收入等都得到允许和保护，行业收入差距开始显现。在慢慢终止了平均主义分配制度的路径依赖偏好之后，社会又开始形成对"效率优先"分配制度的路径依赖偏好。根据行业劳动特征、人力资本、行业垄断、产业层次等因素决定各行业的工资水平，逐渐分化成高工资行业和低工资行业。由于制度变迁中的报酬递增和自我强化机制，高收入群体会努力保持和强化现存的分配制度，继续朝着有利于自身利益的方向演进，行业工资差距进一步扩大。针对收入差距的持续扩大，政府提出初次分配和再次分配都要处理好效率和公平的关系，进一步调整收入分配制度的变迁方向。

5.3 本章小结

经济体制转型过程中，收入分配制度不断进行边际调整。经济体制转型初期，为了克服平均主义、提高经济效率，以按劳分配为指导思想，分别对城乡收入分配制度进行了改革。1978 年开始在农村实行家庭联产承包责任制，1984 年开始重点对城市实行改革，国有企业内部实行工效工资制，政府机构、事业单位实行结构工资制。经济转型中期，提倡效率优先、兼顾公平，实行按劳分配与按要素分配结合的方式。农村不断完善农地承包制度，推进农产品流通制度改革，提高农民收入，城镇地区对国家机关和事业单位分别进行工资制度改革，国有企业内部实行多种分配方式。经济体制转型深化期，为了更好地处理效率与公平的关系，提倡按劳分配与按要素贡献分配相结合的方式。农村地区继续推进农地承包权制度，明确农地承包权与经营权的分离制度，城镇地区推进公务员工资制度和事业单位的岗位绩效工资制度，根据企业性质实行不同形式的工资集体协商制度。

收入分配制度的不断调整，对行业工资差距的演变产生重要影响。从制度变迁的需求来看，收入分配制度的变迁，是各经济主体不断地将潜在外部利益内部化的过程。从制度变迁的供给来看，经济主体通过比较制度变迁的预期成本和预期收益后，由法律和政府行政命令来主导和实现。我国收入分配制度是一种渐进式的诱致性的制度变迁，在此过程中，各行业付出的成本与获取的收益是不对称的，形成了行业收入差距，并且由于制度变迁的时滞和路径依赖现象，使得行业收入差距得到强化。

| 第 6 章 |
我国行业工资差距与经济发展

由第 5 章的分析可知，在收入分配制度变迁过程中，行业工资差距是逐渐形成、不断扩大的，这种行业工资差距对我国的经济社会发展会产生什么影响，这是本章要重点探讨的问题，分别从经济增长、产业结构、就业三个方面进行了详细的理论和实证分析。

6.1　行业工资差距的经济增长效应

1955 年库兹涅茨提出了经济增长与工资不平等呈"倒 U 型"关系的假说，受到经济学界的大量关注，此后许多学者试图从不同的理论角度阐述工资不平等与经济增长的关系，并用各个国家的数据进行实际论证，但是得到的研究结果并不一致，从不同理论角度、不同时期、不同国家和地区得到的观点大相径庭。由于工资分配对经济增长的影响是一个间接的过程，在这一过程中的传导变量、传导路径不同，最终的传导结果不同，使得工资不平等对经济增长的影响是不确定的。由于经济增长的两大动力是消费和投资，所以本书试图从这两个方面来分析行业工资差距对经济增长的影响。

6.1.1　行业工资差距对消费的影响

由于行业工资存在差异，行业间的工资分配状况将决定具有不同工资水平和不同消费倾向的个人在全体居民中所占的比重，进而影响整个社会的消费水平，最终会对经济增长产生影响。因此，行业工资分配状况也会对消费需求产生重要影响。

假设对整个社会 k 个行业的工资由低到高进行排序，第 i 个行业的平均工资为 w_i（$i = 1, 2, \cdots, k$），该行业的平均消费倾向为 β_i，该行业的人数为 N_i，则整个社会的消费需求 C 可以表示为：

$$C = \sum_{i=1}^{k} C_i = \sum_{i=1}^{k} (\beta_i \times w_i) \times N_i \qquad (6.1)$$

第 i 行业的消费量可以分解成两部分：$\beta_i w_i$ 为第 i 个行业的人均消费量，N_i 为第 i 个行业的人数。以上影响社会总消费的三个因素中的任意变动，都会引起社会总消费需求的变动，行业工资差距就是通过以上的三个因素对社会消费总需求产生影响，下面分三种情况进行讨论：

根据行业工资是按照由低到高的顺序排列的假设，对于任意的 $1 \leq i < j \leq k$ 有：$w_i < w_j$；根据边际消费倾向递减的假设，平均消费倾向的高低与工资水平的高低呈反方向变化，工资越低其平均消费倾向越高，工资越高其平均消费倾向越低，有：$\beta_i > \beta_j$；根据前面两个假设，不难证明：$\beta_i \times w_i < \beta_j \times w_j$。

（1）假设 β、N 不变，w 变化，即各行业人口、平均消费倾向、社会总工资不变的情况下，工资比例变化。第 i 行业的平均工资 w_i 增加，第 j 行业的平均工资减少 w_j，即工资从高工资行业向低工资行业部分转移，高工资行业与低工资行业的工资差距缩小，$N_i \times \Delta w_i = -N_j \times \Delta w_j$，但由于平均消费倾向 $\beta_i > \beta_j$，所以第 i 行业增加的消费量大于第 j 行业减少的消费量，$N_i \times \beta_i \times \Delta w_i > -N_j \times \beta_j \times \Delta w_j$，社会总消费量增加。如果工资分配能够向低工资行业转移，则社会消费可以得到提高，但是这种工资分配的倾向越强，则会降低高工资行业的生产积极性，影响整个社会的生产效率，对经济增长又产生负面作用。反过来，如果工资分配向高工资行业倾斜，行业工资差距越来越大，则社会消费总量会下降，阻碍经济增长。

（2）假设 β、w 不变，N 变化，即行业平均工资、平均消费倾向、行业总人口不变的条件下，行业间劳动力分布变化。第 i 行业的部分劳动力流动到第 j 行业，第 i 行业劳动力 N_i 减少，消费量减少量 $\Delta C_i = \Delta N \times (\beta_i \times w_i)$，第 j 行业劳动力 N_j 增加，消费量增加量 $\Delta C_j = \Delta N \times (\beta_j \times w_j)$，由于 $\beta_i \times w_i <$

$\beta_j \times w_j$，所以 $\Delta C_i < \Delta C_j$，消费减少量小于消费增加量，社会总消费量增加。如果劳动力市场没有就业壁垒，劳动力能够在行业间自由流动，必然会从低工资行业向高工资行业流动，这种增加高工资行业劳动力、减少低工资行业劳动力的变动，能促进经济增长。

（3）假设 w、N 不变，β 变化，即各行业人口、行业平均工资不变的情况下，平均消费倾向变化。对于任意的 $1 \leqslant i < j \leqslant k$，行业间的工资差距用工资之比来表示 $R = \dfrac{w_j}{w_i}$，显然 $R > 1$，R 越大，工资差距越大。两个行业的人均总工资 $w = w_i + w_j$，那么各行业工资与总工资的关系可以表示为：$w_i = \dfrac{1}{R+1}$ w，$w_j = \dfrac{R}{R+1} w$，把它们代入到两个行业的人均总消费量 $C = \beta_i w_i + \beta_j w_j$ 中，可以得到 $C = \left(\beta_j + \dfrac{\beta_i - \beta_j}{R+1} \right) \times w$，令 $\beta_b = \left(\beta_j + \dfrac{\beta_i - \beta_j}{R+1} \right)$，则 β_b 可以看成是两个行业的总平均消费倾向。由于 $\beta_i > \beta_j$，$R > 1$，所以 $\beta_i > \beta_b > \beta_j$，而 β_b 的大小除了受到 β_i、β_j 的影响，更受到 R 的影响，R 与 β_b 之间反方向变动，R 越大 β_b 越小。所以两个行业的人均总消费量 C 是关于工资差距系数 R 的单调减函数，在 w 一定的情况下，C 随着 R 的增加而下降，工资差距的扩大，会降低两个行业的平均消费倾向，导致社会消费水平的下降。

当然，任意行业的平均消费倾向的提高都可以增加整个社会的消费量，$\Delta C = \sum_{i=1}^{k} \Delta C_i - \sum_{i=1}^{k} \Delta \beta_i \times w_i \times N_i$，第 i 行业消费量的增加不仅取决于平均消费倾向的提高幅度，还取决于该行业的平均工资和该行业的劳动力人数。当各行业平均消费倾向提高幅度相同时，劳动力人数越多的行业对社会消费影响越大，平均工资越高的行业对社会消费影响也越大。如果能够提高劳动力人数较多的行业的平均消费倾向，将对经济增长产生较大的作用。

1992 年开始我国正式开始建立社会主义市场经济制度，相对平均的分配格局也开始打破，1993 年开始行业工资的基尼系数超过 0.08，工资差距的扩大表明，占人口比重较小的高工资阶层的工资比重越来越大，占人口比重较大的低工资阶层的工资比重越来越小，人口比重与工资比重不匹配。我国城镇居民的平均消费倾向逐渐下降，1990 年、2000 年、2010 年我国城镇居民的平均消费倾向分别是 0.847、0.796、0.705，2012 年最低收入户与最高收入户的平均消费倾向分别为 0.915、0.602[①]，相差了 0.3 左右。高收入阶层的消费需求基本达到了饱和，工资的进一步上涨，边际消费倾向降低，消费增长有限；低收入阶层仍有巨大的消费空间，但工资增长缓慢，潜在的消费需求难以转化成为现实的消费需求，消费增长乏力。

6.1.2 行业工资差距对投资的影响

与稳定增长的消费需求不同，投资需求在国民经济中的变动相对剧烈，特别是像我国这样的发展中国家，处于经济的起飞阶段，投资需求在国民经济中所占的比重较大，对经济增长的影响也比较大。行业工资差距并不会对投资产生直接的显著影响，工资分配格局通过影响整个社会的消费和储蓄，储蓄和投资的转化影响资本形成，进而对整个国民经济产生影响。理论上来看，储蓄可以全部转化为投资，构成社会的投资需求，但实际上，储蓄往往不能全部转化为投资，此时就会产生投资需求不足。从经济运行的深层次关系来看，行业工资差距对投资需求有重要影响。

沿用第 6.1.1 节中的符号以及含义，w_t 表示 t 时期的工资总额，C_t 表示消费，它是边际消费倾向 β 和行业工资差距 R 的函数 $C_t(\beta, R)$，则储蓄可以表示为工资与消费之差：$S_t = (w_t - C_t)$。投资 I_t 包括两部分自发投资 I_t^0 和引致投资 I_t^1，根据凯恩斯主义的乘数—加速数原理，引致投资是收入增量的函数，而从长期来看，消费与收入会保持一个固定的比例，所以引致投资也可以表示为消费增量的函数，$I_t^1 = v(C_t - C_{t-1})$，其中 v 为加速系数，表示收入或消费增加所引起的投资增加的比例。由于消费是工资差距的函数，所以最终投资可以表示为：

$$I_t = I_t^0 + I_t^1 = I_t^0 + v[C_t(\beta, R_t) - C_{t-1}(\beta, R_{t-1})] \tag{6.2}$$

以上两类投资中，自发投资是变化较小的外生变量，包括折旧投资以及由人口、技术、资源等变量变化引起的投资，而引致投资是由加速系数以及消费增量决定的，这两类因素的任意变动都会引起引致投资需求的变动。加

---

① 根据《中国统计年鉴（2013）》的消费数据计算所得。

速系数的大小与引致投资需求的大小呈同方向变化，如果加速系数大于 1，消费小幅度的变化就能引起投资大幅度的变化，如果加速系数小于 1，则消费的变化对投资的影响较小。而消费增量的变化，主要受到行业工资差距的影响，边际消费倾向从长期来看基本保持不变，下面分两种情况进行讨论：

（1）工资总额不变条件下，工资差距对投资的影响。如果在 t 时期与 t－1 时期的工资总额不变，但工资差距 R 扩大，$R_t > R_{t-1}$，则 t 时期的消费量 $C_t = \left(\beta_j + \dfrac{\beta_i - \beta_j}{R_t + 1} \right) \times w$，会比 t－1 时期的消费量 $C_t = \left(\beta_j + \dfrac{\beta_i - \beta_j}{R_{t-1} + 1} \right) \times w$ 小，$C_t < C_{t-1}$，储蓄量 S 增加，引致投资量为负数，$I_t^1 = v(C_t - C_{t-1}) < 0$，总投资会减少，妨碍经济增长。

（2）工资总额增加条件下，工资差距对投资的影响。如果 t 时期比 t－1 时期的工资总额增加 $w_t > w_{t-1}$，消费 $C_t = \left(\beta_j + \dfrac{\beta_i - \beta_j}{R_t + 1} \right) \times w_t$ 会增加，但如果同时工资差距 R 也扩大，则边际消费倾向 $\left(\beta_j + \dfrac{\beta_i - \beta_j}{R_t + 1} \right)$ 会递减，消费的增加会受限，引致投资 I_t^1 也会呈现出边际递减，而储蓄 S_t 会出现边际递增的状态，投资与储蓄之间的差额将逐渐扩大，使得部分储蓄不能有效地转化成投资，经济增长的速度下降。

企业的任何投资行为都是在不同风险水平下对成本与收益的综合考量后的选择，而工资分配状态对企业的产品需求、生产成本、产权受保护程度、对经济增长的预期等方面有较大影响。

企业的产品需求包括消费品需求和投资品需求，对消费品需求的分析上节中已经论述，得到的基本结论是行业工资差距的扩大会降低社会总的消费需求，从而降低企业的投资需求。而投资品需求是一种引致需求，根源于消费品需求，所以也主要取决于工资分配对消费需求的影响。但由于不同收入阶层的消费结构差异，不排除特定类型的产品需求会因为行业工资差距的扩大而增加；另外，在开放经济条件下，国外需求的变化不受国内工资分配的影响，不排除国外需求增加导致的投资需求增加。

企业的生产成本中劳动力成本是企业投资需要考虑的主要因素。在完善而均衡的劳动力市场中，单位劳动力成本没有差异，此时劳动力成本不是企业考虑的重点因素，在不完善、非均衡的劳动力市场中，单位劳动成本有差异，则会对企业投资造成影响。在开放性行业中，劳动力供给丰富，劳动力价格水平较低且上升缓慢，有利于吸引企业投资；在非开放性行业中，由于内部人的存在，劳动力的生产效率相对较低，而工资上升相对较快，同时由于缺乏竞争，产品价格也会相对较高，这就使得下游企业的投入成本提高，抑制了企业的投资。

企业的投资风险估计，主要通过产权受保护程度和对经济增长的预期两个途径对投资产生影响。行业工资差距的加大会降低整个社会的稳定性，投资环境恶化，从而使企业对政府提供的产权保护的信心程度下降，对经济增长的预期也有可能下降，企业投资的系统风险加大，企业会减少投资。

6.2 行业工资差距的产业结构效应

产业结构演变是一个长期的动态过程，演进方向是产业结构的高度化和合理化。高度化是产业结构从低水平向高水平发展的动态过程，表现为三次产业比重的有序变化，从"Ⅰ>Ⅱ>Ⅲ"格局变为"Ⅱ>Ⅰ>Ⅲ"格局，进而转为"Ⅲ>Ⅱ>Ⅰ"格局；由劳动密集型向资本密集型、技术密集型产业顺次转换；由低附加值产业向高附加值产业转变。合理化是各产业之间协调能力加强和关联水平提高的动态过程，表现为三次产业之间的相对地位协调，为促进经济持续、健康发展，各产业各部门各就各位、各尽其用；三次产业的素质协调，各产业的劳动生产率分布集中而有层次性，能够快速适应国民经济中需求结构、供给结构的变化；产业间的联结方式协调，技术进步等冲击发生时，产业结构能及时调整，保持产业间联结畅通。

从产业结构演进的历史过程来看，呈现出或快或慢、或顺利或坎坷的动态过程，其波动性是多种因素综合作用的结果，其中，收入分配状态也是一个重要影响因素，而行业工资差距通过要素市场和产品市场对产业结构产生影响。从理论上来看，在要素市场上，行业工资差距通过引起劳动力在不同行业间的流动，导致各行业劳动力供给变化，影响各行业生产，进而引起产业结构的变化；在产品市场上，行业工资差距使得消费者需求结构发生变化，追求利润最大化的厂商相应调整产品生产，引起产业结构变化。

6.2.1 工资分配结构变动—要素供给结构变动—产业结构变动

工资分配在行业间的变动会使劳动力、资本在各行业的供给结构发生变动，对企业的生产产生影响，在长期中影响企业对某个行业的进退选择，从而影响产业结构的变动。

一方面，工资差距通过劳动力流向影响产业结构。在完善的劳动力市场中，工资机制能使劳动力自动得到优化配置，劳动力在各行业的供给结构自动变动影响各行业的发展。工资分配的变动会吸引劳动力自发的向高工资行业流动，使得这些行业有充足的高质量的劳动力，既能降低单位产品的生产成本，也加强了行业内的竞争，行业产值迅速增加，促进这些行业的发展；低工资行业中大量的是低质量劳动力，单位产品的生产成本相对较高，也使行业的发展缺乏充足的创新动力，行业日益萎缩。

要素供给结构的变动引起的产业结构的变动是自发的过程，但是如果劳动力市场存在技术壁垒、知识壁垒、行政壁垒等，则劳动力的自动流动会受到阻碍。从长期来看，技术壁垒、知识壁垒可以通过市场方式消除，例如，加强年轻劳动力的职业培训，增加劳动力的人力资本，年老劳动力可以教育、自发引领下一代劳动力进入某些行业；而行政壁垒是无法通过市场方式消除，此时的劳动力供给结构对行业发展的影响较小。

另一方面，工资差距还可以通过资本流向影响产业结构。工资差距的存在，使得高质量、低质量劳动力分流，高质量劳动力向某些行业集中，使得行业的劳动生产效率、经济效益提高，资本为了追求更高的边际回报率，也会自动向经济效益高的行业流动，促进该行业发展。

20 世纪 80 年代以来，我国的第一产业与第二、第三产业之间出现了持续扩大的工资差距，诱使大量的农村劳动力从农村地区向城市地区转移，减少了农村地区的闲置劳动力，促使农业向规模化、集约化的经营方向发展，也扩大了非农产业的劳动力供给，促进非农产业的发展，使产业结构得到提升。农村剩余劳动力向城镇地区转移的规模将越来越大，但是由于农村剩余劳动力的人力资本存量低，大多数向工业、建筑业和餐饮服务业等低技术含量、劳动密集型行业转移，对产业结构升级优化的推动作用也是有限的。

6.2.2　工资分配结构变动—产品需求结构变动—产业结构变动

工资分配在行业间的变动使得消费者的收入发生变动，收入变动引起消费者的需求结构发生变动，追求利润最大化的企业会自动根据市场需求变动而调整产品生产，企业的产品供给变动引起产业结构变动，就是消费者的货币选票对产业结构产生了影响。

工资差距的存在，使消费者形成了不同的收入阶层，收入水平不同，消费水平和消费结构也有差异。消费者的消费结构基本上是沿着生存、发展、享受的顺序逐步向上演进的，低收入消费者的消费结构是以生活必需品为主的，高收入消费者的消费结构中生活必需品的比重下降，休闲商品的比重逐渐加大。工资分配的变化，使得各个阶层的消费者的消费水平和消费结构都会发生相应变化，消费者根据自己的收入、偏好选择商品。如果大量消费者用货币选票选择了某类产品，则生产该产品的企业变得有利可图，企业会投入更多的生产资源来扩大生产规模，整个行业也能得到快速发展；如果某类产品获得的货币选票越来越少，则企业的利润空间逐渐缩小，企业自然会减少投入、缩小生产规模，整个行业的发展前景也不乐观。工资差距的扩大，使得高收入阶层在国民收入中的比重加大，对高端消费品的需求上升，高端消费品行业得到发展，但是高收入阶层的消费者规模相对较小，对高端消费品的消费数量也是有限的；低收入阶层在国民收入中的比重下降，对基本消费品的需求增速缓慢，基本消费品行业的发展也会相对滞后。所以，各阶层消费者的消费支出在不同行业的变化，迫使企业改变自己的产品结构，产业结构也得到相应调整。

我国行业工资差距使各收入等级的消费结构产生了较大差异。2012 年城镇居民家庭消费中，最低收入户的最大三项支出分别为食品 45.34%、居住 11.40%、衣着 9.68%，他们的消费结构仍停留在生存型阶段；最高收入户的最大三项支出分别为食品 27.41%、交通和通信 21.17%、教育文化娱乐服务 14.42%，他们的消费结构向发展和享受型方向升级①。由于工资差距的扩大，高、低收入阶层之间存在消费断层，一方面造成低消费水平上的行业竞

---

① 这部分数据是根据《中国统计年鉴（2013）》的数据计算所得，2014 年以后统计项目发生变化，没有"按收入等级分城镇居民家庭平均每人全年现金消费支出"这一栏。

争激烈，另一方面造成高消费水平上的行业难以形成市场规模，对产业结构优化升级的推动作用也有限。

6.3 行业工资差距的就业效应

工资分配与就业问题，二者相互作用，相互影响。就业问题包括就业总量（失业率的高低）和就业结构两个方面，行业工资差距的变化既会影响就业总量的高低，也会引起劳动力在不同行业间的转移，引起就业结构的变化。

6.3.1 行业工资差距对就业总量的影响

行业工资差距通过影响经济增长的规模、速度、结构，来影响就业总量的变化。奥肯定律揭示了经济增长与就业总量（用失业率来衡量）之间的关系，通过这一规律可以推导出行业工资差距与就业总量之间的关系。

奥肯定律可以用下面的公式来表示：

$$\frac{y - y^*}{y^*} = -a(u - u^*) \tag{6.3}$$

其中，y 为实际 GDP，y^* 为潜在 GDP，u 为实际失业率，u^* 为自然失业率，a 为大于零的参数，这一公式表现了经济增长率与失业率之间存在着反方向的关系，经济增长率的下降使得失业率提高，当实际 GDP 增长相对于潜在 GDP 增长下降1%时，实际失业率偏离自然失业率 a%。

而经济增长中最主要动力是消费和投资，根据第 6.1.1 节的论述，可以把国民收入写成：

$$y(R) = c + i + g + nx = c(R) + i(R) + g + nx \tag{6.4}$$

其中，R 仍然表示行业工资差距，政府购买 g 和净出口 nx 都是外生变量，而消费 c 和投资 i 受到行业工资差距的影响，所以，实际 GDP 也受到行业工资差距的影响，把公式（6.4）代入公式（6.3），可以得到行业工资差距与就业总量（失业率）之间的相互关系：

$$\frac{y(R)}{y^*} - 1 = -a(u - u^*) \tag{6.5}$$

从理论上来看，行业工资差距的扩大，不利于消费和投资的增长，使得经济增长的速度受阻，这种情况下，社会的就业总量增加也会受限，社会的就业压力加大，失业人口会增加，失业率上升。

6.3.2　行业工资差距对就业结构的影响

行业工资差距对劳动力在各产业、各行业间的配置产生重要影响，就业结构逐步发生变化。根据配第—克拉克的劳动力转移定理，随着国民经济的发展，劳动力首先由第一产业向第二产业转移，国民经济的进一步发展，劳动力会向第三产业转移。

在完善的劳动力市场中，劳动力总是可以根据工资的变化，自动从工资低的行业流动到工资高的行业，这种流动会自动缓解各行业的劳动力的供求矛盾，反过来逐步缩小行业间的工资差距，所以，工资差距的出现能自动调节劳动力在各行业中的配置，调整劳动力的就业结构。在生产力不发达的农业社会，第一产业占主导地位，第一产业的产值比重、就业比重都是最大的，但是，随着社会的技术进步，农业劳动生产效率的提高，农产品供给充足，相对需求却下降，第一产业和其他产业间出现了工资差距，劳动力开始从第一产业向外转移。进入工业社会后，第二产业的发展速度是最快的，劳动生产效率提高快，第二产业的产品需求相对稳定，也会出现生产结构与需求结构的矛盾，为缓解这一矛盾，也会释放出第二产业的剩余劳动力。进入后工业化社会，第一、第二产业的产品满足了人类基本的生存型、发展型需求后，社会生活条件的变化会产生新的享受型需求，第三产业的产品需求迅速增长，并且超过了第三产业劳动生产率的提高，对劳动力的需求十分旺盛，工资增长也十分迅速，劳动力从其他产业部门转移至第三产业部门。正是由于人类经济社会的技术不断进步、需求不断升级，产品市场不断产生新的矛盾，迫使要素市场不断适应新的变化，而引导这种适应的正是工资的变化，不断产生的工资差距，引导着劳动力的流动方向。

我国行业工资差距的出现也促使了劳动力流动，但流动率非常低，工资差距无法有效调节劳动力的就业结构。因为我国劳动力市场的发育不够完善，一方面，许多高工资行业存在严重的就业壁垒，实行内部人控制，导致过高的相对工资，工资差距会被进一步强化、拉大；另一方面，劳动力市场信息不够公开和透明，劳动力市场双方存在信息不对称，某些劳动力只能滞留在某些行业内，产生大量剩余劳动力，工资被迫相对下降。

6.4 行业工资差距的经济效应的实证分析

这一部分选取泰尔T指数（Theil）衡量我国的行业工资差距，选取居民家庭平均每人的全年消费性支出表示我国居民的消费水平，全社会固定资产投资代表我国的投资水平，国内生产总值衡量我国的经济增长水平，第三产业对比系数即第三产业产值与第二产业产值之比代表产业结构，从业人数表示我国的就业水平，以下计量方法探讨1996~2015年行业工资差距对消费、投资、经济、产业结构、就业的影响。

6.4.1 行业工资差距对各经济变量的效应检验

6.4.1.1 单位根检验

通常而言，首先要判断所选的时间序列是否为平稳序列，因为对非平稳的时间序列进行回归分析，结果可能会出现伪回归现象，从而造成结果不可信，因此在进行实证分析前，都要先对所选的时间序列进行单位根检验，结果见表6-1。

表6-1　　　　　　　　　　各个变量的单位根检验结果

变量	ADF 统计值	P 值	检验结果
Theil	-1.95	0.454	不平稳
ΔTheil	-0.91	0.819	不平稳
Δ^2Theil	-4.01	0.056	平稳
Lconsump	-2.10	0.500	不平稳
ΔLconsump	-1.67	0.608	不平稳
Δ^2Lconsump	-5.12	0.007	平稳

续表

变量	ADF 统计值	P 值	检验结果
Linvest	-0.85	0.625	不平稳
ΔLinvest	-1.80	0.640	不平稳
Δ^2Linvest	-7.32	0.003	平稳
LGDP	-1.36	0.823	不平稳
ΔLGDP	-1.15	0.860	不平稳
Δ^2LGDP	-6.11	0.003	平稳
Indust	-1.94	0.578	不平稳
ΔIndust	-2.55	0.253	不平稳
Δ^2Indust	-5.08	0.008	平稳
Lemploy	-0.76	0.946	不平稳
ΔLemploy	-3.11	0.125	不平稳
Δ^2Lemploy	-5.13	0.007	平稳

注：单位根检验方程中含有常数项和趋势项，滞后阶数的确定以 AIC 值最小值为标准；表格中的 Theil、Lconsump、Linvest、LGDP、Indust、Lemploy 分别表示泰尔 T 指数、居民每年消费支出的对数、全社会固定资产投资的对数、国内生产总值的对数、第三产业的对比系数以及从业人数的对数；Δ、Δ^2 分别表示一阶差分和二阶差分。

资料来源：根据《中国统计年鉴》和《中国劳动统计年鉴》上的数据，对泰尔指数、消费、投资、人均 GDP、就业做出的单位根检验。

从表 6 - 1 结果中，可以看出，上述所检验的变量均为二阶平稳序列，满足协整检验的前提，接下来就行业工资差距（泰尔 T 指数）与其余相关变量之间的关系进行协整检验。

6.4.1.2 协整检验

协整检验方法主要有 Engel - Granger 两步法和 Johansen 方法两种[1]，本书采用 Johansen 方法进行协整检验，结果见表 6 - 2。

---

[1] Engel - Granger 两步法是基于回归残差的检验，需要建立 OLS 模型检验其残差平稳性，而 Johansen 检验是基于回归系数的检验，前提是建立 VAR 模型。

表 6 – 2 泰尔 T 指数与其余相关变量之间的协整检验结果

组别	零假设：协整向量个数	特征值	迹统计量	5% 的显著水平	P 值
Theil 与 Lconsump	无	0.801	25.55	15.49	0.001
	至多一个	0.403	6.22	3.84	0.012
Theil 与 Linvest	无	0.850	24.65	15.49	0.001
	至多一个	0.126	1.89	3.84	0.168
Theil 与 LGDP	无	0.925	48.94	15.49	0.000
	至多一个	0.162	2.13	3.84	0.144
Theil 与 Indust	无	0.894	42.96	15.49	0.000
	至多一个	0.467	8.20	3.84	0.004
Theil 与 Lemploy	无	0.911	32.48	15.485	0.001
	至多一个	0.312	5.03	3.841	0.024

注：协整检验的方程中均含有常数项和趋势项，滞后阶数的确定以 AIC 和 SC 信息准则来确定。

资料来源：根据《中国统计年鉴》和《中国劳动统计年鉴》上的数据，对泰尔指数与消费、投资、人均 GDP、就业之间做出的协整检验。

由表 6 – 2 中的结果可知，行业工资差距与被检验的各个变量之间存在着不同的协整关系，其中行业工资差距与消费在 1% 的统计水平上存在着显著的协整关系，且在 5% 的统计水平上存在多组协整关系，行业工资差距与就业之间的协整关系与行业工资差距与消费之间的协整关系类似；而行业工资差距与全社会固定投资之间在 1% 的显著水平上存在着协整关系，仅存在一组协整关系，与行业差距与经济增长之间的协整关系一样；行业工资差距与产业结构之间不仅在 1% 的统计水平上存在显著的协整关系，且在 5% 的显著水平上有着多组协整关系。

6.4.1.3 格兰杰因果关系检验

通过上面的分析，可以知道行业工资差距与被检验的各个变量之间均存在着协整关系，因此接下来有必要来检验这些变量之间到底是"谁引起谁变化"，对行业工资差距与其余变量之间进行格兰杰因果检验，检验结果见表 6 – 3。

表6-3　　　　泰尔 T 指数与其余相关变量之间的格兰杰因果检验结果

组别	滞后阶数	原假设	F 统计值	P 值
Theil 与 Lconsump	1	Lconsump 不是 Theil 的格兰杰原因	0.00	0.99
		Theil 不是 Lconsump 的格兰杰原因	5.98	0.02
	2	Lconsump 不是 Theil 的格兰杰原因	0.20	0.78
		Theil 不是 Lconsump 的格兰杰原因	2.92	0.11
	3	Lconsump 不是 Theil 的格兰杰原因	1.67	0.27
		Theil 不是 Lconsump 的格兰杰原因	1.63	0.29
Theil 与 Linvest	1	Linvest 不是 Theil 的格兰杰原因	2.13	0.17
		Theil 不是 Linvest 的格兰杰原因	23.10	0.00
	2	Linvest 不是 Theil 的格兰杰原因	0.92	0.42
		Theil 不是 Linvest 的格兰杰原因	7.81	0.01
	3	Linvest 不是 Theil 的格兰杰原因	5.01	0.05
		Theil 不是 Linvest 的格兰杰原因	6.20	0.02
Theil 与 LGDP	1	LGDP 不是 Theil 的格兰杰原因	2.41	0.14
		Theil 不是 LGDP 的格兰杰原因	1.86	0.19
	2	LGDP 不是 Theil 的格兰杰原因	0.02	0.97
		Theil 不是 LGDP 的格兰杰原因	0.74	0.50
	3	LGDP 不是 Theil 的格兰杰原因	0.52	0.68
		Theil 不是 LGDP 的格兰杰原因	1.18	0.40
Theil 与 Indust	1	Indust 不是 Theil 的格兰杰原因	0.65	0.43
		Theil 不是 Indust 的格兰杰原因	0.08	0.77
	2	Indust 不是 Theil 的格兰杰原因	1.09	0.37
		Theil 不是 Indust 的格兰杰原因	0.45	0.64
	3	Indust 不是 Theil 的格兰杰原因	8.75	0.02
		Theil 不是 Indust 的格兰杰原因	0.64	0.62

续表

组别	滞后阶数	原假设	F 统计值	P 值
Theil 与 Lemploy	1	Lemploy 不是 Theil 的格兰杰原因	3.43	0.09
		Theil 不是 Lemploy 的格兰杰原因	0.11	0.74
	2	Lemploy 不是 Theil 的格兰杰原因	5.25	0.03
		Theil 不是 Lemploy 的格兰杰原因	0.07	0.92
	3	Lemploy 不是 Theil 的格兰杰原因	3.14	0.12
		Theil 不是 Lemploy 的格兰杰原因	0.36	0.78

资料来源：根据《中国统计年鉴》和《中国劳动统计年鉴》上的数据，对泰尔指数与消费、投资、人均 GDP、就业之间做出的格兰杰因果检验。

根据表 6 - 3 得知，在 5% 的统计水平上，滞后一阶时，行业工资差距是居民消费支出的格兰杰原因，而居民消费支出并不是行业工资差距的格兰杰原因；在 1% 的显著水平上，滞后一阶时，行业工资差距是全社会固定投资的格兰杰原因，在 5% 的显著水平上，滞后二阶、三阶时，行业工资差距仍然是投资的格兰杰原因，反之，在 10% 的统计水平上，滞后三阶时，投资也是行业工资差距的格兰杰原因；行业工资差距与国内生产总值之间的格兰杰原因并不明显，在 10% 的统计水平上，均不显著；在 5% 的统计水平上，滞后三阶时，产业结构是行业工资差距的格兰杰原因，其余情形下，两者之间的格兰杰原因不显著；而分别在 5%、10% 的显著水平上，滞后一阶、二阶时，就业是行业工资差距的格兰杰原因，其余的格兰杰原因也不显著。

显然，关于行业工资差距是消费、投资等经济变量的格兰杰原因，上述格兰杰因果检验结果并不能给予实证支持。但是，格兰杰因果检验是检验统计上的时间先后顺序，并不表示着这真正存在因果关系，对于变量之间是否呈因果关系还需要进一步根据理论、经验和模型来判定。同时，根据前面的协整检验分析，可以知道行业工资差距与消费、投资、国内生产总值、产业结构、就业之间均存在协整关系，有必要进一步构造向量自回归（VAR）模型来进一步深入分析。

6.4.1.4　VAR 模型估计结果

自从西姆斯（C. A. Sims, 1980）将 VAR 模型引进经济学后，推动了经济动态分析的广泛运用。VAR 模型的特点是每一个内生变量均看作为所有内生变量滞后项的函数，从而将单变量自回归模型扩展到多元变量形成的自回归模型，因而得到了众多经济学者的青睐。在这一部分，也将采用 VAR 模型来分析行业工资差距的经济效应。

（1）行业工资差距（Theil）与消费（Lconsump）的 VAR 模型估计结果。从表 6-4 显示结果可知，以上两个方程的调整拟合度均很高，达到了 0.910 和 0.851。第一个方程的结果显示 Lconsump（-1）、Lconsump（-2）对行业工资差距的影响系数为一正一负，非常小，分别是 0.003 和 -0.001，且并不显著，这说明消费支出对行业工资差距的影响几乎是不存在的；第二个方程显示 Theil（-1）、Theil（-2）对 Lconsump 的影响大小也为一正一负，为 -27.012、24.767，这说明行业工资差距对消费的影响不管是短期效应，还是长期效应都会抑制消费支出的增加，但是中期效应为正，其中短期效应为行业工资差距 Theil 增加 0.01 个单位，消费支出将会减少 27.012%，长期效应为 Theil 增加 0.01 个单位，消费将减少 2.245%，中期效应为 Theil 增加 0.01 个单位，消费反而将增加 24.767%。

表 6-4　　　　　　　　　Theil 与 Lconsump 的 VAR 模型结果

变量	Theil	Lconsump
常数	-0.001（0.020）[-0.058]	4.165（1.790）[2.310]
Theil（-1）	1.378（0.353）[3.958]	-27.012（31.696）[-0.914]
Theil（-2）	-0.613（0.385）[-1.614]	24.767（34.602）[0.716]
Lconsump（-1）	0.003（0.003）[0.694]	0.425（0.332）[1.273]
Lconsump（-2）	-0.001（0.0034）[-0.167]	-0.269（0.3034）[-0.893]
Adj. R-squared	0.910	0.851
S. E. equation	0.007	0.673
Log likelihood	42.298	-10.153
Akaike AIC	-6.661	2.331

注：（1）表中的数为相应变量的系数，（）中的数为对应的标准差，[]中的为 t 统计量值；（2）左边第一列括号中的数字分别代表滞后一期、二期；（3）特征值均在单位圆之内，VAR 模型均满足稳定性条件；（4）本书中所涉及的 VAR 模型均相同，以下就不再说明。

资料来源：根据《中国统计年鉴》和《中国劳动统计年鉴》上的数据，计算的泰尔指数与消费的 VAR 模型结果。

（2）行业工资差距（Theil）与投资（Linvest）的 VAR 模型估计结果。从表 6-5 显示结果得知，上述两个方程的调整拟合度相比更高，达到了 0.914 和 0.997。第一个方程显示出 Linvest（-1）、Linvest（-2）对行业工资差距 Theil 的影响系数为一负一正，分别是 0.123 和 -0.101，且较显著，这说明投资对行业工资差距的影响具体表现为短期效应和长期效应为正，而中期效应为负，即全社会固定投资额每增加 100，将引起行业工资差距短期增加 0.123%，长期增加 0.022%，而中期减少 0.101%；第二个方程结果显示 Theil（-1）、Theil（-2）对 Linvest 的影响大小为一正一负，为 5.162、-1.319，且短期效应显著，中期效应显著性很差，这说明行业工资差距对全社会固定资产投资的影响不管是短期效应，还是长期效应都会促进全社会固定资产的增加，但是中期效应为抑制作用，其中短期效应为行业工资差距增加 0.01 个单位，全社会固定资产投资将会增加 5.162%，长期效应为 Theil 增加 0.01 个单位，投资将增加 3.843%，中期效应为 Theil 增加 0.01 个单位，投资反而受到抑制，将减少 1.319%。

表 6-5　　　　　　　　　　Theil 与 Linvest 的 VAR 模型结果

变量	Theil	Linvest
常数	-0.241（0.279）[-0.891]	0.686（1.031）[0.705]
Theil（-1）	1.427（0.321）[4.288]	5.162（1.302）[3.908]
Theil（-2）	-1.577（1.007）[-1.559]	-1.319（4.253）[-0.330]
Linvest（-1）	0.123（0.109）[1.320]	1.288（0.429）[3.171]
Linvest（-2）	-0.101（0.079）[-1.317]	-0.365（0.393）[-1.132]
Adj. R-squared	0.914	0.997
S. E. equation	0.007	0.027
Log likelihood	48.156	30.237
Akaike AIC	-6.768	-4.124

资料来源：根据《中国统计年鉴》和《中国劳动统计年鉴》上的数据，计算的泰尔指数与投资的 VAR 模型结果。

（3）行业工资差距（Theil）与国内生产总值（LGDP）的 VAR 模型估计

结果。从表6-6结果发现，上述两个方程的调整拟合度也很高，达到了
0.8946和0.9945。第一个方程显示：LGDP（-1）、LGDP（-2）对行业工
资差距Theil的影响系数较小，为一正一负，分别是0.0183和-0.0208，且
并不显著，这说明国内生产总值对行业工资差距的影响很小；第二个方程结
果显示Theil（-1）、Theil（-2）对LGDP的影响大小也为一正一负，为
3.9319、-0.7518，且短期效应相比更显著，这说明行业工资差距对国内生
产总值的影响不管是短期效应，还是长期效应都会促进国内生产总值的增加，
但是中期效应为抑制作用。即行业工资差距增加0.01个单位，短期效应为国
内生产总值将会增加3.9319%，长期效应为国内生产总值将增加3.1795%，
中期效应为国内生产总值减少0.7518%。

表6-6 Theil 与 LGDP 的 VAR 模型结果

变量	Theil	LGDP
常数	0.0349（0.3952）[0.0886]	0.8426（2.0192）[0.4173]
Theil（-1）	1.3505（0.6305）[2.1421]	3.9319（3.221）[1.2207]
Theil（-2）	-0.4223（0.6790）[-0.6219]	-0.7518（3.4691）[-0.2167]
LGDP（-1）	0.0183（0.1276）[0.1434]	0.5896（0.6518）[0.9045]
LGDP（-2）	-0.0208（0.1085）[-0.1921]	0.3316（0.5543）[0.5982]
Adj. R-squared	0.8946	0.9945
S. E. equation	0.0077	0.0394
Log likelihood	47.9477	26.7451
Akaike AIC	-6.6073	-3.3454

资料来源：根据《中国统计年鉴》和《中国劳动统计年鉴》上的数据，计算的泰尔指数与人均
GDP 的 VAR 模型结果。

（4）行业工资差距（Theil）与产业结构（Indust）的 VAR 模型估计结
果。从表6-7可知，上述两个方程的调整拟合度相比前面几个方程有所降
低，但是还是较高，为0.916和0.635。由第一个方程显示：Indust（-1）、
Indust（-2）对行业工资差距Theil的影响系数均为正，分别是0.011和
0.052，这说明第三产业对比系数不管是在短期、中期、还是在长期都将引起
行业工资差距扩大，不过影响程度很小；第二个方程结果显示Theil（-1）、

Theil（-2）对 Indust 的影响大小为一正一负，为 1.127、-0.786，这说明行业工资差距对第三产业对比系数的影响不管是短期效应，还是长期效应都会促进第三产业对比系数的增加，但是中期效应为抑制作用。即行业工资差距增加 1%，短期效应为第三产业对比系数将会增加 1.127%，长期效应为第三产业对比系数将增加 0.341%，中期效应为第三产业对比系数减少0.786%。

表 6-7   **Theil 与 Indust 的 VAR 模型结果**

变量	Theil	Indust
常数	-0.032（0.041）［-1.014］	0.361（0.145）［2.792］
Theil（-1）	1.143（0.411）［3.198］	1.127（1.498）［0.786］
Theil（-2）	-0.451（0.335）［-1.265］	-0.786（1.369）［-0.588］
Indust（-1）	0.011（0.079）［0.118］	0.881（0.351）［2.981］
Indust（-2）	0.052（0.081）［0.6228］	-0.341（0.318）［-1.196］
Adj. R-squared	0.916	0.635
S. E. equation	0.006	0.025
Log likelihood	48.537	31.98
Akaike AIC	-6.742	-4.167

资料来源：根据《中国统计年鉴》和《中国劳动统计年鉴》上的数据，计算的泰尔指数与产业结构的 VAR 模型结果。

（5）行业工资差距（Theil）与就业（Lemploy）的 VAR 模型估计结果。从表 6-8 可以看出，上述两个方程的调整拟合度均很高，达到了 0.953 和0.921。由第一个方程显示：Lemploy（-1）、Lemploy（-2）对行业工资差距 Theil 的影响系数均为正，分别是 0.012 和 0.419，而且中期效应较为显著。这说明就业不管是在短期、中期、还是在长期都将引起工资差距的扩大，不过中期效应和长期效应影响大小相比短期效应要大，即就业人数每增加 100，将引起行业工资差距中期增加 0.419%，长期增加 0.431%，而短期增加仅为0.012%；第二个方程结果显示 Theil（-1）、Theil（-2）对 Lemploy 的影响大小为一正一负，为 0.091、-0.139，且影响不显著，这说明行业工资差距

对就业人数的影响短期效应为正，中长期效应为负，即行业工资差距增加
0.01 个单位，短期效应为就业人数的影响将会增加 0.091%，中长期效应为
就业人数将减少 0.139%、0.048%。

表 6 – 8　　　　　　　　　Theil 与 Lemploy 的 VAR 模型结果

变量	Theil	Lemploy
常数	− 4. 625（1. 476）［− 3. 189］	0. 914（2. 476）［0. 387］
Theil（− 1）	0. 911（0. 291）［3. 218］	0. 091（0. 478）［0. 191］
Theil（− 2）	− 0. 591（0. 213）［− 2. 525］	− 0. 139（0. 389）［− 0. 372］
Lemploy（− 1）	0. 012（0. 214）［0. 059］	0. 911（0. 352）［2. 622］
Lemploy（− 2）	0. 419（0. 232）［1. 857］	0. 004（0. 357）［0. 009］
Adj. R – squared	0. 953	0. 921
S. E. equation	0. 004	0. 008
Log likelihood	52. 615	45. 782
Akaike AIC	− 7. 589	− 6. 811

资料来源：根据《中国统计年鉴》和《中国劳动统计年鉴》上的数据，计算的泰尔指数与就业
的 VAR 模型结果。

6.4.1.5　向量误差修正（VEC）模型估计结果

向量误差修正模型是由协整和误差修正模型的结合而建立起来的，也可
以说是含有协整约束的 VAR 模型，且大都应用于具有协整关系的非平稳时间
序列的分析。由以上的协整检验可知，所检验的变量为二阶平稳时间序列，
行业工资差距 Theil 与其余被检验变量均具有协整关系，那么接下来将以上述
协整检验和 VAR 模型估计的基础上来建立行业工资差距与消费、投资、经济
增长水平、产业结构、就业之间的误差修正模型，来探讨行业工资差距与各
变量之间的短期关系以及长期均衡关系。结果见以下方程：

$$\begin{cases} \Delta(\text{Theil})_t = -0.002 + 0.982\Delta(\text{Theil})_{t-1} + 0.301\Delta(\text{Theil})_{t-2} - \\ 0.002\Delta(\text{Lconsump})_{t-1} + 0.001\Delta(\text{Lconsump})_{t-2} - 0.543\text{ecm}_{t-1} \\ \Delta(\text{Lconsump})_t = 0.378 - 5.491\Delta(\text{Theil})_{t-1} - 8.011\Delta(\text{Theil})_{t-2} + \\ 0.047\Delta(\text{Lconsump})_{t-1} - 0.021\Delta(\text{Lconsump})_{t-2} + 34.671\text{ecm}_{t-1} \end{cases} \quad (6.6)$$

$$\begin{cases} \Delta(\text{Theil})_t = -0.041 + 2.413\Delta(\text{Theil})_{t-1} + 1.311\Delta(\text{Theil})_{t-2} + \\ 0.012\Delta(\text{Linvest})_{t-1} + 0.129\Delta(\text{Linvest})_{t-2} - 2.255\text{ecm}_{t-1} \\ \Delta(\text{Linvest})_t = 0.227 - 2.698\Delta(\text{Theil})_{t-1} - 6.341\Delta(\text{Theil})_{t-2} + \\ 0.587\Delta(\text{Linvest})_{t-1} - 0.489\Delta(\text{Linvest})_{t-2} + 9.271\text{ecm}_{t-1} \end{cases} \quad (6.7)$$

$$\begin{cases} \Delta(\text{Theil})_t = -0.005 + 0.593\Delta(\text{Theil})_{t-1} - 0.119\Delta(\text{Theil})_{t-2} + \\ 0.062\Delta(\text{LGDP})_{t-1} + 0.005\Delta(\text{LGDP})_{t-2} - 0.315\text{ecm}_{t-1} \\ \Delta(\text{LGDP})_t = 0.272 - 1.688\Delta(\text{Theil})_{t-1} - 2.336\Delta(\text{Theil})_{t-2} + \\ 0.126\Delta(\text{LGDP})_{t-1} - 1.121\Delta(\text{LGDP})_{t-2} + 3.861\text{ecm}_{t-1} \end{cases} \quad (6.8)$$

$$\begin{cases} \Delta(\text{Theil})_t = 0.003 + 0.859\Delta(\text{Theil})_{t-1} - 0.089\Delta(\text{Theil})_{t-2} + \\ 0.032\Delta(\text{Indust})_{t-1} - 0.131\Delta(\text{Indust})_{t-2} - 0.199\text{ecm}_{t-1} \\ \Delta(\text{Indust})_t = 0.003 + 0.178\Delta(\text{Theil})_{t-1} + 0.568\Delta(\text{Theil})_{t-2} + \\ 0.118\Delta(\text{Indust})_{t-1} + 0.121\Delta(\text{Indust})_{t-2} - 0.278\text{ecm}_{t-1} \end{cases} \quad (6.9)$$

$$\begin{cases} \Delta(\text{Theil})_t = 0.005 + 0.712\Delta(\text{Theil})_{t-1} + 0.198\Delta(\text{Theil})_{t-2} - \\ 0.382\Delta(\text{Lemploy})_{t-1} - 0.247\Delta(\text{Lemploy})_{t-2} - 0.599\text{ecm}_{t-1} \\ \Delta(\text{Lemploy})_t = 0.007 + 0.189\Delta(\text{Theil})_{t-1} + 0.418\Delta(\text{Theil})_{t-2} - \\ 0.218\Delta(\text{Lemploy})_{t-1} - 0.213\Delta(\text{Lemploy})_{t-2} - 0.448\text{ecm}_{t-1} \end{cases} \quad (6.10)$$

对上述方程产生的残差进行检验，发现各模型残差均是平稳时间序列，这说明行业工资差距与各个变量之间存在着长期稳定关系。根据上述实证结果：

（1）方程（6.6）实证结果得知：行业工资差距 Theil 的滞后两期对当前存在正面影响，但是影响呈现衰退关系，Lconsump 滞后一期对行业工资差距存在负面影响，而滞后二期显示正面影响，且影响均很小，模型中的误差修正项系数很小，这表明将其调整到均衡状态的调整速度很小；Lconsump 滞后一期本身对当前消费存在正面影响，滞后二期呈现负面影响，而滞后一期、二期行业工资差距对 Lconsump 均存在负面影响，且影响效应呈现递增的趋势，而模型中的误差修正项系数较大，这表明将其调整到均衡状态的力度很大。

（2）方程（6.7）实证结果显示：行业工资差距 Theil 滞后一期、两期对当前 Theil 均存在正面影响，Theil 影响呈现衰退关系，而 Linvest 影响为递增的，误差修正项系数较大，达 2.255，表明调整到均衡状态的速度较大；Linvest 滞后一期对当前投资存在正面影响，滞后二期呈现负面影响，而行业工资差距 Theil 的滞后一期、二期对 Linvest 的影响均为负，且影响效应在逐渐递增，模型中的误差修正项系数更大，将其调整到均衡状态的力度很大。

（3）方程（6.8）实证结果表明：行业工资差距 Theil 的滞后一期对当前行业工资差距本身存在正面影响，滞后二期的影响反而为负，不过负效应没有正效应大，LGDP 滞后一期、二期对行业工资差距存在正向影响，且影响效应在不断减小，模型中的误差修正项系数很小，这表明将其调整到均衡状态的调整速度很小；LGDP 滞后一期对当前 LGDP 本身存在正面影响，滞后二期呈现负面影响，且负效应大于正效应，而滞后一期、二期行业工资差距对 LGDP 均存在负面影响，且影响效应呈现递增趋势，误差修正项系数较大，这表明将其调整到均衡状态的力度较大。

（4）方程（6.9）实证结果显示：行业工资差距 Theil 滞后一期对当期本身存在正向影响、滞后二期存在负向影响，但是负面影响影响很小，Indust 滞后一期对当期 Theil 存在正向影响、滞后二期存在负向影响，而负面影响影响相比较大，滞后一期、两期 Theil、Indust 对当前 Indust 均存在正面影响，且影响效应均呈现递增规律，模型中的误差修正项系数均较小，表明调整到均衡状态的力度较小。

（5）方程（6.10）实证结果可知：行业工资差距 Theil 的滞后两期对当前存在正面影响，影响呈现衰退关系，Lemploy 滞后一期、二期对行业工资差距存在负面影响，且影响效应也是显示出衰退，模型中的误差修正项系数较小，说明调整到均衡状态的速度很小；Lemploy 滞后一期、二期对当前本身的影响为负，而滞后一期、二期行业工资差距对 Lemploy 的影响为正，且影响效应为递增的，同时误差修正系数也表明调整到均衡状态的力度不大。

6.4.2 联立方程组实证分析

6.4.2.1 模型设定

通过上述关于行业工资差距的经济效应分析，可以发现行业工资差距与上述各变量之间存在着双向因果关系：一方面，行业工资差距会影响着消费、投资及其经济增长水平；另一方面，消费、投资、经济增长的变化也会反过来作用于各行业的工资水平，从而对行业工资差距造成影响。不仅如此，消费、投资与经济增长之间也存在着相互的影响，因而为了更为准确的探讨这些变量之间的双向因果关系，接下来建立基于经济理论的动态结构式联立方程组，考察行业工资差距与消费、投资以及经济增长水平之间的相互影响：

$$Lconsump_t = \alpha + \alpha_1 Lconsump_{t-1} + \alpha_2 Lw_t + \alpha_3 Theil_t + \alpha_4 Lgdp_t + \alpha_5 Linvest_t \tag{6.11}$$

$$Linvest_t = \beta + \beta_1 Linvest_{t-1} + \beta_2 Lck_t + \beta_3 Theil_t + \beta_4 Lgdp_t + \beta_5 Lfdi_t + \beta_6 Lindust_t + \beta_7 Lemploy_t \tag{6.12}$$

$$Lgdp_t = \gamma + \gamma_1 Lgdp_{t-1} + \gamma_2 Ljck_t + \gamma_3 Theil_t + \gamma_4 Lconsump_t + \gamma_5 Linvest_t + \gamma_6 Lindust_t \tag{6.13}$$

$$Theil_t = \eta + \eta_1 Theil_{t-1} + \eta_2 Lconsump_t + \eta_3 Lgdp_t + \eta_4 Linvest_t + \eta_5 Lemploy_t + \eta_6 Lindust_t \tag{6.14}$$

公式（6.11）为消费方程，考察了消费习惯、工资、行业工资差距、经济增长以及投资对消费支出的影响，其中 Lw_t 为工资的对数值，α_1、α_2、α_4、α_5 指的是消费习惯强度、消费对工资的敏感性、消费对经济增长和投资变化的弹性系数，$100\alpha_3$ 为消费支出对行业工资差距的半弹性，即行业工资差距变化一个单位，将引起消费支出变化 $100\alpha_3\%$；公式（6.12）为投资方程，考察滞后一期投资、出口水平、行业工资差距、经济增长水平、外商直接投资、就业人数对投资的影响，其中 Lck_t 为我国出口水平的对数值，$Lfdi_t$ 为外商直接投资的对数值，$100\beta_3$ 为全社会固定资产投资对行业工资差距的半弹性，其余系数代表的是投资对各个相应变量的弹性系数；公式（6.13）为经济增长方程，其中 $Ljck_t$ 为我国的进出口水平的对数值，在此方程中各个系数代表的含义就不多描述；公式（6.14）为行业工资差距方程，考察各个经济变量对行业工资差距的影响，η_1 为滞后一期行业工资差距对当期工资差距的影响大小，η_i，i = 2，3，…，6 为各个对应经济变量变化 100 个单位，将引起行业工资差距变化 $\eta_i\%$，i = 2，3，…，6。

6.4.2.2　模型估计结果分析

对于联立方程组的估计方法，目前有两类，即"单一方程估计法"和系统估计方法。两类方法的区别是，第一类是对联立方程组中的每个模型分别进行估计，而第二类方法是将联立方程组看成一个系统，对整个系统进行联合估计。同时，由于联立方程组中存在内生解释变量，用单一方程估计法忽略了各个方程之间的内在联系，得出的结果一般是不一致的。因此，将采用系统估计方法中的"三阶段最小二乘法"（3SLS），同时运用软件 Stata 11，对本书建立的联立方程组进行估计，估计结果见表 6 - 9。

表 6 - 9　　　　　　　　　　联立方程组模型估计结果

系数	系数估计值	标准差	z - 统计量	P 值
α_1	0.418	0.199	2.141	0.031
α_2	0.325	0.137	2.389	0.016
α_3	33.661	12.641	2.659	0.008
β	- 8.899	2.505	- 3.551	0.000
β_1	0.141	0.071	2.009	0.045
β_2	- 0.029	0.017	- 1.849	0.062
β_3	- 13.859	1.349	2.159	0.033
β_4	0.860	0.073	12.011	0.000
β_5	0.033	0.014	2.767	0.006
β_7	0.819	0.229	3.545	0.000
γ_1	0.727	0.067	11.039	0.000
γ_2	0.248	0.041	5.891	0.000
γ_3	- 4.067	0.760	5.400	0.000
γ_4	0.059	0.017	3.591	0.000

续表

系数	系数估计值	标准差	z - 统计量	P 值
γ_5	0.120	0.060	2.039	0.041
γ_6	- 0.379	0.111	- 3.611	0.000
η	- 0.589	0.259	- 2.202	0.027
η_1	0.810	0.268	3.147	0.002
η_2	0.010	0.003	2.952	0.003
η_3	0.161	0.059	2.623	0.008
η_4	- 0.122	0.042	- 2.851	0.004

注:(1)表格中未列出的系数均是在模型估计时在 10% 的统计水平上不显著,故而将之删除;(2)联立方程组中每个模型对应的调整拟合度分别为:0.996、0.999、0.999、0.939;(3)工具变量为 $Lconsump_t$、$Linvest_t$、$LGDP_t$、$Theil_t$ 的滞后一项以及 $Ljck_t$、$Lfdi_t$、$Lemploy_t$、$Indust_t$。

资料来源:根据《中国统计年鉴》和《中国劳动统计年鉴》上的各变量数据,计算的联立方程组(6.11)~方程(6.14)的结果。

从整体上来看,联立方程中的各个方程拟合度都很好,根据联立方程模型的估计结果,可以得知:

(1)行业工资差距与消费、投资、经济增长之间的确存在着相互影响,影响系数均很显著,其中消费、投资、经济增长对行业工资差距的半弹性分别为 3366、- 1385、406.7,也就是说行业工资差距变化 0.001 个单位,将引起消费、投资、经济增长变化 3.366%、- 1.385%、0.4067%;消费、投资、国内生产总值变化 1000 个单位,将分别引起行业工资差距变化 0.10%、1.22%、1.61%。

(2)各个被解释变量都受到本身滞后一期的影响,过去所处的状态对当期的影响均较大,消费、投资、国内生产总值、行业工资差距的滞后一期的系数都显著为正。

(3)除了考察行业工资差距与相关变量之间的相互影响外,还可以从消费方程中看到,工资对消费的敏感性达到了 0.325;投资方程中,经济增长速度和就业规模是影响固定资产投资的重要因素;经济增长方程中,固定资产投资和进出口水平是影响经济增长水平的重要因素。

6.5 本章小结

本章重点关注行业工资差距的经济效应，分别讨论了行业工资差距对经济增长、产业结构、就业三个方面的影响。

从理论上来看，行业工资差距对经济增长会产生间接影响，根据对影响经济增长的两大因素消费和投资的分析，得到了行业工资差距的扩大不利于经济增长的结论。行业工资差距对产业结构的影响通过两条路径进行传导，分别通过要素供给结构和产品需求结构，对产业结构产生影响，不断扩大的工资差距对产业结构的优化升级的推动作用有限。行业工资差距对就业总量的影响，是通过经济增长而间接产生的，行业工资差距的扩大不利于经济增长，也就不利于就业总量增长；行业工资差距能调节各行业的就业结构，工资差距诱使劳动力的自由流动，但是劳动力市场的不完善，使得工资差距调节就业结构的机制失灵。

从我国的实际情况来看，运用平稳性检验、协整检验、格兰杰因果关系检验、向量自回归模型、误差修正模型等方法，对行业工资差距与消费、投资、经济增长、产业结构、就业之间进行效应检验，发现它们之间存在显著的相互关系；利用联立方程组模型，将行业工资差距与各个变量置于一个统一的分析框架内，实证结果发现行业工资差距与消费和经济增长之间有正向关系，与投资之间有负向关系。

第 7 章

调节行业工资差距的政策建议

行业工资差距的形成是多种因素的综合结果。在完善而均衡的劳动力市场中，由劳动力价值形成的工资差距属于合理的工资差距，应该以"效率优先"为原则，进行激励。在不完善、不均衡的市场中，由制度约束和市场冲击形成的工资差距，应该以"公平优先"为原则，进行规制和调节。另外，还可以利用再次分配手段，对过大的行业工资差距进行有效的调节。

7.1 对合理工资差距的有效激励

7.1.1 鼓励技术创新，提高生产效率

行业的劳动生产效率是决定行业工资的主要因素，对于缩小这种合理的行业工资差距的主要措施在于鼓励、支持落后产业的技术创新，提高行业的劳动生产效率，进而提高行业的工资水平，这需要依靠企业自身和国家的积极配合和协调，给予行业发展所需的政策、资金和人才等方面的支持。

从企业层面来看，建立产品的市场需求信息系统，将市场需求信息作为企业技术创新的源头；增强企业的技术创新意识，主动增加科技投入，保证研发经费的逐年增加；可以采取自主创新、产学研结合、技术转让等多种技术创新模式，积极把科技成果转化成可以规模化生产的产品。

从国家层面来看，应从资金、政策、法律等方面对农业、制造业等落后产业进行扶植。通过风险投资基金、低息贷款、提供政府信用担保等多种融资形式，拓宽企业融资渠道，优化企业融资环境，给予企业进行技术创新的资金支持，地方政府也可以在财政预算中安排一定资金，建立技术成果转化基金，加大对企业技术创新的扶持力度；制定鼓励企业积极进行技术创新的财政、金融、价格、专利等政策，采取税收减免、财政补贴、政府采购等直接或间接方式，扶持基础行业、高新技术产业的发展，引导国内外风险投资机构和担保公司，为企业的技术创新提供资本经营服务；尽快制定一部专门性的技术创新法律，对技术创新的主体、目标、计划、资金、人才、成果等方面做出明确的法律规定，保障技术创新有持续动力。

7.1.2　鼓励教育投入，提高人力资本

为了缩小行业工资差距，要求缩小各行业劳动力的教育差异，使各行业劳动力的受教育机会均等化，提高各行业的劳动力素质，促进各行业工资的合理分配，需要加强基础教育、转变高等教育、发展职业教育。

普及基础教育，加大基础教育的投入，提高人均受教育机会，增强教育的公平性。教育是提高人力资本的重要途径，也是缩小行业工资差距的有效方式，而保证教育的公平性是从根本上来解决人力资本差异造成的工资差距。应通过相应的法律、法规来明确基础教育经费的投资来源、投资主体和投资方向，保证基础教育的充分落实，提升基础教育的质量，尤其要确保城乡居民都能享受到同等的基础教育服务，促进城乡教育资源的公平性。

扩大高等教育的规模，转变高等教育的教育理念和教育方式。提高高等教育的普及率，政府的财政拨款优先满足贫困学生享受高等教育的需要。随着高等教育从精英教育逐步变成大众化教育，社会对人才的需求不仅仅要求有相关的学历证书等，更重要的是要求有相关的能力。高等学校的教育必须与市场需求之间保持必要的联系，根据市场需求的变化，适时调整专业结构，更新教学内容，改革教学模式和教学方法，培养学生的就业和创业能力。

鼓励发展各类职业教育和培训，形成符合我国特色的职业教育体系。针对不同的就业群体，进行分类指导，鼓励各类人员积极参加各种类型的职业

教育和培训，提高人力资本。对于低素质人员如农民工、下岗职工等，主要解决他们的职业资格问题，要使农民工向非农产业部门转移，下岗职工向新工作岗位转移，都必须具备一定的工作技能，这只有通过一定的职业培训才能获得。通过政府与市场结合的方式，积极发展民办职业学校、下岗职工再就业培训中心等，着力培养他们的技术素养和技术操作能力。对于已就业人员，主要解决他们的职业发展问题，由于现代经济社会中知识进展的速度加快，从业以前受到的教育难以适应现代生产的发展需求，为了获得更大的职业发展空间，也必须经过特殊的职业培训，应积极鼓励一些优质企业设立培训机构，或与专门的培训机构发展订单式的职业培训。

7.2 逐步消除制度差异造成的行业工资差距

7.2.1 逐步消除要素市场的制度壁垒，促进劳动力的自由流动

统一城乡劳动力市场，建立统一的就业政策，缩小城乡劳动力的工资差距。继续改革导致城乡劳动力市场分割的户籍制度，使户籍制度仅仅成为纯粹的人口登记制度，与劳动力的劳动就业、福利待遇脱钩，劳动力流动到哪里，便享有与该地区市民平等的就业机会，坚持按照劳动力的劳动技能竞争就业，发放统一的劳动合同，管理人事档案、办理下岗证、失业证等，享有与该地区市民相同的子女入学、医疗、养老等社会福利政策，降低劳动力的流动成本，营造一个劳动力可以自由流动、自由就业的良好市场环境。

改变因体制因素造成的所有制分割，使劳动力能够在各种所有制企业之间进行合理流动。全面开放各行业劳动力市场，去除国有垄断性行业在使用劳动力方面的障碍，形成公平公开竞争的劳动力市场环境，在各种所有制企业之间强制执行统一的符合市场经济体制要求的劳动合同，明确劳动力与企业之间的职责与权益，强制执行统一的社会福利制度和社会保障制度，允许劳动力在各行业之间自由选择职业，形成合理的工资决定机制。

建立和健全劳动力市场的中介组织。我国的劳动力市场的发展相对滞后，

中介组织的发展也相对缓慢，它们对于劳动力市场的供求信息掌握不充分，大多数只有职业介绍功能。应不断完善劳动力市场中介组织的服务功能，运用科学的管理手段、先进的信息网络，及时收集、发布劳动力市场的供求信息，指导就业、服务求职，降低劳动力的转移成本。

7.2.2　逐步消除产品市场的制度壁垒，打破产品市场垄断

对于行政垄断行业，要尽快清除各种市场进入壁垒，减少进入管制，允许各种所有制企业公平地进入、退出，通过竞争使这些行业的职工工资保持在合理水平。打破行政垄断，改变垄断经营的局面，必须对行政垄断行业进行彻底的产权改革，完全割断政府与企业之间的经济利益关系，可以通过一系列的产权制度设计和安排，如改革垄断行业固定资产投资的审批制度等，引入民间资本、外资等投资主体，形成多元化的相互制约的投资格局，改变行业的产权结构。最大限度地引入竞争机制，创造一个相对平等竞争的市场环境，使得这些行业的利润率被平均化，行业工资也被平均化。另外，在国家安全所必要的行政垄断一时无法破除的情况下，应强化对垄断企业内部的监督管理，进一步完善绩效工资制度，保护合法工资，整顿不合理工资，取缔非法工资，对乱发奖金、福利等造成国有资产流失的行为予以严肃追究。

对于自然垄断行业，应强化政府价格规制，对垄断企业职工工资控制在合理范围。建立规范的自然垄断行业价格监管体系，对其产品价格、利润、工资等的变化实行规制。我国主要采用管制投资回报率的方式来调控垄断行业的价格，这种方式缺乏对企业提高生产效率、降低生产成本的激励，也为企业职工的高工资提供了可能。应尽快调整价格规制模式，如采用价格上限管制方式，强化对垄断企业的财务监督，迫使企业尽量降低生产成本，控制垄断企业的工资上涨幅度。另外，在自然垄断行业中，并非所有业务都具有自然垄断的性质，应科学界定并分离自然垄断业务和非自然垄断业务。对自然垄断业务进行激励性价格管制；对非自然垄断业务进行市场化改革，逐步缩小行业间不合理的工资差距。

尽快完善《反垄断法》及其配套制度，加强《反垄断法》等法律法规的执行力度。制定《反垄断法》中对垄断企业价格规制方式具体的实施细则，

约束垄断企业的工资分配机制。明确规定对垄断企业进行规制的独立机构，规定该机构的法律权限和对垄断企业的规制程序，界定垄断行业的业务范围，对垄断企业的价格、利润、工资的上涨进行有效控制。完善《垄断性产品和服务价格听证办法》，使价格听证不仅仅流于形式，而是认真吸取各方意见后形成合适的产品价格；完善《垄断性产品和服务信息公开法》，营造一个有利于公平竞争的市场环境，形成社会各行业相对合理的平均利润和平均工资。加强《反垄断法》等法律法规的执行力度。《反垄断法》的有效实施和执行必须依靠多方力量的配合，法律的执行机构应严格、认真履行自己的职责，加强与垄断企业、其他竞争企业（包括潜在进入企业）、消费者之间的信息沟通，详细了解各方的理性诉求。对垄断行业建立长期的成本监测机制和价格管理数据库，充分掌握行业内的市场信息，对违反《反垄断法》等法律有关规定的行为予以坚决制止和处罚。

7.3 促进劳动力市场均衡缩小行业工资差距

7.3.1 根据产业结构的升级方向，调整劳动力的就业结构

产业的发展可以提高各行业的整体工资水平，但是各行业的不同步发展，使得各行业的工资不同步增长，所以，根据产业结构的优化升级方向，及时调整劳动力的就业结构，才能避免工资差距的扩大。

大力发展第一产业，提高劳动生产效率和经济效率，积极转移剩余劳动力，缩小与其他产业的工资差距。提高劳动生产效率必须转变生产方式，从传统的农耕细作模式向机械化、设施化、自动化模式转变。大力推广农机新技术、新机具，加快机耕道路建设，鼓励开展农机跨区作业，提高农机作业水平。加快农业基础设施建设，加大农田水利建设力度，提高农田灌排标准，扩大有效灌溉面积。把生产效率转化成经济效率必须转变经营方式，从小规模分散经营方式向合作化、规模化、产业化经营方式转变。发展农民专业合作组织，培育和发展农村流通合作组织，积极引导农民广泛地参与到专业化

生产和社会化分工中，提高农业生产经营的组织化程度。把经济效率转变成工资提高必须积极转移剩余劳动力，减轻第一产业的就业竞争压力，提高人均工资，缩小与其他行业的工资差距。

调整第二产业的发展战略，推进科技创新，发展新型工业，转变传统工业，增强吸纳劳动力的能力。从我国生产力发展水平不均衡、科技发展水平不平衡、城乡劳动力大量富余的国情出发，正确处理发展新兴工业和传统工业、资金技术密集型工业和劳动密集型工业的关系。传统工业部门，如劳动密集型的制造业，在创造就业岗位、吸纳剩余劳动力等方面具有重要作用，必须对传统工业进行改造和优化升级，转换企业经营机制，加快内部结构改造，引入新型技术创新生产方式，逐步提高职工工资。新兴工业部门，如资本密集型和技术密集型的生物工程、信息技术、新能源、新材料等产业部门，是国民经济发展的主要创新动力，代表产业结构升级的新方向，必须加大新兴工业的支持力度，研发出一大批拥有自主知识产权的核心技术，提高工业发展的质量和经济效益，鼓励形成新兴工业部门内的高工资。

全面发展第三产业，发展现代服务业，提升传统服务业，缩小第三产业内部的工资差距。第三产业内部发展极不均衡，内部职工的工资差距也是导致整个行业工资差距扩大的主要原因，同时，它也是吸纳城乡剩余劳动力的主要领域，应全面推进、协调第三产业的发展。金融业、现代物流、信息服务、科技开发等现代服务业，对国民经济的发展起到明显的带动作用，必须要以市场为导向，通过现代技术运用，形成现代服务业发展的良好技术基础，构建网络化服务运营体系，保证新兴服务业职工的高工资。重视批发零售、贸易餐饮、住宿、交通运输、仓储、邮电等传统服务业的发展，积极转变传统服务业的经营模式，积极用现代化的新技术、新业态和新服务方式改造传统服务业，促进传统服务业向网络化、标准化、多层次服务业转变，提高传统服务业职工的工资水平。

7.3.2 控制外商直接投资规模，优化外商直接投资行业布局，调整劳动力的行业分布

控制外商直接投资的规模，以国内经济基础、市场需求为导向，把外商

直接投资的增长与国民经济的发展速度结合起来。对于国内市场饱和度高、竞争程度高的行业，控制外商直接投资的大量进入，避免造成重复投资和恶性竞争，避免因行业利润的压缩来降低行业工资。如外资企业往往将劳动密集型的加工、装配、组装等生产环节转移到我国，而对于需要大量资本和高端技术的设计、研发和制造等资本密集和技术密集的生产环节仍保留在母国，这不仅没有促进行业发展，反而降低了内资企业的技术开发能力，使行业工资增长乏力。

优化外商直接投资的行业布局，促进三大产业的均衡发展，适时调整劳动力的行业分布。外商直接投资进入拉大了行业工资差距的主要原因是外商直接投资的行业分布不均衡，部分行业的外商直接投资比例偏高，而第一产业的外商直接投资始终不到2%。加强引导外商直接投资的行业流向，既要保护重点行业的产业安全，也要促使各行业合理均衡发展，通过放宽行政审批权限、提供信贷优惠等方式，鼓励外商直接投资流入农业、高新技术产业、环保产业等产业，带动内资企业和整个行业的发展，提高行业生产效率，适时引导劳动力的行业流动，使其能适应行业发展规模。

7.4　再次分配中对行业工资差距的调节

通过税收制度、社会保障制度，调整行业工资分配格局，提高低工资行业的工资水平，控制高工资的上涨幅度，使各行业间的工资保持在合理差距之内。

7.4.1　合理的税收制度

为了对初次分配结果进行有效的调节，使人们能够分享经济发展成果，促进经济的可持续发展，必须通过非市场化的手段进行调节，其中，合理化、规范化、法治化的税收制度，是调节各行业工资差距的主要途径。

完善个人所得税及其配套制度，健全个人收入税收调控体系。完善个人所得税制度。根据公平、简便原则，改革现行的税率结构，扩大不同税率之间的间隔幅度，加强对高收入者的个税征管；提高个人所得税起征点，使得劳动所得大部分能留在劳动者手中，增加中低收入者的福利水平。开征遗产税与赠与税，防范个人所得税流失。遗产税与赠与税作为个人所得税的重要补充，是缩小贫富差距的制度保证，它们是性质相同的税制，都是在财产所有权发生转移时进行的课税，应按照发生转移的财产总额大小进行课税。建立和完善个人所得税的纳税申报制度和代扣代缴制度。纳税申报制度是强化个人所得税征管的重要配套制度，个人所得税的纳税人必须及时向税务机构申报税收，提供真实有效的收入凭证，建立个人信息档案，税务机构根据个人收入信息核实应缴税额。代扣代缴制度应明确规定纳税个人向税务机构申报税收时，必须提供有关收入的详细资料，将各种工资外收入纳入工资总额，对于工资外不属于免税范畴的各种现金、实物、有价证券等，应向税务机构申报并代扣代缴。

完善流转税制度，调节不同行业的利润水平和实际工资水平。根据不同行业的盈利水平、行业的开放程度，调整各行业的税收负担水平，调整各行业之间的利润差距。调整流转税的结构、税率、征收范围。上调高档消费品和服务的消费税率，开征不利于环保的消费品的消费税，提高消费税在税收收入中的比重；下调生活必需品的增值税税率，降低增值税在税收收入中的比重，减轻低收入者的商品税收负担。

建立高效的税收征管体系，加大征管力度，打击涉税违法犯罪。税务机构应对各行业的企业和个人信息进行全面调查，掌握企业的生产经营规模、经营成本、企业人员数量、扣缴个人所得税等情况，掌握个人的工资项目、工资形式等情况。建立严格的信息披露制度，对垄断性企业的工资发放实施重点监控。加强税收法制建设，严厉打击偷税、漏税和逃税等违法行为，加大涉税违法的惩处力度。

7.4.2 完善的社会保障制度

社会保障制度也是调节各行业工资差距的主要手段，通过提高低收入人群的收入，缓和贫富差距带来的各种社会矛盾。我国从 20 世纪 90 年代开始建设社会保障体系，取得了巨大的成绩，但仍存在需要进一步完善的地方。

扩大社会保障的覆盖面，形成一体化、广覆盖、多层次的社会保障体系。为了加快农村剩余劳动力的转移，使他们在城市有最低生活保障，建立包括农村劳动力在内的城乡统一的社会保障体系，推行农村养老保险制度及新型合作医疗制度等，当然，考虑到城乡经济发展水平、生活水平的差异，城乡社会保障水平也有所差异。把低工资行业的劳动力逐步纳入社会保障体系内，加大对低工资行业劳动力的转移支付力度，使生活保障费用及时到达困难人员手中。

根据国民经济的发展速度，适时提高社会保障的标准。科学确定各地最低工资标准，并根据经济发展情况适时进行调整，保证劳动力商品的再生产，满足社会经济发展对劳动力的需求，尤其在私营企业和外资企业中，要切实执行国家最低工资标准，坚决制止故意压低工资、克扣工资、拖欠工资的行为。

努力拓宽社会保障资金的筹资渠道。调整财政支出结构，加大中央财政支出力度，将国有资本经营预算作为社会保障资金的主要来源，并通过发行福利彩票、社会捐赠等方式，形成稳定、规范的社会保障资金的筹资机制。提高垄断行业缴纳社会保障费的比例，超过平均费用的部分进入社会统筹，可以拓宽社会保障资金来源，也可以缩小垄断行业与非垄断行业的工资差距。

加强社会保障体系的制度建设，提高其管理效率。出台《社会保障法》以及配套法律，为社会保障制度的实施提供有利的法律武器，保证各项社会保障制度的合法实施，对以权力寻租等方式获得的非法收入进行严厉打击，规范社会保障资金的分配秩序。加强社会保障资金的财务制度建设，加强社会保障资金管理机构的内部管理和外部监督，通过内外部的有效协调管理保证社会保障资金的合理分配，提高社会保障资金的使用效率。

7.5　本章小结

本章针对行业工资差距产生的原因，提出了调节行业工资差距的政策建议。

（1）初次分配中，注重效率原则。对劳动力价值差异产生的行业工资差距应该进行激励，鼓励各行业进行技术创新，提高劳动生产效率，鼓励教育投入，提高人力资本，通过提高行业的劳动力价值，提高行业工资水平。逐步消除各种制度壁垒，完善劳动力市场，促进要素的自由合理充分流动，打破产品市场的垄断。促进劳动力市场的均衡形成，根据产业结构的变化、FDI 的行业布局，适时调整劳动力的就业结构和行业分布，缩小各行业的工资差距。

（2）再次分配中，注重公平原则。对初次分配中产生的过大的工资差距，运用政府的收支管理进行调节，形成合理化、规范化、法治化的税收制度体系，形成一体化、广覆盖、多层次的社会保障体系。

| 第 8 章 |

结 论

8.1 主要结论

在我国经济体制的转型过程中，行业工资差距的出现是不可避免的经济现象，合理的工资差距能激发劳动者的劳动积极性，提高社会产出水平，但现存的行业工资差距中也存在着需要调节的部分。本书试图通过研究我国行业工资差距的整体情况，分析出各种因素在行业工资差距的贡献程度，为政府改革收入分配制度提供方向和依据。通过研究，本书得到了以下主要结论：

（1）经济体制转型过程中（1978～2015年），我国行业工资结构变化大，行业工资差距不断扩大。在本书的研究期内，各年之间的行业工资差距的相关系数以及行业工资高低排序的相关系数的变化较大。高工资行业变化较大，从工作条件较差的行业变化为非开放性行业、人力资本较高行业；而低工资行业基本保持不变。1978～2008年行业工资的差距扩大趋势非常明显，基尼系数、泰尔指数都是在波动中不断扩大，2009年以后行业工资差距有逐渐下降的趋势，对泰尔指数进一步的分解发现组内差距不断扩大是导致行业工资差距不断扩大的主要原因。

（2）马克思主义的劳动价值理论能解释并解决我国出现的行业工资差距问题。通过对古典、近代、现代经济学中的各种工资理论的仔细研读，发现在我国社会主义经济体制转型过程中，马克思主义的劳动价值理论仍具有广泛的、坚实的现实基础，按照马克思主义工资理论的分析思路，阐述了我国行业工资的决定机制，并进一步分析了行业工资差距产生的原因：劳动力价值差异、市场差异。其中，劳动力价值是行业工资的决定因素，也就是行业工资差距产生的决定性因素，按照马克思主义的劳动价值补偿原则，由劳动力价值产生的行业工资差距属于合理的工资差距。但是，当市场不完善或市场不均衡时，工资会偏离劳动力价值，此时产生的工资差距是需要调节的。某些劳动力市场不均衡状态是暂时现象，可以通过市场的"手"实现自我调节，而某些劳动力市场不完善是人为现象，需要通过政府的"手"加以调整。

（3）我国行业工资差距的实证分析结果与理论预期基本保持一致。在行业工资差距产生的理论原因的基础上，对其进行实证检验。把劳动力价值因素具体分解为劳动生产率、人力资本，把市场因素分解为垄断水平、产业层次水平、开放程度，利用面板模型以及动态面板模型，分析每一因素对行业工资差距的影响程度。其中，影响最大的是行业劳动生产率，这也印证了劳动对工资的决定性作用，其次是行业垄断水平，这说明我国行业工资差距的制度影响较大。总的而言，劳动力价值差异对行业工资差距的贡献大于市场差异对行业工资差距的贡献。

（4）我国收入分配制度变迁过程中，行业工资差距逐渐形成，由于制度时滞和路径依赖得到强化。我国经济体制的转型过程中，根据现实经济状态的变化，收入分配制度也不断进行了边际调整。收入分配指导思想经历了从克服平均主义到效率优先、兼顾公平再到兼顾效率与公平的变化，在城乡地区分别实行了不同的收入分配制度。从制度变迁的一般过程来看，我国的收入分配制度变迁是一种渐进式的诱致性的制度变迁，经济主体在制度变迁中承担的成本与获取的收益具有不对称性，从而形成了收入差距，而制度变迁过程中所具有的时滞和路径依赖，使得收入差距进一步强化。

（5）我国行业工资差距的经济效应比较明显。从理论分析来看，行业工资差距通过不同路径对经济增长、消费、投资、产业结构、就业等产生不同方向和不同大小的影响。通过平稳性检验、协整检验、格兰杰因果关系检验等方法，对我国行业工资差距与相关变量之间进行了效应检验，发现行业工资差距与各个变量之间存在着长期稳定关系；同时采用联立方程模型，分析行业工资差距通过消费、投资等中间变量对经济增长产生的影响，实证结果发现行业工资差距与消费、投资、经济增长之间的作用显著。

8.2　研究不足与展望

本书对我国行业工资差距问题的研究取得了一定的成果，但是还存在一些不足，展望未来，在今后的学习工作中，可以从以下几个方面进行进一步的深入研究。

（1）本书对行业工资差距的实证分析，对基尼系数和泰尔指数的测算使用的是中观数据47～96个行业大类数据，反映的是行业大类的平均工资的差异，是一种整体性趋势；而对行业工资差距的原因分析以及经济影响分析用到的是宏观性数据19个行业门类数据，把某一行业的行为看作是一个"个体"行为，分析19个宏观性"个体"行为差异，这只能反映行业的整体情况。今后，使用微观数据对行业工资差距进行分析是继续研究的一个方向，可以比较宏观、微观数据得到的结论是否存在较大的差异。

（2）对我国行业工资差距的研究，是把行业当作一个整体进行的比较研究，而行业内部的工资差距没有涉及。如在一个企业内部，职工的职位不同、工作年龄不同、性别不同等会导致怎样的工资差距，在一个行业内部，企业的利润率不同、生产规模不同、所处生命周期不同等会导致怎样的工资差距，这是可以进一步细化研究的重点领域。

（3）对我国行业工资差距的原因分析中，直接用行业工资差距作为被解释变量，把影响因素作为解释变量，分析它们对工资差距的贡献程度，但是没有进行进一步的分组分解。曾经尝试过怎样进行分组分解，如把行业分成垄断性行业与非垄断性行业，再检验两组的行业特征差异导致的工资差距和特征回报差异导致的工资差距，但由于对垄断行业和非垄断行业的定义没有统一的认识，本书所使用的数据是宏观数据，某一垄断行业内有可能存在非垄断性企业，对其分解的结果会存在一定的偏差。今后，改用微观数据也可以对这一方面进行深入研究和探讨。

参考文献

中文部分

［1］马克思：《资本论（第一卷）》，人民出版社 2004 年版。

［2］马克思、恩格斯：《马克思恩格斯选集（第一卷)》，人民出版社 1972 年版。

［3］马克思、恩格斯：《工资、价格和利润》，人民出版社 1972 年版。

［4］亚当·斯密：《国富论》，陕西师范大学出版社 2006 年版。

［5］大卫·李嘉图：《政治经济学及赋税原理》，华夏出版社 2011 年版。

［6］约翰·穆勒：《政治经济学原理》，商务印书馆 1997 年版。

［7］约翰·贝茨·克拉克：《财富的分配》，华夏出版社 2008 年版。

［8］马歇尔：《经济学原理》，华夏出版社 2005 年版。

［9］庇古：《福利经济学》，华夏出版社 2007 年版。

［10］贝克尔：《人力资本》，北京大学出版社 1986 年版。

［11］邓小平：《邓小平文选》第 3 卷，人民出版社 1993 年版。

［12］万广华：《经济发展与收入不均等：方法和证据》，上海三联书店、上海人民出版社 2006 年版。

［13］雅各布·明塞尔：《人力资本研究》，中国经济出版社 2001 年版。

［14］戴维斯、诺斯：《财产权利与制度变迁》，上海三联书店、上海人民出版社 2005 年版。

［15］诺斯：《制度、制度变迁与经济绩效》，格致出版社 2008 年版。

［16］林毅夫：《关于制度变迁的经济学理论——诱致性变迁与强制性变迁》，载《财产权利与制度变迁——产权学派与新制度经济学派译文集》，上

海三联书店 1994 年版。

[17] 诺思：《理解经济变迁过程》，中国人民大学出版社 2008 年版。

[18] 惠宁、霍丽：《中国农村剩余劳动力转移研究》，中国经济出版社 2007 年版。

[19] 马丁·魏茨曼：《分享经济——用分享制代替工资制》，中国经济出版社 1986 年版。

[20] 伊兰伯格·史密斯：《现代劳动经济学》，中国人民大学出版社 1999 年版。

[21] 赵领娣、付秀梅：《劳动经济学》，企业管理出版社 2004 年版。

[22] 袁庆明：《新制度经济学教程》，中国发展出版社 2014 年版。

[23] 邢春冰：《不同所有制企业的工资决定机制考察》，载《经济研究》 2005 年第 6 期。

[24] 罗楚亮：《垄断企业内部的工资收入分配》，载《中国人口科学》 2006 年第 1 期。

[25] 高梦滔、张颖：《教育收益率、行业与工资的性别差异：基于西部三个城市的经验研究》，载《南方经济》2007 年第 9 期。

[26] 余向华、陈雪娟：《垄断与行业工资差距问题研究——基于中国行业工资决定因素的微观计量分析》，载《税务与经济》2010 年第 4 期。

[27] 林峰：《行业间非工资性收入差距的比较研究——基于行政垄断型行业与竞争性行业上市公司的微观数据》，载《华东经济管理》2015 年第 9 期。

[28] 洪兴建：《基于 S 基尼系数的中国行业工资差距分析》，载《统计研究》2010 年第 5 期。

[29] 薛继亮、李录堂：《基于 MLD 指数的转型期中国行业收入差距及其影响因素研究》，载《中国人口科学》2010 年第 4 期。

[30] 武鹏、周云波：《行业收入差距细分与演进轨迹：1990～2008》，载《改革》2011 年第 1 期。

[31] 王涛：《行业收入差距的四分图模型测度方法研究》，载《统计研究》2015 年第 2 期。

[32] 傅娟：《中国垄断行业的高收入及其原因：基于整个收入分布的经验研究》，载《世界经济》2008 年第 7 期。

［33］顾严、冯银虎：《我国行业收入分配发生两极分化了吗？——来自非参数 Kernel 密度估计的证据》，载《经济评论》2008 年第 4 期。

［34］任重：《我国企业职工收入差距测度及分解分析》，载《中央财经大学学报》2009 年第 1 期。

［35］岳希明、李实、史泰丽：《垄断行业高收入问题探讨》，载《中国社会科学》2010 年第 3 期。

［36］孙敬水、于思源：《行业收入差距影响因素及其贡献率研究》，载《山西财经大学学报》2014 年第 2 期。

［37］姚芳、姚萍、孙林岩：《我国行业间工资合理比例关系研究》，载《山西财经大学学报》2004 年第 3 期。

［38］魏军：《行业收入分配的公平性解析》，载《清华大学学报（哲学社会科学版）》2010 年第 1 期。

［39］陈彦玲、陈首丽：《国有垄断行业职工收入水平基本分析》，载《统计研究》2002 年第 8 期。

［40］邢方：《中国现阶段行业收入差距的经济分析》，载《企业经济》2006 年第 8 期。

［41］王锐：《垄断对我国行业收入分配的影响及对策研究》，载《经济问题》2007 年第 2 期。

［42］武鹏：《行业垄断对中国行业收入差距的影响》，载《中国工业经济》2011 年第 10 期。

［43］林峰：《行业间非工资性收入差距的比较研究——基于行政垄断型行业与竞争性行业上市公司的微观数据》，载《华东经济管理》2015 年第 9 期。

［44］晋利珍：《劳动力市场行业分割在中国的验证》，载《人口与经济》2009 年第 5 期。

［45］"收入分配研究"课题组：《我国行业收入差距扩大的实证分析与规范路径》，《南昌大学学报（人文社会科学版）》2010 年第 9 期。

［46］梁少华、彭定赟：《产业结构对行业收入差距的影响机制研究》，载《武汉理工大学学报（社会科学版）》2017 年第 2 期。

［47］岳昌君、吴淑姣：《人力资本的外部性与行业收入差异》，载《北京大学教育评论》2005 年第 10 期。

［48］张原、陈建奇：《人力资本还是行业特征：中国行业间工资回报差异的成因分析》，载《世界经济》2008 年第 5 期。

［49］刘扬、梁峰：《我国行业收入差距及其影响因素》，载《数理统计与管理》2014 年第 4 期。

［50］孙楚仁、文娟，朱钟棣：《外商直接投资与我国地区工资差异的实证研究》，载《世界经济研究》2008 年第 2 期。

［51］邵敏、包群：《外资进入对国内工资的影响：基于工业行业的经验研究》，载《国际贸易问题》2010 年第 11 期。

［52］蔡宏波、刘杜若、张明志：《外商直接投资与服务业工资差距——基于中国城镇个人与行业匹配数据的实证分析》，载《南开经济研究》2015 年第 4 期。

［53］周君：《行业收入差距：从劳动生产率的角度分析——以高新技术产业和建筑业为例》，载《生产力研究》2009 年第 14 期。

［54］张世银、龙莹：《我国收入差距扩大的影响因素及其实证分析——以行业收入变动为视角》，载《经济经纬》2010 年第 4 期。

［55］杨秀云、朱贻宁、张敏：《行业效率与行业收入差距——基于全国及典型省市面板数据 SFA 模型的经验分析》，载《经济管理》2012 年第 10 期。

［56］尹恒、龚六堂、邹恒甫：《收入分配不平等与经济增长：回归到库兹涅茨假说》，载《经济研究》2005 年第 4 期。

［57］陆铭、陈钊、万广华：《因患寡，而患不均——中国的收入差距、投资、教育和增长的相互影响》，载《经济研究》2005 年第 12 期。

［58］汪同三、蔡跃洲：《改革开放以来收入分配对资本积累及投资结构的影响》，载《中国社会科学》2006 年第 1 期。

［59］王少平、欧阳志刚：《中国城乡收入差距对实际经济增长的阈值效应》，载《中国社会科学》2008 年第 2 期。

［60］李佳：《市场化程度、经济增长与行业间收入差距》，载《生产力研究》2013 年第 9 期。

［61］屈耀辉：《浅析居民收入分配不均等对中国产业结构演进的影响》，载《经济师》2001 年第 2 期。

［62］余甫功：《结构失衡的根源在于收入分配失调》，载《学术研究》

2010 年第 4 期。

［63］郭庆:《价格规制在规范垄断行业收入中的作用》,载《东岳论丛》2006 年第 3 期。

［64］潘胜文:《规制垄断行业收入分配行为的对策》,载《经济纵横》2007 年第 9 期。

［65］余东华、陈晓丹:《行政性垄断对行业收入差距的影响研究》,载《经济社会体制比较》2013 年第 5 期。

［66］李布和、陶纪坤:《我国社会保障制度对行业收入差距的影响及对策》,载《经济纵横》2009 年第 4 期。

［67］苏宗敏:《我国转型期的行业收入差距问题研究》,载《生产力研究》2011 年第 9 期。

［68］杨超文:《垄断行业高收入问题产生的原因及对策》,载《税务研究》2007 年第 10 期。

［69］欧斌:《垄断行业高收入的税务治理对策》,载《中国行政管理》2008 年第 1 期。

［70］郝春虹:《"垄断利润税"调节行业收入差距构想》,载《经济管理》2012 年第 6 期。

［71］李娜:《我国行业工资差距的特点及其理论解释》,载《求索》2012 年第 10 期。

［72］徐宽:《基尼系数的研究文献在过去八十年是如何拓展的》,载《经济学(季刊)》2003 年第 4 期。

［73］武鹏:《中国行业收入差距研究述评》,载《上海经济研究》2010 年第 8 期。

［74］高技:《EXCEL 下基尼系数的计算研究》,载《浙江统计》2008 年第 6 期。

［75］姚先国、黎煦:《劳动力市场分割:一个文献综述》,载《渤海大学学报(哲学社会科学版)》2005 年第 1 期。

［76］张德远:《关于现代西方效率工资理论的评述》,载《财经研究》2002 年第 5 期。

［77］白暴力、傅辉煌:《马克思工资市场定位理论》,载《当代经济研

究》2010 年第 5 期。

　　［78］杨文芳、方齐云：《产品内国际生产分工对中国的劳动需求效应分析》，载《财贸研究》2010 年第 5 期。

　　［79］陈志、李盼道：《劳动力供给膨胀所导致的市场失灵及其纠正》，载《北京科技大学学报（社会科学版)》2005 年第 7 期。

　　［80］高双：《我国农村剩余劳动力数量估计及转移空间分析》，载《经济论坛》2010 年第 5 期。

　　［81］金碚、吕铁、邓洲：《中国工业结构转型升级：进展、问题与趋势》，载《中国工业经济》2011 年第 2 期。

　　［82］文东伟、冼国明、马静：《FDI、产业结构变迁与中国的出口竞争力》，载《管理世界》2009 年第 4 期。

外文部分

　　［1］Aghion P, Caroli E, Garcia – Penalosa C. Inequality and economic growth：the perspective of the new growth theories ［J］. Journal of Economic Literature，1999，37（4）：1615 – 60.

　　［2］Alesina A, Perotti R. Income distribution, political instability, and investment ［J］. European Economic Review，1996，40（6）：1203 – 1228.

　　［3］Appleton S, Hoddinott J, Krishnan P. The Gender Wage Gap in Three African Countries ［J］. Economic Development and Culture Changem，1999，47（2）：289 – 312.

　　［4］Aslanıdıs N. Income inequality and growth：A regime-switching approach ［J/OL］. ftp：//filer. soc. uoc. gr，2004 – 02 – 02.

　　［5］Autor D, Lawrence F, Melissa S. Rising Wage Inequality：The Role of Composition and Prices ［J］. Harvard Institute of Economic Research，2005，205.

　　［6］Banerjee A V, Duflo E. Inequality and growth：what can the data say？［J］. Journal of Economic Growth，2003，8（3）：267 – 299.

　　［7］Barro R J. Inequality and Growth in a Panel of Countries ［J］. Journal of Economic Growth，2000，5（1）：5 – 32.

　　［8］Benhabib J. The tradeoff between inequality and growth ［J］. Annals of Economics and Finance，2003（4）：491 – 507.

[9] Blinder A S. Wage discrimination: Reduced Form and Structural Estimates [J]. The Journal of Human Resources, 1973, 8 (4): 436 –455.

[10] Brown R, Moon M, Zoloth B. Incorporating Occupational Attainment in Studies of Male – Female Earnings Differentials [J]. Journal of Human Resources, 1980, 15 (1): 3 –28.

[11] Campanale C. Increasing returns to savings and wealth inequality [J]. Review of Economic Dynamics, 2007, 10 (4): 46 –675.

[12] Chen P, Edin P – A. Efficiency Wages And Industry Wage Differentials: A Comparison Across Methods of Pay [J]. Review of Economics & Statistics, 2002, 84 (4): 617 –631.

[13] Cotton J. On the Decomposition of Wage Differentials [J]. Review of Economics and Statistics, 1988, 70 (2): 236 –243.

[14] Dagum C. A New Approach to the Decomposition of the Gini Income Inequality Ratio [J]. Empirical Economics, 1997, 22 (4): 515 –531.

[15] Daw J, Hardie J H. Compensating differentials, labor market segmentation, and wage inequality [J]. Social Science Research, 2012, 41 (5): 1179 –1197.

[16] Dinardo J, Fortin N, Lemieux T. Labor Market Institutions and the Distribution of Wages 1973 ~ 1992: A Semiparametric Approach [J]. Econometrica, 1996, 64 (5): 1001 – 1044.

[17] Doeringer P B, Piore M J. Internal Labor Markets and Manpower Analysis [M]. Lexington, Mass: Heath, 1971.

[18] Du Caju P, Rycx F, Tojerow I. Inter-industry Wage Differentials: How Much Does Rent Sharing Matter? [J]. The Manchester School, 2011, 79 (4): 691 –717.

[19] Edin P – A, Zetterberg J. Inter-industry wage differentials: evidence from Sweden and a comparison with the United State [J]. American Economic Review, 1992, 82 (5): 1341 –1349.

[20] Ezcurra R. Does Income Polarization Affect Economic Growth? The Case of the European Regions [J]. Regional Studies, 2009, 43 (2): 267 –285.

［21］Fei J, Ranis G, Kuo S. Growth and the family distribution of income by factor components ［J］. The Quarterly Journal of Economics, 1978, 92 (1): 17 –53.

［22］Firpo S, Fortin N, Lemieux T. Unconditional Quantile Regressions ［J］. Econometrica, 2009, 77 (3): 953 –973.

［23］Forbes K J. A Reassessment of the relationship between inequality and growth ［J］. The American Economic Review, 2000, 90 (4): 869 –87.

［24］Fortin N, Lemieux T. Rank Regressions, Wage Distributions, and the Gender Gap ［J］. Journal of Human Resources, 1998, 33 (3): 610 –643.

［25］Foster J E. An axiomatic characterization of the Theil measure of income inequality ［J］. Journal of Economic Theory, 1983, 31 (10): 105 – 121.

［26］Frank M W. Income Inequality, Human Capital, and Income Growth: Evidence from a State – Level VAR Analysis ［J］. Atlantic Economic Journal, 2009, 37 (2): 173 –185.

［27］Galor O, Moav O. From physical to human capital accumulation: inequality and the process of development ［J］. Review of Economic Studies, 2004, 71 (4): 1001 –1026.

［28］Galor O, Tsiddon D. The distribution of human Capital and economic growth ［J］. Journal of Economic Growth, 1997, 2 (1): 93 – 124.

［29］Gannon B, Nolan B. Inter-Industry Wage Differentials in Ireland ［J］. The Economic and Social Review, 2004, 35 (2): 157 – 182.

［30］Gannon B, Plasman R, Rycx F, Tojerow I. Inter-Industry Wage Differentials and the Gender Wage Gap: Evidence from European Countries ［J］. Economic and Social Review, 2007, 38 (1): 135 – 155.

［31］Garino G, Martin C. Efficiency wages and union-firm bargaining. Economics Letters, 2000, 69 (2): 181 – 185.

［32］Glaeser E L, Mare D C. Cities and Skills ［J］. Journal of Labor Economics, 2001, 19 (2): 316 – 342.

［33］Hernández I D. Testing For R&D'Rents In Skilled Workers'Wages In The Manufacturing Industry of Colombia ［J］. Revista De Ecomomía Del Rosario, 2001, 4: 84 – 115.

［34］Jaffry S, Ghulam Y, Shah V. Inter-industry Wage Differentials in Pakistan ［J］. The Pakistan Development Review, 2006, 45 (4): 925 – 946.

［35］Juhn C, Murphy K, Pierce B. Wage Inequality and the Rise in Returns to Skill ［J］. Journal of Political Economy, 1993, 101 (3): 410 – 442.

［36］Koenker R, Bassett B. Regression Quantiles ［J］. Econometrica, 1978, 46 (1): 33 – 50.

［37］Krueger A B, Summers L H. Efficiency wage and the industry wage structure ［J］. Econometrica, 1988, 56 (2): 259 – 293.

［38］Lambert P J, Aronson J R. Inequality decomposition analysis and the Gini coefficient revisited ［J］. The Economic Journal, 1993, 103 (9): 1221 – 1227.

［39］Lucas R E. On the Mechanics of Economic Development ［J］. Journal of Monetary Economics, 1988, 22 (7): 3 – 42.

［40］Machado J, Mata J. Counterfactual Decompositions of Changes in Wage Distributions Using Quantile Regression ［J］. Journal of Applied Econometrics, 2005, 20 (4): 445 – 465.

［41］Mauro M. A matrix approach to the Gini index decomposition by subgroup and by income source ［J］. Applied Economics, 2013, 45 (17): 2457 – 2468.

［42］Melly B. Decomposition of Differences in Distribution Using Quantile Regression ［J］. Labour Economics, 2005, 12 (4): 577 – 590.

［43］Mussard S. The bidimensional decomposition of the Gini ratio. A case study: Italy ［J］. Applied Economics Letters, 2004, 11 (8): 503 – 505.

［44］Neumark D. Employers Discriminatory Behavior and the Estimation of Wage Discrimination ［J］. Journal of Human Resources, 1988, 23 (3): 279 – 295.

［45］Oacaxa R. Male – Female Wage Differentials in Urban Labor Markets. International ［J］. Economic Review, 1973, 14 (3): 693 – 709.

［46］Partridge M D. Does Income Distribution Affect U. S. State Economic Growth? ［J］. Journal of Regional Science, 2005, 45 (2): 363 – 394.

［47］Perugini C, Martino G. Income Inequality Within European Regions: Determinants and Effects on Growth ［J］. Review of Income and Wealth, 2008, 54

(3): 373 - 406.

[48] Reich M, Gordon D M, Edwards R C. A Theory of Labor Market Segmentation [J]. The American Economic Review, 1973, 63 (5): 359 - 365.

[49] Roland B. Heterogeneity, stratification, and growth: macroeconomic implications of community structure and school finance [J]. American Economic Review, 1996, 86 (3): 584 - 609.

[50] Shorrocks A. The Class of Additively Decomposable Inequality Measures [J]. Economica, 1980, 48 (3): 613 - 625.

[51] Silber J. Factor components, population subgroups and the computation of the Gini index of inequality [J]. The Review of Economics and Statistics, 1989, 71 (2): 107 - 115.

[52] Tabassum A, Majeed M T. Economic Growth and Income Inequality Relationship: Role of Credit Market Imperfection [J]. The Pakistan Development Review, 2008, 47 (4): 727 - 743.

[53] Tang K K, Petrie D. Non - Hierarchical Bivariate Decomposition of Theil Indexes [J]. Economics Bulletin, 2009, 29 (2): 1 - 9.

[54] Tang K - K, Tseng Y - P. Industry-specific human capital, knowledge labour, and industry wage structure in Taiwan [J]. Applied Economics, 2004, 36 (2): 155 - 164.

[55] Tello C, Ramos R. Wage inequality and economic growth in Mexican regions [J]. Investigaciones Regionales, 2012, 24: 115 - 152.

[56] Viscusi W K. The value of Risks to Life and Health [J]. Journal of Economic Literature, 1993, 31 (4): 1912 - 1946.

[57] Waddoups C J. Trade union decline and union wage effects in Australia [J]. Industrial Relations: A Journal of Economy and Society, 2005, 44 (4): 607 - 624.

[58] Wan G - H. Decomposing changes in the Gini index by factor components [J]. Applied Economics Letters, 2001, 8 (1): 1 - 3.

[59] Winter - Ebmer R. Endogenous growth, human capital and industry wages [J]. Bulletin of Economic Research, 1994, 46 (4): 289 - 314.

后　　记

本书是以我的博士论文为基础撰写的，也是近几年研究的体会和心得。在我完成此书的写作时，我又回想起读博期间的学习、写作过程，感慨万千。读博的日子，既要认真学习专业知识、刻苦钻研论文题材，也要为自己的生活忙碌，有苦有乐，有得有失，但不管怎样，经历过的事都是我人生中重要的经验财富，而帮助过我、关心过我、教育过我的人都是我人生中重要的人际财富。在此，对这些重要的老师、同学、朋友、家人表达最真挚的感谢！

回顾在湖南大学的读博过程，首先特别感谢的当然是我敬重的导师李松龄教授。李老师学识渊博、为人和蔼、待人宽厚，通过仔细研读李老师的《劳动价值论：市场经济运行的理论基石》一书，深深被李老师的思想所折服，深受启发，也找到了自己攻读博士学位的研究方向，仍想用劳动价值理论来解释不断扩大的行业工资差距。在博士论文的写作过程中，从论文的选题、开题报告的确定、中期检查的审查、论文的定稿，李老师都提出了许多宝贵的意见和建议，使我受益良多。感谢我的师母李阿姨，她平易近人，生活上给予了不少如同亲人般的关怀和温暖，使我的心灵得到了不少的慰藉和感动，向恩师和师母致以深深的谢意和崇高的敬礼！

感谢湖南大学经济与贸易学院为我们提供了良好的学习环境和自由的学术氛围。感谢王良健、陈乐一、罗能生等教授们在论文开题、中期检查、论文写作过程中提出的宝贵意见，使我逐渐厘清了写作过程中的困惑和问题，进一步拓宽了论文的写作思路。感谢张文静、陶娟、杨光华等老师为我提供的无私帮助。感谢众多的老师们引导我、鼓励我走入了迷人的经济学殿堂！

感谢湖南商学院为我提供了一次深造的机会，使我自身素质和经济学修养得到提高，使我进一步感受到了经济学的魅力。感谢湖南商学院刘天祥教授、曹秋菊教授、彭化、彭涛等同事给予的学习上和工作上的大力支持和帮助，同事情谊使我深受感动！

感谢生我养我的父母，是他们无私的付出，支持我不断追求自己的理想，当我遇到挫折萎靡不振的时候，是他们的不断鼓励，使我重拾信心，当我取得小小的成就沾沾自喜时，是他们的不断鞭策，使我继续前进！